Bernd Göttlicher / Monika Pilger

Kinder am Computer – Praxisbuch

222 Ideen, wie Eltern ihre Kinder am Computer fördern können

SPACE
CYBER
Hallo !!

Bernd Göttlicher und Monika Pilger

Kinder am Computer – Praxisbuch

222 Ideen, wie Eltern ihre Kinder
am Computer fördern können

Illustrationen von Johannes Langemann

BEUST
VERLAG

Die Deutsche Bibliothek - Cip-Einheitsaufnahme

Göttlicher, Bernd:
Kinder am Computer : Praxisbuch ; 222 Ideen, wie Eltern ihre Kinder am Computer fördern können / Bernd Göttlicher / Monika Pilger. Ill. von Johannes Langemann. - München : Beust, 1997
(KidsWorld)
ISBN 3-89530-006-3
NE: Pilger, Monika:

Kids WORLD

1. Auflage, 1.-3. Tausend, Mai 1997

Illustrationen: Johannes Langemann
Layoutdesign, Satz und Produktion: GAIA Text, München
Umschlagdesign: Reinert & Partner, München
Druck: Offizin Andersen Nexö, Leipzig

ISBN 3-89530-006-3

Printed in Germany

Inhalt

Anfänger

Lernen

Sprechen

Malen

Spielen

Lesen

Schreiben

Rechnen

Basteln

Altersangaben

Ab 1 Jahr

Babys

Anfänger

Sprechen

Malen

Basteln

Ab 2 Jahre

Babys

Ab 3 Jahre

Ab 4 Jahre

Ab 5 Jahre

Ab 6 Jahre

Ab 7 Jahre

Ab 8 Jahre

Index

Vorwort

Vor über fünfzehn Jahren wurden die ersten Personalcomputer der Öffentlichkeit vorgestellt, und seitdem haben sie als universelles Werkzeug ihren Siegeszug rund um die Welt angetreten. Als nur wenige Jahre später Computerspiele auf den Markt kamen, begann auch eine Debatte, die immer noch anhält: Sollen Kinder Umgang mit dem Computer haben, und wann ist der richtige Zeitpunkt dafür?

Wissenschaftliche Untersuchungen ergaben, daß der Computer für Kinder nichts weiter als ein wundervolles Spielzeug unter vielen anderen ist, das sich hauptsächlich durch seine Vielseitigkeit auszeichnet. Im Gegensatz zum Fernsehen verdammt es unsere Kinder auch nicht zum passiven Konsum, sondern kann im Gegenteil zu Kreativität und logischem Denken anregen. Natürlich ist der kindliche Umgang mit dem Computer nicht ohne Schattenseiten, aber wie bei vielen Errungenschaften der Menschheit bildet ihr Mißbrauch nur einen verschwindend kleinen Prozentsatz im Vergleich zu den sinnvollen und schönen Anwendungen. Um so wichtiger ist es, daß wir Eltern unsere Kinder sanft und mit Spaß an diese zukunftbestimmende Technologie heranführen. Dabei kann es nicht darum gehen, mit dem Computer kleine Genies heranzüchten zu wollen oder ihre geistige Entwicklung gekauften Kinderprogrammen zu überlassen. Andererseits kann es aber auch nicht angehen, unsere Kinder von einem allgegenwärtigen Alltagsinstrument wie dem PC gewaltsam fernzuhalten.

Es ist uns ein Anliegen zu betonen, daß die Initiative für den Umgang mit dem Computer stets vom Kind ausgehen sollte. Aber wenn, dann sollten Sie es auch mit ihm spielen lassen. Es gibt inzwischen eine große Anzahl von phantastischen Kinderprogrammen, die durchaus pädagogische Maßstäbe setzen, selbst für Kleinkinder. Ob interaktive Bilderbücher, Lernprogramme für Kindergarten- und Schulkinder, geschichtliche oder naturwissenschaftliche Simulationen oder animierte Lexika – Software für Kinder erreicht langsam das Niveau von guten Kinderbüchern und übersteigt sogar manchmal deren Möglichkeiten.

Doch kommerzielle Programme dürfen nicht ohne Widerspruch zum Ruhigstellen von Kindern verwendet werden, wie es in manchen Familien mit Fernsehen und Hörspielkassetten bereits geschieht. Das Spiel von Eltern und Kindern am PC sollte nur eine neue Facette gemeinsamer Beschäftigung sein, die wie Vorlesen, Zoobesuche oder Hausmusik zum intensiven Familienleben beiträgt.

Eltern und Kinder sollten unserer Meinung nach mindestens das gleiche Wissen besitzen, um einen gemeinsamen Konsens zu erzielen. Wir sind große Fans professioneller Kindersoftware wie interaktiver Bilderbücher oder des Matheblasters, da sie weit über das hinausgehen, was durchschnittliche Eltern mit ihren Kindern am PC selbst bewerkstelligen können. Solche Programme sind eine wichtige Bereicherung für jeden Kinderhaushalt, aber genauso wichtig ist es unserer Meinung nach, daß sich Eltern und Kids selbst mit dem Computer und seinen Möglichkeiten beschäftigen. Und das kann man immer noch am besten in selbstgefertigten und -zusammengestellten Anwendungen. Die meisten unserer Spiele und Anregungen sind leicht abzuändern und sorgen damit für einen längerfristigen Unterhaltungswert als viele der weniger ausgefeilten Kommerzprogramme, die einmal durchgespielt oft ihren Reiz verlieren.

Wichtig wäre noch zu erwähnen, daß dieses Buch kein Ersatz für den Gebrauch von Handbüchern oder Computerkursen sein kann, da sich die Software von Version zu Version so gravierend ändert, daß praktisch alle sechs Monate ein neues Buch geschrieben werden müßte. Wenn Sie also etwas im Praxisteil nicht verstehen, dann lesen Sie bitte das entsprechende Handbuch der Software oder Ihres Betriebssystems. Wir müssen einfach auf gewissen Grundkenntnissen aufbauen, um dem Ziel dieses Buches gerecht zu werden: Anregungen und konkrete Übungen zu geben, wie Eltern mit ihren Kinder am PC Spaß haben können.

Monika Pilger und Bernd Göttlicher

Infoteil für Eltern

Abc-Schützen

Die Einschulung und die gesamte erste Klasse der Grundstufe ist eine besondere und besonders wichtige Zeit der Kindheit, in der gravierende Weichen für die weitere Zukunft Ihres Kindes gestellt werden.

Teilweise fiebern die Kinder schon seit Jahren auf den Zeitpunkt der Einschulung hin, schon allein deshalb kann man sicher sein, daß alle frisch eingeschulten Erstkläßler lernen wollen. Sie alle wollen die Schule von Anfang an richtig machen. Um so fataler ist es dann, ihnen einfach nur zu erklären, daß sie ihre Aufgaben falsch gemacht haben. Gerade in dieser Phase sind Kinder meist sehr sensibel und können durch zu viele Fehlschläge demotiviert werden.

Der Computer kann mit einer Textverarbeitung gerade bei den Abc-Schützen hilfreich sein: Manche Kinder lassen sich etwa beim Schreibunterricht dadurch entmutigen, daß sie ihre Buchstaben nur krakelig und vielleicht auch noch falsch hinbekommen. Da macht es doch viel mehr Spaß, die Buchstaben an

der Tastatur einzutippen und am Bildschirm fein säuberlich angezeigt zu bekommen. Sollte etwas falsch geschrieben sein, können Sie mit Ihrem Kind gemeinsam die Fehler ergründen, die möglichen Alternativen für ein Wort aufstellen und die falschen Varianten hinterher weglöschen. So wird Ihr Kind nicht frustriert und lernt schon frühzeitig Lösungsstrategien kennen.

Altersangaben

Die Altersangaben im vorangegangenen Index zu diesem Buch und den einzelnen Kapiteln – wie Baby, Kleinkind, Kindergarten, Abc-Schützen oder Grundschule – sind nur Empfehlungen. Sie spiegeln unsere Meinung und Erfahrungen wider, ab wann die Übung Sinn macht oder überhaupt praktiziert werden kann. Im Gegensatz zu Altersangaben auf Softwareverpackungen beziehen wir uns stets auf Kinder unter Anleitung ihrer Eltern.

Bedenken Sie aber, daß sich jedes Kind anders entwickelt. Das eine Kind überrascht etwa früh mit einem relativ großen Wortschatz, ist dafür jedoch ein motorischer Spätzünder – und umgekehrt. Zwingen Sie deshalb Ihr Kind niemals zu etwas. Machen Sie Anregungen, benutzen Sie die Übungen in diesem Buch für sich selbst und lassen Sie Ihr Kind dabei zusehen. Erst wenn es selbst reagiert, sollten Sie Ihr Kind an die gestellte Aufgabe sanft heranführen.

Überlassen Sie den Lern- und Leistungsdruck der Schule, Ihre Kinder haben dort ausreichend Gelegenheit, den »Ernst des Lebens« kennenzulernen. Die Begegnung und Auseinandersetzung Ihrer Kinder (und Ihrer selbst) mit dem PC sollte Spaß machen und erst in zweiter Linie einen Zweck verfolgen. Auch wenn wir zu Beginn bei vielen Übungen und Spielen des Praxisteils die pädagogischen Ziele erläutern, so dient das nur Ihrer Orientierung und stellt kein Muß in der Erziehung oder Heranführung an den Computer dar. Es gibt viele Wege, den Umgang mit dem PC zu erlernen, etwa vergleichbar mit dem Schreiben.

Anfangen

Wichtig ist es, sich zu trauen und einfach anzufangen. Kennen Sie die ewigen Kursteilnehmer? Manche Leute besuchen jahrelang Theaterkurse, trauen sich aber nie auf eine Bühne. Kinder haben mit dem Anfangen keine Probleme. Vielleicht haben sie auch deswegen weniger Angst im Umgang mit dem Computer. Wie alles andere wird auch der Computer einfach ausprobiert. Was kann auch schon passieren? Und wie spannend, wenn etwas passiert.

Eifern Sie Ihren Kindern nach, machen Sie sich nicht unnötigen Streß mit einem »perfekten« pädagogischen Arbeitsplan für den Umgang Ihres Kindes mit dem PC. Ihr Kind freut sich einfach darauf, mit Ihnen den Computer zu entdecken, es braucht keinen »Professor«. Sollte Ihr Kind den Computer sogar besser beherrschen als Sie, dann können Sie sich von ihm alles zeigen lassen. Was glauben Sie, wie stolz es sein wird.

Sie können es sich sogar erlauben, absichtlich Fehler zu machen, denn Kinder sind begeisterte Helfer in solchen Dingen. Grundsätzlich gilt: je kleiner das Kind, desto leichter der Einstieg. Einem Zweijährigen reicht es, wenn Sie mit ihm ein interaktives Bilderbuch ansehen oder mit ihm am Bildschirm ein buntes Bild aus lauter Kreisen malen.

Es ist auffällig, daß gerade Frauen eine hohe Hemmschwelle gegenüber dem Computer haben (siehe auch Kapitel *Mädchen,* Seite 58). Da hilft es nur, ins kalte Wasser zu springen und anzufangen, z. B. mit unseren Praxisbeispielen in Kapitel »Anfänger«. Sie wachsen mit jeder Aufgabe – garantiert. Ihr Kind übrigens auch.

Arbeitsplatz

Achten Sie auf die richtige Möblierung. Ihr Stuhl mag für einen Erwachsenen ideal sein, nicht aber für ein Kind. Sobald sich Ihr Kind ernsthaft mit dem Computer beschäftigt, sollten Sie ihm einen geeigneten, in der Höhe verstellbaren Stuhl und Tisch besorgen, damit es keine Haltungsschäden davonträgt. Beide sollten kipp- und rutschsicher sein.

Wenn Sie über einen speziell ausgestalteten Computerarbeitsplatz verfügen, bei dem Computer, Drucker und andere Zubehörteile ergonomisch angeordnet sind, sollten Sie immer bedenken, daß diese Anordnung für einen Erwachsenen optimiert wurde und nicht für Klein- oder Schulkinder. Bei vielen Computern herrscht auf der Rückseite des Gehäuses ein einziger

Kabelsalat, der für Kinder katastrophale Folgen haben kann. Verlegen Sie Kabel und Leitungen so, daß sich die Kinder nicht darin verfangen oder unabsichtlich irgendwelche Stecker herausziehen können.

Falls sich an Ihrem Arbeitsplatz oder Schreibtisch eine herausziehbare Platte für die Tastatur befindet, achten Sie bitte darauf, daß diese Platte verriegelt ist und sich nicht einfach wieder hineinschieben läßt. Für Sie mag es sehr bequem sein, die Tastatur einfach herein- oder herauszuschieben, aber Ihr Kind wird vermutlich früher oder später auf diese Platte steigen, um etwas von weiter oben herunterzuholen.

Auch auf die Gefahr hin, daß Ihr Kind an Dinge gelangt, die nicht für es bestimmt sind, sollten Sie die meisten Gebrauchsgegenstände für Ihren PC auch in Reichweite Ihres Kindes lagern, so daß es sie ebenfalls gefahrlos erreichen kann. Wägen Sie ab, was für Sie wichtiger ist, Ihr Kind oder einige ersetzbare Disketten und Zubehörteile.

Seien Sie Ihrem Kind ein Vorbild und machen Sie Ihren Arbeitsplatz zur nahrungsmittelfreien Zone. Wenn Ihr Körper während der Arbeit nach Koffein oder Zucker verlangt, legen Sie eine kleine Pause ein. Wenn Sie sich dabei vom Computer entfernen, geben Sie Ihren Kindern ein gutes Beispiel und beugen Augen- und Haltungsschäden vor. Ansonsten können Sie davon ausgehen, daß Ihre Kinder die schlechten Angewohnheiten von Ihnen übernehmen werden. Kinder lernen wesentlich schneller durch Nachahmung als durch viele schöne Worte.

Besserwisser

Pädagogische Schlaumeier erteilen Ihnen in zahllosen Büchern, Zeitschriften oder Fernsehsendungen wertvolle Ratschläge zur Kindererziehung, vergessen dabei aber meist zu erklären, wie Sie diese in die Praxis umsetzen können.

Den selbsternannten oder auch akademischen Experten der Kindererziehung ist es stets ein Rätsel, warum viele Mütter (von Vätern ist nur selten die Rede) so jämmerlich dabei versagen, ihre Kinder zu wertvollen Mitgliedern der Gesellschaft zu erziehen. Stattdessen können die Belehrten nur Kinder vorweisen, die in Mathe eine Vier bekommen und ihr Zimmer nur auf massiven Druck hin umpflügen.

Dabei ist Erziehung doch so einfach: »Akzeptieren Sie Schwächen ohne Nachgeben in die kindliche Resignation unter Vermeidung elterlicher Überreaktion« oder »Zunächst einmal müssen Sie Ihr Kind als Persönlichkeit anerkennen ... Seien Sie dabei weder autoritär noch antiautoritär.« Wir ersparen uns hier weitere Zitate.

Sollten Sie beispielsweise wissen wollen, wie Sie in der Praxis Ihr Kind am besten an den Computer heranführen, so könnten Sie folgende Antwort erhalten:

»Konsequenz ist am wichtigsten. Entfalten lassen und dennoch Grenzen setzen. Motivieren und animieren durch klare Zielsetzungen.«

Wenn Sie immer noch nicht schlauer sind, als zu Beginn dieses Abschnitts, dann liegt es nicht daran, daß Sie wahrscheinlich kein pädagogisches Studium abgeschlossen haben, sondern einfach stinknormale Eltern mit ebenso normalen Kindern sind. Lassen Sie sich nicht beirren (auch von uns nicht), denn niemand kennt Ihr Kind besser als Sie! Und Murphys Gesetz für Eltern besagt, daß Sie Dinge, die Sie falsch machen können, auf jeden Fall ausprobieren. Als Trost eine Lebensweisheit von Oma Schulze: »Nur aus Erfahrung wird man klug.«

Betriebssysteme

Mit seinem Betriebssystem steuert ein PC alle notwendigen Vorgänge, die zum Betrieb notwendig sind: Es fragt die Tastatur nach Eingaben ab, bringt Meldungen auf den Bildschirm, stellt Befehle zur Verfügung, mit denen Programme geladen werden können. Wie einfach oder schwierig dann die eigentliche Arbeit ist, hängt im Grunde nur von den Programmen selbst ab.

Die Welt der Personalcomputer ist in zwei Lager gespalten, einerseits die bedeutend größere der Windows-Welt und die wachsende, aber im Marktanteil stetig fallende Apple-Welt.

Selbst gestrenge Kritiker bestätigen, daß Apple mit seinem Betriebssystem Mac OS immer noch einen kleinen Vorsprung vor seinem großen Konkurrenten Windows von Microsoft besitzt. Es ist einfacher, intuitiver und bedienerfreundlicher. Daß die Windows-Welt zigfach größer ist, hat sie dem simplen Umstand zu verdanken, daß sie überwiegend billiger ist und eine Menge Hard- und Software für Apple Macintoshs gar nicht erst entwickelt wird, da die zu erwartenden Verkaufszahlen marktwirtschaftlich zu gering ausfallen. Dies gilt derzeit besonders für deutschsprachige Kindersoftware.

Während in Amerika beispielsweise Apple mit seinen Macintoshs gerade im Heimbereich besser dasteht und auch eine entsprechende Vielzahl an Softwareprogrammen zu bieten hat, ist diesseits des Ozeans der Zug eindeutig Richtung Windows-PCs abgefahren. Das kann sich zwar jederzeit wieder ändern, aber derzeit muß die Empfehlung für einen Familien-PC eindeutig mit einem Windows-Computer beantwortet werden.

Windows 95 und Windows 3.x unterscheiden sich nicht nur in der Handhabung, sondern auch in der Programmstruktur. So kann beispielsweise Windows 95 die alten Programme von Windows 3.x verwenden, aber nicht umgekehrt. Manche der in diesem Buch vorgeschlagenen Übungen funktionieren sogar auf PCs mit dem Text-Betriebssystem DOS, beispielsweise einfache Text- oder Malaufgaben. Man kann also durchaus ein älteres PC-System als Experimentiergerät für Kinder verwenden, bringt diese dann jedoch um die kleinen Erfolgserlebnisse einer grafikorientierten Benutzeroberfläche wie Windows oder Macintosh.

Brain-Gym

Lerngymnastik oder Gehirntraining? Es gibt Übungen, die dazu geeignet sind, die Erfahrungen von Kindern mit ganzheitlichem Lernen zu erweitern. Sie erleichtern durch Synchronisation der rechten mit der linken Gehirnhälfte jede Art von Lernen, insbesondere jedoch das schulische. Grundlage dafür ist die Educational Kinesiologie (EK) nach George Goodheart und das daraus entwickelte Brain-Gym®-Programm von Paul und Gail Dennison.

Der Fachbegriff »Kinesiologie« bezeichnet die Lehre von der Interpretation der Körperfunktionen aus einfachen Bewegungsabläufen sowie der »Umprogrammierung« von Körper oder Gehirn durch angenehme gymnastische Übungen. Mit Brain-Gym hat Dennison in seiner Arbeit eine Reihe von Übungen zusammengestellt, die Kindern helfen, ihren Energiefluß in Einklang zu bringen und damit die Lernfähigkeit zu verbessern. EK ist ein System, das Schüler jeden Alters durch Freilegen von vorhandenem Potential fähiger werden läßt.

Alle können davon profitieren: Egal, ob Kinder oder Erwachsene, Hochbegabte oder Kinder mit Teilleistungsstörungen – die

Übungen sind unkompliziert, man kann dabei keine Fehler begehen und es macht fast jedem Spaß.

Die Arbeit am PC beansprucht stärker die linke Gehirnhälfte und dadurch kommt es leicht zu einer angespannten Konzentration oder einem einseitig linear analytischen Denken. Wenn nun der angespannte Zustand zu lange andauert, bleibt für das ganzheitliche und kreative Denken kein Platz mehr. Gerade für Kinder, die sich zu sehr auf eine Aufgabe konzentrieren und dann zappelig werden oder zum hundertsten Mal den gleichen Fehler begehen (immer wenn Sie versucht sind zu sagen »Hast du es noch nicht kapiert...«), ist EK optimal.

Für dieses Buch haben wir Übungen speziell für das Lesen, Schreiben oder Lernen am PC angepaßt, die sich im Zusammenhang gut bewährt haben.

Literatur: Paul E. und Gail Dennison – Brain Gym, ISBN 3-924077-27-4.

CD-ROM

Noch vor wenigen Jahren wurde die CD-ROM als der Datenträger der Zukunft gefeiert. Heute ist die Zukunft bereits da: Ohne CD-ROM-Laufwerk kommen Sie heute nicht mehr weit. Ob Betriebssystem, Computerspiel oder professionelle Textverarbeitung – sie kommen alle ohne lästigen Diskettenwechsel auf den glänzenden Silberscheiben daher. Für die CD-ROM (bedeutet Compact Disc-Read Only Memory, also CD mit Nur-Lese-Speicher) ist ein eigenes Laufwerk notwendig, das je nach Geschwindigkeit zwischen 100 und 800 Mark kostet.

Die meisten PCs, die derzeit verkauft werden, haben jedoch bereits ein Laufwerk eingebaut. Ein PC mit Multimedia- oder Soundkarte kann mit einem CD-ROM-Laufwerk problemlos Audio-CDs, Foto-CDs mit beim Fotohändler gespeicherten Bildern oder Daten-CDs lesen. Wenn nicht, lassen Sie sich sofort von Ihrem Händler geeignete Treibersoftware dafür auf Ihrer Festplatte installieren.

Tip: Studieren Sie vor dem Kauf einer CD-ROM sehr genau, ob diese auch wirklich für Ihr Betriebssystem (Windows 3.x, Windows 95, Mac OS) und Laufwerk geeignet ist. Angaben wie »Quadrospeed« oder »8-fach Speed« beziehen sich auf die Abspielgeschwindigkeit des Laufwerks.

Computer

Ein Computer kann zu einer vielseitigeren Schreibmaschine werden als eine Schreibmaschine selbst, zum Aktenschrank, der selbst Ordnung hält und jederzeit alles findet, zum Kontenbuch, zum Zeichenbrett des Häuslebauers, zum Musikinstrument, zur Leinwand des Künstlers. Sofern Sie dem Computer sagen, was er zu tun hat. Dabei ist die Hardware das Gerät, das Befehle empfängt und ausführt. Dagegen sagt die Software (die Programme) dem Computer, welche Anweisungen er ausführen soll. Programme sind also gespeicherte Ansammlungen von Befehlen, die vom Prozessor des PC abgearbeitet werden.

Der Arbeitsspeicher (RAM = »Random Access Memory«, auf deutsch »Speicher mit freiem Zugriff«) hat die unangenehme Eigenschaft, sämtliche gespeicherten Informationen auf der Stelle zu vergessen, wenn der Strom abgeschaltet wird. Deshalb ist für jedes Computersystem ein externer Speicher sozusagen Pflicht. Solche »Massenspeicher« sichern Daten und Programme magnetisch oder per Laserlicht auf Disketten, Fest- bzw. Wechselplatten oder anderen Medien und geben immer wieder ihre Daten in den Arbeitsspeicher ab. Die Größe des Arbeitsspeichers ist einer der wichtigsten Leistungsmerkmale eines PC und wird in Megabyte angegeben. Sie entscheidet darüber, wie groß Programme sein und vor allem, wie viele Programme und Daten gleichzeitig verarbeitet werden können.

Computerkauf

Die Regeln und der Ablauf eines Computerkaufs sind relativ einfach: Ergründen Sie Ihre Bedürfnisse, vergleichen Sie Preise, Funktionen und Ausstattung gängiger Modelle, überschreiten Sie nicht den Rahmen Ihres festgelegten Budgets, prüfen Sie die Garantiebestimmungen und feilschen Sie mit dem Händler um einen Rabatt oder zusätzliches Zubehör.

- Versandhaus oder Fachhändler? Der Händler bietet persönlichen Service und ist vor Ort erreichbar, wenn etwas nicht funktioniert oder defekt sein sollte. Zudem können Sie in dessen Räumen an Vorführgeräten alles einmal ausprobieren, bevor Sie es kaufen. Der markanteste Vorteil der Versandhäuser ist ihr meist deutlich günstigerer Preis (aber auch nicht immer).

- Neu oder gebraucht? Ein gebrauchter PC oder ein Auslaufmodell kann eine gute Wahl sein, wenn Sie nicht die Geschwindigkeit, Leistung und Speicherfähigkeit der neuesten Topmodelle benötigen. Aber PCs veralten schneller als einem Anwender lieb ist, so daß Sie neueste Software bald nur noch sehr langsam oder gar nicht mehr einsetzen können. Zudem ist der Preisverfall bei Computern derart massiv, daß der durchschnittliche Wertverlust eines PCs von 30 Prozent pro Jahr durch Preisreduzierungen des Handels sowie Abschlag für den Gebrauch selten realisiert wird. So kommt es immer wieder vor, daß in einschlägigen Kleinanzeigen ein bis zwei Jahre alte Systeme mit veralteter Software zum gleichen Preis oder sogar teurer angeboten werden als vergleichbare PCs in günstigen Neuangeboten. Ein weiterer Knackpunkt ist neben dem Preisverfall auch die technologische Entwicklung: Mit dem Kauf eines aktuellen PCs haben Sie eine gute Chance, auch die nächsten 2–3 Jahre noch Ersatzteile oder passendes Zubehör für Ihr System zu akzeptablen Preisen zu erhalten, während dies für Gebrauchtgeräte morgen schon nicht mehr gilt, ganz abgesehen von der fehlenden Garantie.

Computerspiele

Computerpädagogik ist die jüngste Untergruppe der Medienpädagogik, welche sich mit dem sinnvollen Umgang und Einsatz von Medien allgemein beschäftigt. Für die pädagogische Eignung von Software sehen Computerpädagogen folgende Kernkriterien, die unbedingt zu erfüllen sind:

- Spontanität – die Programme müssen einfach erlernbar sein und schnelle Erfolgserlebnisse bringen.
- Modularer Aufbau – sind die Programme in ihrer Funktionsvielfalt sehr komplex, so müssen sie in Stufen erlernbar sein, damit die Kinder nicht frustriert aufgeben.
- Spielcharakter – je mehr spielerische Elemente in die Programme integriert sind, desto eher werden sie von den Kindern und Jugendlichen angenommen.

Aktionsgeladen und mit viel Bewegung am Bildschirm wünschen sich die Kids ihre Computerspiele, weshalb Geschicklichkeit erfordernde Baller- oder sogenannte »Jump & Run«-Spiele in ihrer Gunst ganz weit vorn liegen. Entgegen landläufiger Meinung erkennen Computerpädagogen selbst in den teils anrüchigen Aktionspielen unterschiedlichster Machart pädagogische Vorteile: Kinder, vor allem solche mit Konzentrationsschwierigkeiten, lernen dabei, ihre Ausdauer zu erweitern und sich Schritt für Schritt an eine Aufgabe vorzutasten.

Die zweite Kategorie an Computerspielen, die von Kindern oft gewünscht und von Pädagogen gern eingesetzt werden, sind ökonomische und ökologische Simulationsprogramme. Der Klassiker »SimCity« animiert beispielsweise Kinder und Jugendliche über die Zusammenhänge von öffentlichen Einrichtungen, Grün- und Sportanlagen und der eigenen Lebensqualität nachzudenken.

Auch Rollen- oder Abenteuerspiele, überwiegend im Fantasy- oder Science-Fiction-Milieu angesiedelt, haben ihre Vorzüge. Im Gegensatz zu einem Abenteuerbuch oder -film verzweigt der Handlungsfaden je nachdem, welche Antwort gegeben wird. Hier lernt der Spieler, Entscheidungen zu treffen und nicht immer wieder dieselben Fehler zu machen.

Für die Allerkleinsten gibt es zu guter Letzt noch viele Umsetzungen traditioneller Kinderspiele wie Memory oder Puzzles, die am Bildschirm wieder reizvoll werden. Sie schulen wie ihre Vorbilder Logik und Erinnerungsvermögen.

Klassiker unter den Computerspielen für PC und Macintosh:

Alle folgenden Spiele sind im Fach- und Buchhandel erhältlich oder bei Sammlern zu entleihen. Preisgünstige Memorys, Puzzles, Geschicklichkeits- und Ballerspiele finden Sie auf CD-ROM mit Shareware im Handel oder im Internet.

- Oxyd – gelenkte Murmeln, die nicht vom rechten Weg abkommen dürfen (Geschicklichkeit, ab 5 Jahre, Dongleware)
- SimCity 2000 oder SimTown – die Spieler lassen als Bürgermeister am Bildschirm eine Stadt oder ein Dorf entstehen (Simulationen, ab 9 bzw. 7 Jahre, Bomico)
- Die Siedler oder Die Siedler 2 – Römer, die Südseeinseln besiedeln (Simulationen, ab 8 Jahre, Blue Byte GmbH)

- Kings Quest V-VII – interaktive Märchen mit Prinzessinnen, Hexen, Helden (Abenteuerspiele, ab 5 Jahre, Bomico)
- Ein Fall für Mike & Leo – Krimiabenteuer kindgerecht aufgezogen (Abenteuerspiel, ab 7 Jahre, Tivola)
- Max und das Schloßgespenst – Rätsel und Aufgaben für die Kleineren (Abenteuerspiel, ab 4 Jahre, Tivola)

Mit dem »Kindersoftwareführer 96« von Barbara Mooser bzw. dem Nachfolger von Thomas Feibel (beide Markt & Technik Verlag) können Sie sich eine kompetente Übersicht zu Lern- und Kreativitätssoftware für Kinder verschaffen. Die Altersangaben sind allerdings etwas zu hoch angesetzt und bezeichnen wohl das Alter, ab dem Kinder alleine mit dem Programm zurechtkommen, im Gegensatz zu unseren Empfehlungen, die von Kindern mit Eltern ausgehen.

Computerväter und -mamas

Ohne es verallgemeinern zu wollen, ist uns in der Praxis aufgefallen, daß computererfahrene Väter sich schwerer tun, ihre Kinder an den PC zu lassen, als Mütter. Woran liegt das?

Meist ist es immer noch der Familienvater, der aufgrund seiner Arbeit im Büro den Computer im Heimbereich etabliert, um Arbeit auch zu Hause erledigen zu können oder um sich Computerspiele zu gönnen.

Viele Erwachsene tun sich schwer, sich die Schwierigkeiten der Kleinen selbst bei den einfachsten Dingen wie Essen ohne Kleckern wieder in Erinnerung zu rufen. Genauso fällt es vielen professionellen Computervätern schwer, sich an ihre eigenen vagen ersten Schritte in die Welt des Computers zu erinnern. So verlieren sie gern über den Fehlern ihrer Kinder die Geduld. Frauen sind meist geduldiger, das ist aber nicht gottgegeben oder hormonbestimmt. Frauen haben es einfach von früh auf gelernt, ihre Bedürfnisse stärker zugunsten anderer (etwa der Familie) zurückzustellen und heben auch selten den PC auf den ehrwürdigen Sockel einer Ersatzreligion.

PC und Arbeitszimmer dienen in vielen Familien den Vätern immer noch als letzte Reservate für Rückzug und Entspannung, die sie nicht mit geliebten Monsterbälgern teilen wollen. Kein Wunder, wenn sie sich mit Händen und Füßen dagegen wehren, ihre Kinder an den Heimcomputer zu lassen. In diesem Fall muß ein Kompromiß gesucht werden, der für alle Beteiligten eine gangbare Alternative darstellt: Papa erhält seine »Freistunden« für Spiele und Arbeit am Computer, zum Beispiel abends an Wochentagen, aber am Wochenende und am Nachmittag gehört dann der PC der gesamten Familie. Läßt sich zudem ein Computerspiel finden, das Vater wie Kindern Spaß macht, so dürfte eigentlich einer gemeinsamen Nutzung nichts mehr im Wege stehen. Sogar eingefleischte Computerväter werden entdecken, wie viel Freude die gemeinsame Beschäftigung von Eltern mit ihren Kindern am PC wie auch sonst machen kann.

Im Gegensatz zu den Computervätern haben Frauen eine größere Hemmschwelle, sich mit den Kindern an den PC zu setzen. Dabei spielt insbesondere die bei Frauen stärker ausgeprägte Angst, etwas falsch oder kaputtzumachen, eine wichtige Rolle. In diesem Fall können Mütter durchaus von ihren Kindern lernen, die in der Regel gegenüber dem PC furcht- und hemmungslos sind. Fühlen Sie Ihrem PC ruhig »auf den Zahn«!

Neuste Erkenntnisse beweisen, daß Kinder Rollenvorbilder brauchen, um eine Vorstellung zu erhalten, wie sie in Zukunft leben wollen. Ohne das Vorbild der Eltern nehmen sie orientierungslos Muster auf, die sie in Film und Werbung vorgesetzt bekommen. Etwa Hinwendung zur Gewalt für Jungen oder konsumorientierte Verherrlichung des schönen Scheins für Mädchen.

Disketten

Disketten kosten inzwischen nur noch Pfennige und sind deshalb in vielen Büros zur Verbrauchsware wie Druckerpapier verkommen. Auch als Speichermedium geraten sie wegen ihrer Speicherkapazität von rund 1,4 Megabyte angesichts gängiger Anwendungsprogramme mit einem vielfachen Platzbedarf immer mehr ins Hintertreffen. Im Grunde werden sie nur noch zum Austausch oder zur schnellen Sicherung von persönlichen Daten verwendet. Das Ende der Diskette, wie wir sie kennen, ist nur noch eine Frage der Zeit. Welche Medien sie über kurz oder lang ersetzen werden, ist derzeit noch nicht abzusehen: Ob magneto-optische Disketten mit mehreren hundert Megabyte, Chipkarten oder völlig andere Technologien, es wird immer einen Bedarf an Computermedien geben, die einen schnellen und billigen Austausch von Daten ermöglichen.

Die derzeit verwendeten Disketten sind zwar durchaus robust, aber nicht unverwüstlich. Aus diesem Grund sollten Sie diesbezüglich gegenüber Ihren Kindern einige Dinge ansprechen und Regeln aufstellen:

- Wenn man Disketten zu sehr biegt, können sie brechen, und die Daten sind unwiederbringlich verloren.
- Wenn man Disketten ablutscht, gelangt Speichel in die Diskette und kann den Lesekopf beschädigen oder nach dem Trocknen zu Lesefehlern und Datenverlust führen. Gleiches gilt für Kekskrümel, Schokofinger und Saftspritzer. Essen und Trinken sind deshalb am Computer streng verboten, und die Hände müssen sauber und trocken sein.
- Der Computer nimmt es auch sehr übel, wenn er mit Butterkeksen »gefüttert« wird (siehe auch *Arbeitsplatz,* Seite 20). Gleiches gilt selbstverständlich auch für magneto-optische Cartridges oder Wechselplatten.

Drucker

Drucker sind für Computer das Salz in der Suppe – man kann ohne kaum auskommen. Für Familien mit Kindern ist die Anschaffung beinahe ein Muß, denn für die Kleinen ist der unmittelbare Ausdruck eine wichtige Bestätigung einer Sitzung am Bildschirm. Drucker gibt es in fast unübersehbarer Vielfalt, in allen Preisklassen und mit unterschiedlichen Techniken.

Die Massenware: Tintenstrahldrucker sind richtig leise; man hört sie kaum. Den Markt der Tintenstrahldrucker teilen sich hauptsächlich die beiden Hersteller Hewlett-Packard (HP) und Canon (Bubble-Jet). Schon aus Gründen der allgemeinen Verfügbarkeit und im Verhältnis relativ günstiger Kartuschen oder Nachfüllsets von Fremdanbietern sollte auf eines dieser beiden Tintenstrahlsysteme zurückgegriffen werden.

Der Professionelle: Laserdrucker sind zwar teurer als Tintenstrahldrucker, doch dafür bieten sie auch das meiste fürs Geld. Es gibt sie in unterschiedlichen Leistungsklassen, beispielsweise mit einer Druckauflösung von 300 oder 600 Druckpunkten pro Inch (dpi).

Der Dinosaurier: Bei Nadeldruckern schlagen Hämmerchen gegen winzige Nadeln und erzeugen ein Punktmuster (»Matrix«) auf dem Papier. Nadeldrucker sind preiswert, kompliziert zu bedienen, langsam bei der Ausgabe und machen Lärm. Dafür bleiben die Unterhaltskosten niedrig. Dieser Druckertyp ist im Grunde ausgestorben, da die qualitativ besseren Tintenstrahl- und Laserdrucker inzwischen genauso viel kosten.

Der Anschaffungspreis ist beim Druckerkauf nicht unbedingt das Maß aller Dinge: Schon nach ein bis zwei Jahren können die Folgekosten für teure Ersatzteile und hohe Betriebskosten den Anschaffungspreis übersteigen. Je nach Druckertechnik müssen also die Kosten für Verbrauchsmaterialien (Spezialpapier, Kartuschen oder Toner) und Verschleißteile (Trommel oder Fixiereinheit) berücksichtigt werden.

Regelmäßige Wartung und Reinigung hilft, die Lebenszeit aller Teile zu verlängern. Recycling von Tonerkassetten oder Tintenkartuschen ist sehr zu empfehlen und spart bis zu sechzig Prozent der Kosten. Für Tintenpatronen gibt es Nachfüllsets, die je nach Anbieter bis zu zwei Drittel der Kosten für eine neue Patrone einsparen.

Edutainment

Eine amerikanische Sprachschöpfung, die die Mischung aus Lernen (Education) und Unterhaltung (Entertainment) umschreibt. Unter Verwendung von Multimedia (siehe Seite 62) soll Lernen am Bildschirm Spaß machen, auch für Erwachsene.

Emotionale Intelligenz

Wie wird aus meinem Kind ein erfolgreicher und glücklicher Erwachsener – eine Frage, die sich sicherlich schon viele Eltern gestellt haben und immer noch stellen. Bis vor wenigen Jahren galten Intelligenz und Fleiß als wichtigste Grundvoraussetzungen für eine vielversprechende Zukunft. Inzwischen haben jedoch Forschungsergebnisse gezeigt, daß hohe Intelligenz allein bestenfalls zu 20 Prozent ein erfolgreiches Leben ausmacht. Den wichtigsten Beitrag leistet laut Sozialforscher Daniel Goleman die von ihm sogenannte »emotionelle Intelligenz«.

»Menschen, die sowohl sich selbst wie ihre Emotionen kennen und damit gut umgehen können, aber auch die Gefühle ihrer Mitmenschen erkennen und verstehen, haben in jeder Phase ihres Lebens ausgesprochene Vorteile.«

Unter emotioneller Intelligenz verstehen die Wissenschaftler gewisse Fertigkeiten, die es ermöglichen, aus nahezu jeder Situation das Beste zu machen und zu überleben: Selbstbewußtsein, Empathie, Aggressionsbewältigung, die Fähigkeit, sich auf ständig ändernde Begebenheiten einzulassen und auch aus der Niederlage positive Erfahrungen zu ziehen.

Das Alter von 3 bis 8 Jahren ist eine gute Zeit, um Kinder bei der Entwicklung emotioneller Fähigkeiten zu unterstützen.

Erfahrungsaustausch

Gerade in Fragen der Erziehung, wo die wenigsten als Experten geboren werden, ist es oft hilfreich, sich neben fachlichem Rat von Experten auch die Meinung gleichgesinnter Eltern zu erfragen. Gleiches gilt auch für den kindlichen Umgang mit Computern, wo der Erfahrungsaustausch unter Eltern wichtige Impulse und Erfahrungen bringen kann. Das kann entweder im Freundes- oder Bekanntenkreis bzw. online (siehe Seite 62) in sogenannten Foren bzw. Newsgroups geschehen. Während es in der englischsprachigen Welt üblich ist, sich in der Nachbarschaft zu bestimmten Themen zu treffen und zu diskutieren, bevorzugen Eltern im deutschsprachigen Raum eher anonymere Kommunikationsformen: Lokale Computerclubs können etwa eine akzeptable Alternative sein, oft werden aber gerade Frauen von der dort zu eifrig praktizierten Fachsimpelei abgestoßen. In diesem Fall hilft es evtl., mit dem Vereinsvorstand einen eigenen Familienabend zu gründen. Computerbegeisterte Eltern können sich aber auch über Internet und Onlinedienste wie CompuServe, AOL oder T-Online austauschen. Anfangs ist es wahrscheinlich ein ungewohntes Gefühl, aber gerade Frauen lernen die Anonymität des Cyberspace schnell schätzen.

Ergonomie

Nichts ist so perfekt gestaltet, daß es nicht noch verbessert werden könnte. Dies gilt auch für den Gebrauch von Computern zu Hause. Beherzigen Sie die folgenden Vorschläge, so wird Ihnen Ihr Kinderarzt auch in Zukunft keine Vorwürfe machen können:

- Stellen Sie Tastatur und Maus möglichst nahe an den Bildschirm, damit das Kind nicht in die Ferne sehen muß, um zu erkennen, was sich auf dem Bildschirm abspielt.
- Drehen Sie am Computer den Kontrast möglichst herunter und erlauben sie den Kindern nicht, ihn zu verstellen. Kinder lieben zwar helle und bunte Bilder, zum Schutz der Augen sollte der Kontrast aber möglichst gering eingestellt sein.
- Erlauben Sie den Kindern nicht, zu nahe am Bildschirm zu sitzen. Bei kleineren Kindern ist das meist noch kein größeres Problem, da sie sich ohnehin nicht so lange vor dem Schirm aufhalten. Halten Sie bei größeren Kindern wegen der elektromagnetischen Strahlung eines jeden noch so gut isolierten PC-Monitors einen Mindestabstand von 50 Zentimeter zum Bildschirm ein.

- Benutzen Sie den Computer nie in einem völlig dunklen Raum. Der Raum sollte stets ausreichend beleuchtet sein – nicht so sehr, daß es zu Reflexionen auf dem Schirm kommt, aber doch so hell, daß der Bildschirm nicht die hellste oder gar einzige Lichtquelle im Raum darstellt. Es ist von Vorteil, den Computer in einem Raum aufzustellen, bei dem sich die Fenster öffnen lassen, um frische Luft, Licht und die Außenwelt hereinzulassen (siehe auch *Arbeitsplatz,* Seite 20).

Erstkontakt

Bei Kindern unter zwei Jahren besteht der Zweck der Software darin, daß sie auf spielerische Weise erste interaktive Erfahrungen machen, mit graphischen Anwendungen sowie mit Klängen oder Animationen bekannt gemacht werden. Es besteht zwar kein Zweifel daran, daß Kinder von solchen Erlebnissen etwas »lernen« können, doch sollte einzig der spielerische Aspekt und die Entwicklung einer positiven Einstellung im Vordergrund stehen.

Wenn ihr Kind anfängt, sich von selbst für den Computer zu interessieren, sollten Sie diese Gelegenheit nutzen und ihm das Gerät mit allem Drum und Dran vorstellen. »Das ist eine Maus. Sie hat einen langen Schwanz, genauso wie eine richtige Maus! Das ist die Tastatur... schau dir mal die vielen Tasten an! Hörst du die Geräusche, die der Computer macht? Surr... Kannst du das nachmachen?«.

Gestalten Sie die ersten Kontakte so angenehm wie möglich. Machen Sie aus dem »Erstkontakt« eine Möglichkeit zum Spielen und Entdecken. Damit haben Sie die Möglichkeit, Ihrem Kind einen weiteren wunderbaren Aspekt der Welt zu eröffnen. Und Sie haben die Möglichkeit, Ihr Kind an den Computer heranzuführen und gleichzeitig die soziale Eltern-Kind-Bindung zu stärken. Es ist von nicht zu unterschätzender Bedeutung, daß Eltern ihren Kindern bei der Erforschung der Welt zur Seite stehen und ihnen die Sicherheit geben, ihren Forschungsdrang ausleben zu können.

Lassen Sie Ihr Kind bei sich auf den Schoß setzen, während Sie am Computer arbeiten. Das geht bereits von einem sehr frühen Alter an (sobald sie sitzen können) und trägt dazu bei, daß die Kinder ein gewisses Hintergrundwissen bekommen. Die steigende Mobilität Ihres Kindes und sein Wunsch, die Umwelt zu erkunden und mit ihr in Interaktion zu treten, wird unweigerlich dazu führen, daß das Kind sich bald recken wird und mit ausgestreckten Armen und auf Zehenspitzen versuchen wird, an den Computer heranzukommen. Wenn das Kind auf Ihrem Schoß sitzt, können Sie ihm helfen, ihm die Hand führen und es auf bestimmte Dinge am Bildschirm hinweisen. Es ist auch zweckmäßig, das Geschehen auf dem Bildschirm zu kommentieren, selbst wenn Sie das Gefühl haben, daß die Erklärungen den Horizont Ihres Kindes weit übersteigen. Solange Sie mit Ihrem Kind allein sind, braucht Ihnen das nicht peinlich zu sein; es erweitert auf jeden Fall dessen passiven Wortschatz.

Bei den ersten Computerkontakten in einer frühen Altersstufe ist es jedoch unbedingt erforderlich, eindeutige Regeln und Richtlinien festzulegen.

Extremismus

Religiöse oder politische Fanatiker nutzen Computersoftware oder das Internet ebenso für ihre Zwecke wie sexuell gestörte Mitmenschen. Auch wenn Computerspiele oder Programme von beispielsweise Neonazis, Pornoproduzenten oder Scientology-Anhängern einen relativ winzigen Anteil einnehmen, gibt es sie dennoch, und Sie sollten sich dessen bewußt sein.

Es nützt auch wenig, die Augen vor solchen Themen zu verschließen und darauf zu hoffen, daß Ihre Kinder mit solchem Schmutz nie in Kontakt kommen werden. Der sicherste Schutz ist eine bewußte Aufklärungspolitik in Ihrer Familie.

1995 und 1996 gab es weltweit verschiedene Kampagnen, um Anbieter von pornographischen oder gewaltverherrlichende Informationsseiten im Internet (siehe Seite 46) mit Bann zu belegen oder strafrechtlich zu verfolgen. Weltweit sorgte beispielsweise die Sperrung von Internet-Seiten mit Kinderpornographie oder Anleitungen zum Bau von Bomben durch die Onlinedienste T-Online und CompuServe sowie eine entsprechende Gesetzesvorlage der amerikanischen Regierung für Aufregung.

Besorgte Anwender fragten sich zu Recht, wo das Schutzbedürfnis einiger Teilnehmergruppen aufhört und totalitäre Zensur beginnt. Eine globale Widerstandsbewegung im Internet gegen die Einschränkung der Meinungsfreiheit und die Aufstellung von Zensurorganen zeigte schnell Wirkung, alle Maßnahmen wurden zugunsten individueller Schutzmaßnahmen zurückgenommen. Wer beispielsweise den Onlinedienst CompuServe als Zugang zum Internet wählt, kann sich und seine Familie mit einer kleinen Zusatzsoftware »Cyber Patrol« (erhältlich bei CompuServe selbst) vor dem Zugriff auf bedenkliche oder jugendgefährdende Internetseiten schützen (siehe auch *Gefahren,* Seite 40).

Futurekids

FUTUREKIDS ist der Firmenname der weltweit größten Kette von Schulungscentern, die Kinder auf spielerisch-kreative Weise an digitale Kommunikationstechniken heranführen. Rund 1200 Franchise-Center in über 70 Ländern propagieren das gleiche, das wir Ihnen mit diesem Buch ans Herz legen wollen: Lassen Sie Ihre Kids an den Computer.

Ob die Funktion einer Maus, Mal- und Musikprogramme oder Spaß mit Spielen oder Multimedia – die Idee, den PC durch gemeinsamen Umgang von Groß und Klein zu einem alltäglichen Werk- oder Spielzeug zu machen, ist längst überfällig.

FUTUREKIDS ist ein ausgefeilter Start für Ihre Kinder, der jedoch unserer Meinung nach gemeinsame Erlebnisse und Übungen von Eltern mit ihren Kinder zu Hause nicht ersetzen kann.

Echte »Futurekids« wollen und sollen miteingebunden und aufgefordert werden, durch eigene Ideen ihre Umwelt mitzuentwickeln. Sie sollen das Bewußtsein bekommen, daß sie auch verantwortlich für ihre Zukunft sein können, daß nicht nur andere, vor allem die Erwachsenen, bestimmen, wo es lang geht. Das kann nur klappen, wenn Sie Ihren Kindern eine tägliche Anregung geben und Vorbild sind.

GAU

Größter Anzunehmender Unfall: Gerade Frauen haben Hemmungen im Umgang mit Computern, da sie sich davor fürchten, etwas falsch zu machen und damit den Computer zu zerstören. Aus diesem Grund haben wir mehr oder weniger häufig vorkommende Unfälle gesammelt und mit Verhütungstips und ihren Kosten versehen:

- Dem laufenden PC den Stromstecker ziehen oder am Stromschalter ausschalten: Nicht toll, aber keine direkte Beschädigung möglich. Schlimmstenfalls sind nicht gespeicherte Daten verloren. Speichern Sie deshalb regelmäßig in 15-Minuten-Abständen. Seltener wird die Aufeinanderfolge der Festplattendaten nicht korrekt gesichert. Ein Hilfsprogramm (z. B. Norton Utilities) korrigiert solche Plattenfehler in der Regel ohne Datenverlust. Entsprechende Hilfsprogramme kosten zwischen 50 und 300 DM und sind jede Mark wert.
- Butterkeks im Diskettenlaufwerk: Mit Druckluftspray auspusten, alte Diskette einlegen und Funktionalität prüfen. Ein neues Laufwerk kostet ca. 50 bis 150 DM.
- Am laufenden PC Verbindungskabel zu Peripheriegeräten ziehen: Das Bussystem kann durch Minikurzschlüsse zerstört werden. Zwar äußerst selten, kann aber vorgekommen. Der Austausch kostet ca. 200 bis 500 DM. Vor dem Abziehen von Kabeln also immer den PC abschalten.
- Rütteln des PC-Gehäuses, während die Festplatte gerade liest oder schreibt: Muß nicht, kann aber bei billigen Festplatten vorkommen, daß der Schreiblesekopf gegen das Beschichtungsmaterial schlägt und beide dadurch beschädigt werden. Ein Komplettaustausch (billiger als Reparatur) kostet zwischen 150 (bis 100 MB) und 800 DM (ca. 2 GB).

- Lüftungsfilter werden nicht gewechselt: Der Prozessor überhitzt sich und wird beschädigt. Ein Austausch kostet ca. 100 bis 300 DM je nach Prozessortyp. Vermeiden durch Reinigen des Luftfilters alle 6 Monate mit einem Druckluftspray.
- Saft wird über der Tastatur verschüttet: Abstecken, aufschrauben und die Basis vorsichtig mit einem leicht feuchten, neuen Fensterleder abtupfen. Oft genügt es auch, sie sofort abzustecken und rund eine Stunde trocknen zu lassen, damit wird ein Kurzschluß vermieden. Schlägt eine Funktionsprüfung fehl, kostet eine Ersatztastatur etwa 100 bis 150 DM.
- Programme wurden versehentlich von der Festplatte gelöscht: Entweder werden sie mit den Installationsdisketten oder Sicherheitskopien erneut auf die Festplatte überspielt. Zeitaufwand 10 Minuten bis 1 Stunde.
- Daten wurden versehentlich von der Festplatte gelöscht: Kein Problem, wenn direkt im Anschluß mit einem Hilfsprogramm (z. B. Norton Utilities) die auf der Festplatte nicht mehr sichtbaren Daten zurückgeholt werden. Entsprechende Hilfsprogramme kosten zwischen 50 und 300 DM.
- Bei der Arbeit in einem Programm wird ein Bedienungsfehler gemacht: Schlimmstenfalls ist der Text oder das Bild verloren. Um den Schaden zu begrenzen, sollte alle 15 Minuten

gespeichert werden. Viele Programme haben sogenannte Auto-Save-Funktionen, wo sich einstellen läßt, in welchen Zeitabständen automatisch gespeichert werden soll. Es gibt auch entsprechende Hilfsprogramme für ältere Software, die als Shareware günstig für rund 30 bis 100 DM angeboten wird.

Gefahren

Nichts im Leben ist wirklich interessant oder sinnvoll, ohne zugleich auch hundertprozentig gefahrlos zu sein. Denken Sie etwa an elektrischen Strom oder Medikamente. Genauso verhält es sich mit Computern und ihren Programmen.

Wird über die Gefahren des Computers für Kinder diskutiert, wird am häufigsten die Angst vor einer Vereinsamung und Isolation des Kindes von Gleichaltrigen und der Umwelt genannt. Ein namhafte Studie des Deutschen Jugendinstituts konnte diese Befürchtungen nicht bestätigen (siehe auch *Kinder am Computer,* Seite 51).

Viele Computerspiele haben einen gewaltverherrlichenden Charakter und dienen deshalb als Aufhänger für eine ähnliche Diskussion wie bei Zeichentrickfilmen, Vorabendserien oder dem täglichen Nachrichten-Bombardement der Gewalt im Fernsehen (siehe auch *Gewalt*). Auch unter den Software-Herstellern oder Internet-Anbietern gibt es schwarze Schafe, deren religiöse, politische oder sexuelle Anschauungen gemeinhin als jugendgefährdend eingestuft werden müssen. Aufklärung kann der einzig wirksame Schutz dagegen sein.

Gewalt und Rollenverhalten

Viele Computerspiele haben einen gewaltverherrlichenden Charakter, weshalb CD-ROM- und Spielehersteller dazu übergegangen sind, eigene Bewertungen auf die Verpackungen zu drucken, um einer staatlichen Kontrolle vorzubeugen. Man kann sich auch von der Spieleindustrie oder unabhängigen Stellen wie dem Berliner Senat eine Bewertungsliste schicken lassen.

Generell ist es zu einer der großen Streitfragen der letzten Jahre geworden, ob wirklich nur die Prügel- und Schmuddeltitel auf Leinwand und (PC-)Bildschirm die Seelen Heranwachsender vergiften oder ob es nicht auch andere Faktoren wie »abwesende Väter« bzw. die Perspektivenlosigkeit vieler Jugendlicher zu berücksichtigen gilt. Widersprüchliche Forschungsergebnisse lassen die Vermutung zu, daß es einfach von der Persönlichkeit und Stabilität des Heranwachsenden abhängt, wie er Gewaltszenen in den Medien, etwa blutrünstiger Horror oder Brutalsex, verarbeiten kann. Vernachlässigte und orientierungslose Kids geben sich dabei oft einem wirren Weltbild hin, während sich ihre mit beiden Beinen in der Realität stehenden Altersgenossen sich von kruden Inhalten kritisch distanzieren können. Ihre Stabilität steht im direkten Zusammenhang damit, wie sie Anleitung und ein positives Vorbild von ihren Eltern erfahren haben. Sprechen Sie also mit Ihren Kindern über Gewalt im Fernsehen und in Computerspielen sowie den Nachrichten, über Fiktion, Aggression, Entspannung und soziales Verhalten.

Großeltern

Wenn Grundschüler gefragt werden, wem sie gerne eine E-Mail (siehe *Online*, Seite 62) schicken würden, antworten die meisten »meinen Großeltern«. Elektronische Post ist eine wunderbare Möglichkeit, zwischen Großeltern und Enkeln eine eigenständige Kommunikationsform aufzubauen. Zumal viele Kinder es bevorzugen, eher einen Brief als E-Mail oder Ausdruck zu verschicken als einen handgeschriebenen. Oma und Opa können neben dem interaktiven Online-Umgang zusammen mit ihren Enkeln bei vielen Programmen ihren Spaß haben.

Der Umgang mit E-Mail oder Ausdrucken hilft beiden – Enkeln wie Großeltern –, den Umgang mit den modernen Techniken der Telekommunikation zu üben. Computerlose Omas und Opas können dafür billigst einen Uraltcomputer (ca. 200 bis 500 DM) erstehen, da für die notwendige Kommunikationssoftware zum Versenden von E-Mails kaum Prozessorleistung und Speicherplatz benötigt wird.

Großeltern, die in der Nachbarschaft wohnen, können mit ihren Enkeln zusammen die wunderbare Welt der CD-ROM oder des Internet entdecken und ihren Spaß dabei haben. Deshalb kann es auch nicht schaden, wenn sich Großeltern Software ihrer Enkel für einige Zeit ausleihen, um sie zu Hause auf ihrem PC zu erkunden, wie z. B. interaktive Bilderbücher oder

Malprogramme für Kinder, wie sie in diesem Buch vorgestellt werden. Auch wenn Eltern selbst keine oder wenig Zeit haben, gemeinsam mit den Kindern die Übungen dieses Buches auszuprobieren, vielleicht trauen sich ja deren Eltern.

Großeltern sind um so besser zu motivieren, wenn sie gemeinsam mit den Enkeln Projekte am Computer erarbeiten können, die etwa ihre Interessen oder Hobbys berühren, z. B. Kunst, Briefmarkensammeln oder Musik. Während sich die lieben Kleinen mit kreativer Software austoben, bilden Großeltern ein stets dankbares und ausdauerndes Publikum. Sie wissen einfach, wie sie es anstellen müssen, damit sich ihre Enkel in ihren Fortschritten bestätigt fühlen.

Grundausstattung

Schön wäre es, sagen zu können: Nehmen Sie einen beliebigen PC, und Sie können alles machen, was in diesem Buch steht. Leider ist dem nicht so, aber wir haben uns bemüht, so wenig wie möglich die Besitzer älterer PCs auszuschließen. Die notwendige Ausstattung orientiert sich an gängigen Heimsystemen mit PC, Farbmonitor, Drucker, Text- und Malprogramm. Jeder, der diese Voraussetzungen erfüllt, kann die meisten unserer Vorschläge auch mit wenig Erfahrung umsetzen. Direkt konzipiert sind unsere Vorschläge jedoch für die Betriebssysteme Windows und Apple Macintosh OS, die beide die von uns vorgeschlagene Software besitzen und meist identisch bedient werden. Alt-Computer wie DOS-PCs, Atari ST, Commodore Amiga oder Commodore 64 erhalten von uns keine direkte Unterstützung und müssen (soweit möglich) vom Leser selbst angepaßt werden. Da es sich bei den Übungen dieses Buches jedoch meist um grundlegende Funktionen handelt, dürften sie zumindest theoretisch auf jedem erdenklichen PC durchführbar sein. Einzig interaktive Bilder-

bücher sind als Multimedia-Software äußerst anspruchsvoll in bezug auf Prozessorgeschwindigkeit, Arbeitsspeicher und Geschwindigkeit des CD-ROM-Laufwerks.

Mindestempfehlung:
IBM-kompatibler-PC ab 386er Prozessor mit Windows 3.x oder Apple Macintosh mit 68020er Prozessor, 4 MB Arbeitsspeicher, 40 MB-Festplatte, Graustufendrucker und Farbmonitor.

Standardempfehlung:
Die derzeit gängige PC-Ausstattung mit Pentium- oder PowerPC-Prozessor, mindestens 8 MB Arbeitsspeicher (RAM), einem 6- oder 8fach CD-ROM-Laufwerk und einer Festplatte mit am besten 500 MB oder mehr. Dazu einen (Farb-) Drucker und ein Modem mit mindestens 14400, besser 28800 bps für Online-Übungen im Internet.

Grundschule

In diesem Alter sind Kinder bereits in der Lage, Programme selbständig zu bedienen, auch wenn sie noch gerne mit Ihnen zusammen am PC »arbeiten«. Sie sind große Helfer und begeistert dabei, wenn es um einen Ausdruck oder das Löschen von Dateien geht.

Geben Sie ihnen ausreichend Gelegenheit, Ihnen zu zeigen, was sie am PC schon alles können. Diese Altersgruppe liebt kreative Malprogramme, Mathematikwettbewerbe, interaktive Bilderbücher und einfache Computerspiele. Manche Abc-Schützen finden auch Geschmack daran, erste Geschichten zu schreiben und eine automatisch ablaufende Bilderschau zusammenzustellen.

Hausaufgaben

Eigentlich kein Thema für unser Buch, da es hierzulande einfach noch zu wenige Hausaufgaben gibt, die am PC erledigt und auf Diskette abgegeben werden müssen. Da wir jedoch wissen, wie sehr das Thema Hausaufgaben vielen Eltern unter den Nägeln brennt, haben wir uns dennoch dieses Themas angenommen.

Machen Sie sich vorab bewußt, daß, wenn Ihr Kind bereits Probleme mit Hausaufgaben hat, dann auch der beste PC nichts ausrichten kann. Ihr Schulberater oder ein brauchbarer und geduldiger Nachhilfelehrer sind hilfreich, aber auch keine Weihnachtsmänner in Sachen Hausaufgaben. Die müssen Ihre Kinder immer noch selbst erledigen.

Kein Lernprogramm bringt Ihrem Kind bei, wie es seine Hausaufgaben zu machen hat. Es läßt sich vielleicht Wissen am PC schulen, aber verpaßte Chancen der Erziehung können damit nicht wieder gutgemacht werden. Das bleibt auch weiterhin »Handarbeit«. Ein kleiner Trost: Der Umgang mit dem PC läßt sich gut als Motivationshilfe und Belohnung einsetzen.

Unser wichtigster Tip für Eltern »normaler« Kinder lautet: Lassen Sie Ihr Kind in Ruhe, wenn es keine Probleme mit Hausaufgaben hat. Es hat sein eigenes System zu deren Bewältigung gefunden, und es ist dabei unwichtig, ob es sie abends um 10 Uhr unter der Bettdecke, morgens im Bus oder zusammen mit Freunden in der Mittagspause erledigt. Finger weg, mischen Sie sich besser nicht ein, wenn Sie es nicht unwissentlich verschlimmern wollen.

Wann Sie einschreiten sollten: Wenn die schulischen Leistungen absacken, wenn das Thema Hausaufgaben den Tagesablauf oder gar das Familienleben dominiert, wenn Geschwister darunter zu leiden haben oder wenn Kritik seitens der Schule kommt.

Ein weiterer Anlaß, sich Gedanken zu machen: Wenn sich das Kind zu sehr in seine Aufgaben flüchtet, also seine Hausaufgaben zu sehr liebt, anstatt mit seinen Freunden spielen zu gehen.

Die Erledigung von Hausaufgaben können Sie mit verschiedenen Tricks fördern:

- Sorgen Sie für eine möglichst gelöste Lernatmosphäre.
- Ihr Kind muß sicher sein können, daß Sie nicht nur Noten oder Testergebnisse bewerten, sondern auch die Mühe und Leistung anerkennen, die es für eine Hausaufgabe aufwendet.
- Klare Regeln für Hausaufgaben und feste Zeiten sorgen für die nötige Routine.
- Aufräumen und Packen der Schultasche gehören mit zu den Hausaufgaben. Anschließend ist das Thema Schule für den Tag erledigt.

- Bei Kindern mit Konzentrationsproblemen sollten Störungen und Ablenkungen wie Anrufe, TV oder Radio vermieden werden. Auch ein fester Ort wie Küchen- oder Schreibtisch, der vor den Hausaufgaben aufgeräumt wird, mindert die Ablenkung vom Wesentlichen.
- Lernen Sie und Ihr Kind gemeinsam, sollten Sie sich immer im rechten Winkel zu ihm setzen, da Tests ergaben, daß es so am wenigsten gestreßt wird.
- Fragen Sie Ihr Kind, wie es am liebsten seine Hausaufgaben machen würde, manchmal klappt es ja auch, und wenn nicht, haben Ihre Kinder zumindest nicht das Gefühl, daß die Hausaufgaben klappen würden, wenn Sie es nur erlauben würden.

Interaktive Bilderbücher

Wenn Sie Ihrem Kind Bücher vorlesen, haben Sie den wichtigsten Weg eingeschlagen, um Ihrem Kind die Liebe zum Lesen mit auf den Weg zu geben. Das gleiche gilt eigentlich auch für interaktive Bilderbücher, da sie das kindliche Lesen unterstützen, indem sie das gerade ausgesprochene Wort hervorheben. Daneben unterhalten sie mit kleinen Spielchen, Geräuschen oder Musikstücken und einer Vielzahl von witzigen Animationen. Selbstverständlich können interaktive Bilderbücher richtige Bücher nicht ersetzen, stellen jedoch eine eigenständige Bereicherung für jeden Familiencomputer dar.

Der amerikanische Computerspielhersteller Broderbund schuf 1992 beispielsweise mit seiner Reihe »Living Books« quasi die neue Softwaregattung des interaktiven Bilderbuchs. Die ersten Living Books-Titel »Just Grandma & Me« und »The Turtle and the Hare« (in ihren deutschsprachigen Ausgaben bei Bomico) sind inzwischen echte Klassiker. Es hat sich gezeigt, daß Kinder interaktive Bilderbücher bevorzugen, die auf bekannten Figuren oder Geschichten beruhen. Was aber nicht heißen muß, daß sie damit automatisch gut sind.

Empfehlenswerte interaktive Bilderbücher:

- Living Books »Nur Oma und ich« oder »Der Hase und die Schildkröte« – geniale Frühwerke (ab 2 Jahren, PC, Bomico; für Macintosh nur in Englisch, dafür aber eine bedeutend größere Auswahl, Broderbund).
- »Kiyeko und die Diebe der Nacht« – ein tolles Bildschirmmärchen (ab 5 Jahre, PC und Mac, Ubi Soft/Lucas Media).
- Interaktives Filmbuch »Toy Story« oder »König der Löwen« – wie die Filme nur seitenweise und zum Anklicken (ab 4 Jahre, PC und Mac, Disney Interactive).
- »Winnie Puuh« – einer unserer persönlichen Favoriten, da auch inhaltlich für die ganz Kleinen geeignet (ab 2 Jahre, PC und Mac, Disney Interactive).
- »Circus!« – (ab 3 Jahre, PC und Mac, Bomico).
- »Paws« – dieser Hundesimulator ist eigentlich kein Bilderbuch, aber erstklassig (ab 2 Jahre, PC und Mac, Systhema).
- »Der kleine Bauernhof« – so richtig was für Stadtkinder (ab 3 Jahre, PC, Teach-Media).
- »Das Flaggschiff des Königs« – die Seefahrerei des 18. Jahrhunderts entdecken (ab 8 Jahre, PC, Meyers Lexikonverlag).

Unsere Altersangaben beziehen sich auf Kinder mit Eltern. Alle genannten Titel sind im Fach- oder Buchhandel erhältlich. Eine aktuelle Aufstellung aller lieferbaren Titel vermittelt der »Kindersoftwareführer 97« von Thomas Feibel.

Internet

Laut einer aktuellen deutschen Studie haben rund 80 Prozent aller Befragten zumindest vom Trendthema Internet gehört, aber nur 20 Prozent können wirklich etwas mit dem Begriff anfangen.

Weltweit sind mindestens 200 000 Computeranlagen, Hochschulrechner und Computernetzwerke von Unternehmen über Leitungen zur Datenübertragung miteinander verbunden. Die Verbindungen werden über pernamente Standleitungen per Glasfaserkabel, Telefonleitungen oder per Satellitenübertragungen aufrechterhalten.

Aus diesem Netzwerk internationaler Verbindungen leitet sich auch der Name her: Inter – zwischen und net – Netz.

Im allgemeinen Sprachgebrauch wird jedoch nicht nur das verbindende Netz, sondern auch die angeschlossenen Computeranlagen (Server) und ihre anwählbaren Inhalte (Seiten oder Sites) darunter verstanden. Jede angeschlossene Computeranlage hat eine weltweit einzigartige Registrierungsnummer oder einen individuellen Registrierungsnamen, die sogenannten URLs, so daß beim Anwählen wie beim Telefon keine Mißverständnisse auftreten können. Auf einer Computeranlage sind zusätzlich Bildschirmseiten als Dateien in Ordnern und Verzeichnissen abgelegt. Wenn man also die genaue Adreßbezeichnung einer Computeranlage kennt und anschließend die Verzeichnisabfolge und den Dateinamen eingibt, so kann man direkt jedes der vielen Millionen (vielleicht schon Milliarden, wer weiß das wirklich) Dokumente auf den eigenen Bildschirm laden. Seit Einführung des »World Wide Web« 1992 geschieht dieses Aufrufen einer Sprungadresse sogar per Mausklick auf eine gekennzeichnete Textpassage, was das Internet erstmals auch für eine breite Öffentlichkeit außerhalb der Hochschul- und Computerabteilungen als Kommunikations- und Informationsmedium interessant macht (siehe auch *Online*, Seite 62).

Kaufberatung

Wer beim Computerkauf keine Pleite erleben will, muß schon vorher grob wissen, was er mit dem neuen Gerät machen will. Wir bieten Anhaltspunkte dafür, wie Sie Hardware Ihren Bedürfnissen entsprechend zusammenstellen

Der Hard- und Softwaremarkt der Computerindustrie ist ständig im Fluß. Was gestern noch Gültigkeit hatte, kann morgen schon wieder veraltet sein. Von diesem schnellen Wandel und dem Informationsbedürfnis der Computeranwender leben rund zweihundert deutschsprachige Computerzeitschriften und -zeitungen mehr oder weniger einträglich. Auch in der Publikumspresse nehmen Rubriken und Themenbereiche rund um Computer und Software immer breiteren Raum ein.

Die wenigsten Anwender können aufgrund eigener Erfahrungen die Qualität und Leistungsstärke eines Personalcomputers beurteilen, sind damit also auf die Aussagen und Tests unabhängiger Medien angewiesen. Neben einschlägigen Fachmagazinen ist da vor allem die Stiftung Warentest zu nennen.

Nicht immer ist gerade, wenn jemand einen PC kaufen will, auch ein Heft mit einem passenden Vergleichstest im Handel. So bleibt immer noch ein Besuch Ihrer lokalen Bibliothek und das Studium aktuellerer Ausgaben von Fachmagazinen oder aber ein Schreiben an Ihre favorisierte Redaktion mit der Bitte um Zusendung des neuesten Testberichts in Kopie (unter Umständen gegen eine kleine Bearbeitungsgebühr).

Begehrt sind auch »Computerspezialisten« in der Familie oder im Freundeskreis, die bei der Auswahl weiterhelfen können. Hierbei sollte man aber stets bedenken, daß Ihre Freunde oder Verwandten mit Computererfahrung zwar sicherlich mit den gängigen Allgemeinplätzen aufwarten und mit Begriffserklärungen dienen können, aber trotzdem eine eigene Entscheidung nicht ersetzen können. Verkäufer der Fachhandels sind zwar meistens kompetent, kennen jedoch hauptsächlich ihre eigene Ware oder wollen Ihnen mehr verkaufen, als Sie eigentlich brauchen. »Darf es eine CD-ROM oder Grafikkarte mehr sein?«.

Empfehlenswert ist eine Mischung aus all dem: Lassen Sie sich von einem Fachmann aus dem Freundeskreis die Grundbegriffe erklären und beraten, besorgen Sie sich Fachmagazine und Vergleichstests der letzten 6 Monate und machen Sie sich so vorbereitet auf den Weg zu den Computerhändlern mit den drei besten oder günstigsten Angeboten Ihres Wohnorts.

Mailorder-Händler, Bestellung von Katalog- oder Anzeigen-Angeboten mit Zustellung ins Haus werden wegen des teils gravierenden Preisvorteils immer beliebter, haben jedoch auch beachtenswerte Nachteile. Solange alles gut läuft, können Sie sich an dem eingesparten Geld erfreuen. Reklamationen, Reparaturen und Service allgemein können hier jedoch leicht zur Tortur werden und stehen meist in keinem Verhältnis zum eingesparten Betrag.

Seit Jahren kostet ein gängiges PC-System für den Hausgebrauch mit Monitor, Drucker und CD-ROM-Laufwerk rund zwei- bis dreitausend Mark, je nach Ausstattung und Leistung. Gewöhnen Sie sich daran, daß Sie für den gleichen Preis jeden Monat mehr bekommen, sei es einen schnelleren Prozessor, eine größere Festplatte oder einfach mehrere CD-ROMs als Gimmiks. Es lohnt sich also grundsätzlich nicht, lange mit dem Kauf eines PC zu warten. Trotzdem gibt es einige Zeiten im Jahr, wo Computer günstiger sind als sonst: Nach Weihnachten, nach der Computermesse CeBIT, wenn die Händler ihre Lager für die neuvorgestellten Modelle räumen, und im verkaufsarmen Sommerloch.

Kauftips

Sie brauchen kein Computerspezialist zu sein, um die für Sie passende Hard- und Software auszusuchen. Befolgen Sie unsere 10 Tips und es kann (fast) nichts schiefgehen.

- Lust auf Computer? Aber immer noch unsicher? Als erstes sollten Sie wissen, was genau Sie kaufen wollen und was Sie brauchen. Egal ob Sie eine Textverarbeitung oder einen Laserdrucker kaufen, es wird stets mehrere Kandidaten zur Auswahl geben. Bei der Freundin, in der Firma, beim Händler testen, was der Speicher hält, und Ihre Anforderungen bzw. Bedürfnisse mit den Angaben der in Frage kommenden Produkte vergleichen. Fachzeitschriften in Bibliotheken oder Zeitschriftenläden, Anwenderclubs oder Online-Dienste helfen ebenfalls weiter.
- Wozu soll der Computer taugen? Soll Ihre Textverarbeitung dazu dienen, Büroarbeiten daheim zu erledigen? Oder reicht eine Billigsoftware für ein paar Briefe aus? Wie hoch ist Ihr Preislimit? Passen Hard- und Software zusammen? Gibt es Upgrades? Wenn Sie genau wissen, welche Funktionen Sie benötigen, können Sie mit dem Vergleich der Produkte beginnen. Preisvergleiche ergeben sich aus dem Studium von Anzeigen in der Lokalpresse oder Angeboten von Versandhäusern. Auf Deutsch: Machen Sie Ihre Hausaufgaben.
- Hände weg von flimmrigen Monitoren! Wenn es der Geldbeutel zuläßt, keinen unter 15 Zoll Bildschirmdiagonale. Je schneller die Taktfrequenz, desto mehr schont es die Augen.

- Eine Gigabyte-Festplatte, ein 8x-Laufwerk für Ihre CD-ROMs und eine Multimediakarte für Sound und Bildschirmgrafik sind Standard für ein aktuelles PC-System, das auch noch nächstes Jahr mithalten kann.
- Tintenstrahldrucker sind der aktuelle Standarddrucker im Heimbereich. Leider benötigen sie jedoch eine Menge nicht gerade billiger Tintenkartuschen. Laserdrucker sind zwar günstiger und lohnen sich besonders bei Vieldruckern (ab circa 10 000 Seiten pro Jahr). Farbdruckoptionen sind gerade für Kinder reizvoll, aber teuer im Unterhalt. Lassen Sie sich deren Druckqualität auf normalem Fotokopierpapier zeigen; wenn der Verkäufer ins Schwitzen kommt, anderen Drucker nehmen.
- Gleich beim Händler sich kostenlos passende Druckertreiber, Virenkiller und sonstige Hilfsprogramme überspielen und einrichten lassen.
- Jeder braucht eine Textverarbeitung und ein Malprogramm. Am besten erst mal von Freunden Programme ausleihen und ausprobieren, die brauchbaren dann selbst kaufen. Wenn leihen, dann natürlich nur die Originaldisketten! Computerclubs sind eine gute Gelegenheit zum Abstauben kostenloser Public Domain-Programme. Die Programme taugen zwar selten etwas, aber am Anfang ist mindere Qualität besser als gar nichts. Wer keine Clubs kennt, Ihr Händler weiß bestimmt welche. Oder Sie beziehen Shareware über Online-Dienste aus dem Internet, bezahlen aber die Übertragungszeit an die Telekom.
- Langfristig Hände weg von Exoten-Programmen! Gut, sie sind billiger, aber zu Exoten finden sich nur schwer Bücher oder Schulungen. Je weniger Besitzer, desto geringer die Chance jemanden zu finden, der bei Problemen weiterhilft. Und Probleme tauchen immer auf! Während Standardsoftware stets weiterentwickelt wird, bleiben Exoten meist auf dem alten Stand. Am besten im Bekanntenkreis und in Firmen herumfragen, was denn so verwendet wird.
- Die beigelegten Handbücher sind Ihnen unverständlich? Städtische oder kommunale Bibliotheken haben inzwischen einen großen Bestand an entsprechender Fachliteratur. Sich auch von Freunden gute Bücher leihen. Bücher kauft man erst, wenn sie sich bereits bewährt haben und Sie nicht mehr darauf verzichten können.

- Information ist bei der sich schnell ändernden Computertechnik alles: die besten Fachzeitschriften sind Computer-Bild, PCgo (Einsteiger) c't (fortgeschrittene Technikfreaks), Powerplay (Spiele), MacUp und Macworld (Macintosh).

Kid Pix

Malprogramm (siehe auch Seite 60), das speziell für Kinder entwickelt wurde. Beim Malen ertönen Kratzgeräusche, mit virtuellen Stempeln entsteht schnell ein Bild, das mit bunten Farben ausgemalt werden kann.

Eine deutschsprachige Version ist bei Bomico Deutschland nur für Windows-PCs erhältlich, Macintosh-Besitzern wird nur eine englischsprachige Ausgabe geboten. Beide Versionen sind für 80 bis 100 DM im Fachhandel zu bekommen. Fine Artist von Microsoft ist sein wichtigster Konkurrent.

Kinder am Computer

Es wird viel darüber diskutiert, ob der Umgang mit dem Computer der Entwicklung eines Kindes schadet oder nützt. Einerseits Buhmann, andererseits wundertätiges Allheilmittel, endet meist jede Debatte im subjektiven Abseits.

Dr. Hans Rudolf Leu vom Deutschen Jugendinstitut leitete Ende der 80er Jahre eine Studie über »Computer im Kinderzimmer« und stellte die Ergebnisse im gleichnamigen Buch vor: Vorab sollte man das Klischeebild von den kleinen Wunderkindern am Computer über Bord werfen. In der Untersuchung zeigte sich, daß die meisten Kinder unter vierzehn Jahren selbständig am Computer nur spielen oder höchstens mal zusätzlich ein Malprogramm verwenden. Kinder überbewerten gerne den Anteil »ernsthafter« Beschäftigung mit dem Computer, da die meisten Eltern Computerspiele nicht allzu sehr schätzen. Daß das Kind »später einmal davon profitieren wird«, ist für viele Eltern die Legitimation zur Anschaffung des Computers.

Selbstverständlich lernen die Kids etwas beim Computern, auch wenn sie nur spielen. Sie machen spielerisch Erfahrungen mit den allgemeinen Eigenarten des Gerätes, die auch bei einer

professionellen Nutzung eine Rolle spielen. Beispielsweise den Umgang mit der Menüsteuerung oder dem Ausprobieren von Programmfunktionen. Die Art des Erkundens nach der Versuch-Irrtum-Strategie, die einen bedeutenden Teil von Computerspielen ausmacht, ist bei Kindern wesentlich beliebter als das Studieren von Anleitungen.

Die Vertrautheit im Umgang hat allerdings mit einer fachlich kompetenten Nutzung des Computers überhaupt nichts zu tun. Vielmehr lernt das, was die Kinder können, jeder halbwegs aufgeschlossene Erwachsene in einigen wenigen Tagen. Auf die Frage, wie sie sich den Computer und dessen Funktionsweise vorstellen bzw. wie sie einem Unwissenden den Computer erklären würden, kamen nur sehr ungenaue und pauschale Erklärungen zutage. Dadurch zeigt sich, daß Spielen allein keinen Beitrag zum Verstehen des Computers und seiner Funktionsweise leistet.

Nach der Jahrtausendwende werden alle Eltern etwas vom Computer verstehen, weil er zum Alltag gehört. Aber für die Übergangszeit wäre es wünschenswert, wenn die Eltern als Diskussionspartner bezüglich Computer für die Kinder nicht völlig ausfallen. Und daß sie den Computer als Spielzeug akzeptieren lernen. Schwarz-Weiß-Malerei ist genauso unsinnig wie die Auffassung, die Kinder brauchen den Computer unbedingt, um später in der Arbeitswelt mithalten zu können.

Kindergarten

Drei- bis Sechsjährige entwickeln viele fundamentale Fähigkeiten zur gleichen Zeit, so daß Sie sich als Erwachsene manchmal wundern werden, ob sie jemals eine Pause machen. Die Kinder dieser Altersstufe platzen manchmal vor Wissensdurst, fragen Löcher in den Bauch und fordern ihre Eltern intellektuell wie emotional. Wer seiner dreijährigen Nervensäge nicht zufriedenstellend beantworten kann, warum der Regenbogen bunt ist und Martin keinen Bruder hat, weiß, was gemeint ist.

Neben diesen scheinbar zufälligen Aktivitäten lernen Kinder im Kindergartenalter die wirklich wichtigen Lektionen in stets »passender« Reihenfolge: Das Wiedererkennen von Formen und Farben führt zum Lesen und Zählen sowie vielen Methoden der Problemlösung. Vor dem Addieren und Subtrahieren muß Ihr Kind erst die Zahlen lernen, und zum Lesen braucht es Buchstaben und deren Laute.

Für Kinder dieses Aters ist es ein Sicherheitsanker, wenn in Geschichten Charaktere vorkommen, die sie kennen. Geschichten und Bücher, die sich durch ständige Wiederholungen gut einprägen (»Nochmal!!!«), werden von ihnen bevorzugt. Das gilt auch für Software. Sobald eine Mickymaus über den Bildschirm huscht, wird ihr Dreijähriges aufmerksam werden, da diese Disneyfigur in der Welt Ihrer Kinder nahezu allgegenwärtig ist, selbst wenn Sie Mickys Einzug in Ihr Zuhause bisher verhindert haben.

Kunst und Gestaltung besteht für Kindergartenkinder aus einer Mischung von formfreiem Ausdruck sowie der Entwicklung von Formen und Mustern mit wachsender manueller Geschicklichkeit. Gerade hier bietet der PC eine Vielzahl von Anwendungsmöglichkeiten, die ihr Kind fördern und Ihnen sogar hin und wieder ein paar freie Minuten verschaffen.

Lernprogramme für den Kindergarten und die Vorschulzeit bereiten Kinder auf die erste Klasse vor. Übungen wie erste Buchstaben und Zahlen, Größenvergleiche oder einfache Rätsel werden in bilderbuchartigen, lustigen Geschichten integriert, geben dabei Hilfestellung. Unsere Aufgaben für den Spiel- und Lernspaß dieser Altersgruppe sind entsprechend zusammengestellt. Manchmal wird es Ihnen schwerfallen, der Versuchung zu widerstehen, eine bestimmte Taste zu drücken oder die Maus an die richtige Stelle zu bewegen, wenn Ihre Kinder es auch nach mehreren Anläufen nicht schaffen. Sie tun ihnen jedoch damit keinen Gefallen, lassen Sie ihnen einfach Zeit.

Geeignete Software für Kinder dieser Altersgruppe sind interaktive Bilderbücher (siehe Seite 45), einfache Lernprogramme (siehe Seite 56) und Malprogramme für Kinder (siehe Seite 60).

Kindersoftware

Pädagogisch wertvoll oder einfach nur toll: Die richtige Software für Ihre Kinder oder für einen bestimmten Zweck auszuwählen, ist leichter gesagt, als getan. Erwachsene messen die Funktionalität oder den Wert von Software daran, inwieweit sie einen bestimmten Zweck erfüllen; oder anders ausgedrückt, was sie mit dem Programm alles anfangen können. Für Kinder stellt sich vielmehr die Frage nach dem Spaß, den sie aus der Beschäftigung mit dem jeweiligen Programm ziehen können. Das bedeutet: Fühlt sich das Kind mit dem Programm wohl? Erhält es Anregungen? Steigert es seine Neugier?

Wenn Sie die einschlägigen Computerzeitschriften durchforsten oder einen Softwareladen aufsuchen, werden Sie problemlos auf viele Programme stoßen, die sich auch für die Benutzung auf Ihrem Heimcomputer eignen. Die meisten Heimanwender sind ohnehin mit einem Text- oder Malprogramm für den Anfang bestens gerüstet.

Beim Kauf von geeigneter Software für Kinder im Alter zwischen ein und zwei Jahren ist darauf zu achten, daß sich die Programme auf einer Ebene, also durch Drücken einer einzigen oder nur weniger Tasten oder per Maus bedienen lassen und damit z. B. ein neues Bild am Monitor angezeigt wird. Diese ersten Interaktionen helfen dem Kind bei der Entwicklung eines Verständnisses von Ursache und Wirkung – einer unabdingbaren Voraussetzung für das spätere Spiel mit dem Computer. Der Zusammenhang zwischen Tastendruck oder Mausbedienung und Bewegungen am Bildschirm bzw. Klängen ist für Kinder unter zwei Jahren äußerst amüsant und aufregend. Sie werden vermutlich spielerisch die Grenzen und Möglichkeiten der entsprechenden Software testen wollen. Mit diesen Erfahrungen helfen Sie Ihrem Kind, Ursache und Wirkung zu verstehen, und vermitteln ihm somit die Grundlage für einen ergebnisreichen Umgang mit dem Computer.

Bei der Auswahl von Software für Kinder sollten Sie insbesondere auf die folgenden Punkte achten:

- Das Programm läßt sich über eine überschaubare Zahl von Tasten oder wenigen Mausklicks bedienen.
- Das Programm ist mehrfarbig und weist gut erkennbare Grafiken und Illustrationen auf, die nicht allzu kompliziert sind; die dargestellten Gegenstände und Personen sollten auf dem Bildschirm groß und klar erkennbar sein.
- Das Programm sollte regen Gebrauch von den Klangmöglichkeiten des Computers machen.
- Prüfen Sie auch, ob bereits vorhandene Software, wie etwa Ihre Textverarbeitung, nicht dahingehend angepaßt werden kann, daß sie die vorangegangen Punkte erfüllt. Etwa die Einschränkung der Anzahl vorhandener Funktionen wie bei Microsoft Word für Windows oder Macintosh.

Wenn Sie Genaueres über bestimmte Kinderprogramme erfahren wollen, so möchten wir an dieser Stelle noch einmal auf das Buch »Kindersoftwareführer 96« von Barbara Mooser bzw. dem Nachfolgerbuch von Thomas Feibel aus dem Markt & Technik Verlag verweisen. Darin werden sämtliche lieferbaren deutschsprachigen Programme für Kinder detailliert aufgelistet, vorgestellt und bewertet. Sie bieten eine echte Hilfe beim Kauf geeigneter Programme.

Lernen

Lernen soll Spaß machen – dies kann nicht oft genug wiederholt werden. Vergessen Sie die meisten schlauen Theorien zum Thema, sondern gehen Sie stets auch von Ihrer Intuition und Ihrem Geschmack aus. Überlegen Sie sich, wie Sie das Wissen, das Sie Ihren Kindern vermitteln wollen, als spannendes und unterhaltsames Spiel umsetzen können. Wir haben versucht Ihnen im Praxisteil dieses Buches einige Anregungungen zu geben, aber Ihre Phantasie bleibt weiterhin gefragt.

Wer Freude am Leben hat, der hat auch Freude am Lernen: Es herrscht oft noch die Meinung, daß man sich anstrengen und plagen muß, um etwas im Leben zu erreichen. Wir glauben, daß es mehr darum geht, die angenehmen Seiten des Lebens genießen zu lernen, um die unangenehmeren Aspekte besser durchzustehen. Quält man sein Kind zu sehr mit dem Lernen, so wird es sich schneller dagegen sträuben oder gar wehren. Vermittelt man jedoch Kindern den Spaß am Lernen, so nehmen sie auch eher die unangenehmeren Seiten des Lernens in Kauf.

Wichtig erscheint uns, den Kindern zu vermitteln, daß die Schule nicht der einzige Ort zum Lernen ist und daß Lernen zu Hause auch nichts mit schnöden Hausaufgaben zu tun haben muß. Dagegen können jedoch durchaus Schulprobleme mit außerschulischen Spielen gelöst werden, wenn sie kindgerecht und unterhaltsam umgesetzt werden. Kinder lieben Ideen, die nicht nach Hausaufgaben riechen und eine schöne gemeinsame Zeit mit den Eltern oder Freunden versprechen.

Lernprogramme

Die primitivste Form der Lernsoftware sind mechanische Abfrageprogramme für Vokabeln oder Geschichtsereignisse, die massenweise auf CD-ROMs mit Shareware (siehe auch Seite 70) zu finden sind. Diese Art des Lernens ist bestenfalls für größere Schulkinder zu empfehlen, da sie nur wenige Anreize bieten und schnell langweilen.

Ausgefeilter sind da schon interaktive Lernprogramme, bei denen sich Lernphasen mit kleinen Spielen abwechseln und die entweder für Kindergartenkinder oder die Grundschüler und darüber gedacht sind. Selbstverständlich macht es auch den Kleineren Spaß, zusammen mit Mami oder Papi die Programme für die Erstkläßler zu beschnuppern...

Empfehlenswerte Lernprogramme:

- Alfons Deutsch 1–6 (Deutsch für Grundstufe bis 6. Klasse, ab 5 Jahre, PC, Schroedel)
- Adi Deutsch (Deutsch für Grundstufe, ab 5 Jahre, PC, Bomico)
- Alfons Mathe 1–8 (Mathematik für Grundstufe bis 6. Klasse, ab 5 Jahre, PC, Schroedel)
- Adi Mathe (Mathematik für Grundstufe, ab 5 Jahre, PC, Bomico)
- Matheblaster (Mathematik für 3. Klasse, ab 8 Jahre, PC, Heureka Klett Software)
- Millies Mathe-Haus (Rechnen im Kindergarten, ab 3 Jahre, PC und Mac, Das Softwarehaus)
- Lernen mit den Peanuts (Rechnen im Kindergarten, ab 3 Jahre, PC, Image Smitz; für Mac nur in Englisch über den Fachhandel)
- Die Abenteuer der Zombinis (Mathe ohne Zahlen oder Formeln für die Grundstufe, PC, Broderbund).

Einen aktuellen Überblick bietet der »Kindersoftwareführer 97« von Thomas Feibel (Markt & Technik Verlag).

Lesen + Schreiben

Egal ob durch Nachsingen in Vietnam, durch Abschreiben in einer Waldorfschule im australischen Busch oder gemäß den Lehrplänen unserer Kultusminister – alle Kinder rund um die Welt lernen in der einen oder anderen Form das Lesen und Schreiben, es gibt also keinen goldenen oder perfekten Weg, um Ihrem Kind das wichtigste Gut mit auf den Weg zu geben. Die Tips die wir Ihnen in unserem Buch geben wollen, haben sich zumindest hier in unserem Kulturraum als geeignet erwiesen.

Uns geht es hier nicht nur um das Erlernen von Lesen, Schreiben oder Rechnen, sondern vielmehr darum, daß Sie und Ihre Kinder es auch lustvoll am PC tun können, dabei eine Menge Spaß haben und zusätzliches Wissen vermittelt bekommen.

Lob

So auf- und anregend die Beschäftigung mit dem PC für Ihr Kind auch sein mag, es will stets seinen Erfolg teilen und wird Ihnen seine Entdeckungen und Fortschritte zeigen wollen. Nehmen Sie sich die Zeit dafür und loben Sie es so oft wie möglich.

Logik

Ein Kind wird durch den Umgang mit dem Computer nicht klüger, als wenn es sich mit Bleistift und Papier beschäftigt. Es ist einfach ein neues Werkzeug, das Ihrem Kind genauso logisches Denken beibringt. Kinder können auch ohne Computer logisch denken lernen: Bestimmte Brettspiele, einfache Experimente, sogar Holzsägearbeiten, das Murmelspiel und selbst Schlamm- und Modderspiele lehren ein Kind, eine Reihenfolge von Aktionen und Handlungen auszuarbeiten. Der Computer ist lediglich ein anderes Mittel, um diese Fähigkeiten zu üben.

Computer sind keine magische Zauberformel für die Entwicklung eines logischen Genies. Ein Kind wird nicht klüger, wenn es sich mit einem Computer beschäftigt statt mit einer Säge und einem Stück Holz. Für Kinder jedoch, die auf sie ansprechen, können Computer tatsächlich so etwas wie Wunder wirken. Das ist besonders bei den Kindern festzustellen, die gewisse Schwierigkeiten beim Lernen im Klassenzimmer haben. Manche empfinden einen PC als einen wesentlich einfühlsameren Lehrer als ein menschliches Wesen. Das kann daran liegen, daß ein Computer sie nicht einschätzt, sondern erst beurteilt, wenn sie ihre Antworten geben. Es kann seinen Grund aber auch darin haben, daß ein fortgeschrittenes Lernprogramm mit Lob nicht geizt oder daß der PC so aussieht wie ein Fernseher. Niemand kann genau sagen, warum es so ist, aber es hat sich gezeigt, daß behinderte oder benachteiligte Kinder an der Computeranlage wesentlich besser lernen als im Klassenzimmer.

Mädchen

Nichts für Mädchen? Der Wunsch vieler Mädchen nach einem Computer ruft bei vielen Eltern immer noch Unverständnis hervor, zumindest mehr als bei Jungen. Parallel zur Erwachsenenwelt, wo sich langsam die »Männerdomäne« Informatik auflöst und viele Frauen den PC als vielseitiges Werkzeug für sich entdecken, entsteht derzeit ein Angebot an Programmen für Kinder, das sich deutlich von den bei Jungen so beliebten Ballerspielen unterscheidet und gerade Mädchen ansprechen soll.

Auf den ersten Blick läßt jedoch die Meldung verzweifeln, daß das erste Computerspiel nur für Mädchen sich als Rollenspiel auf so einleuchtende Aktionen wie Einkaufen, Verabreden und Kosmetik konzentriert.

Bis zu etwa elf Jahren gibt es kaum Unterschiede darin, wie Mädchen und Jungen den PC einsetzen. Im Gegenteil, es gibt amerikanische Studien, nach denen kleine Mädchen tatsächlich viel mehr Zeit am PC verbringen als ihre Brüder im gleichen Alter. Software für Kinder hat meist eine pädagogische Ausrichtung und wendet sich an beide Geschlechter. Erst wenn sich ab dem Teenageralter das Softwareangebot verstärkt zu Actionspielen hinwendet, wird der PC für Mädchen immer unattraktiver. Ab der neunten Klasse interessieren sich viermal so viele Jungen wie Mädchen für den Computer.

Man kann nur vermuten, daß Mädchen sich von den »Knall-sie-über-den-Haufen«-Spielen nicht so angezogen fühlen wie gleichaltrige Jungen. Amerikanische Softwarehersteller haben deshalb in den letzten Jahren intensive Marktforschung betrieben, um entsprechende Computerspiele für ältere Mädchen auf den Markt zu bringen. Als Ergebnis kam dann dabei das eingangs erwähnte Rollenspiel heraus.

Vielen Eltern und Pädagogen ist dieses Mädchenspiel auf den ersten Blick vielleicht ein Dorn im Auge, erfreut sich jedoch bei Mädchen in der angepeilten Altersgruppe erfreulicher Resonanz. Der Kritik an der Manifestation von geschlechtsspezifischen Rollenklischees halten die Hersteller das Argument entgegen, daß mit solchen Spielen für Mädchen erstmals deren Abwendung vom PC abgemildert, ja sogar umgekehrt wird.

Ein anderer CD-ROM-Titel aus Deutschland zum Thema Aufklärung wendet sich zwar an beide Geschlechter, findet aber besonders unter Mädchen Anklang. »Bitte nicht stören« vom Ravensburger Verlag ist ein besonders wagemutiger Anlauf, da der deutschsprachige Markt sehr viel kleiner ist und sich anspruchsvolle Multimediaproduktionen (siehe Seite 62) selten rentieren.

Generell ist der Trend zu Software und Computerspielen speziell für Mädchen sehr begrüßenswert, da sie dadurch mit einer Reihe von interessanten Spielen die gleichen Chancen bekommen wie ihre männlichen Altersgenossen, mit neuester Technologie ihren Spaß zu haben.

Erstaunlich ist beispielsweise, daß die Abbruchquote sinkt, wenn Mädchen in Computerkursen unter sich bleiben dürfen. Sie arbeiten lieber zu zweit und kooperativ am PC, haben jedoch mehr Angst, den PC falsch zu behandeln oder ihn gar zu zerstören. Jungen interesssieren sich mehr für technische Einzelheiten, Mädchen für die Anwendung. Es gibt keine Studie, die erklärt, warum das so ist.

Malprogramme

Malprogramme für Kinder unterscheiden sich erheblich von ihren »erwachsenen« Ebenbildern. Sicherlich können Sie mit beiden einen Strich ziehen, einen perfekt runden Kreis zeichnen und ihn dann anschließend mit einem Muster oder einer Farbe füllen. Während Profisoftware noch etliche Funktionen und Filter für den kreativen Designer bietet, warten Malprogramme für Kinder mit Geräuschen, Bomben und Stempeln auf, die jeden ernsthaft Arbeitenden schnell in die Verzweiflung treiben würden. Aber den Kids gefallen solche Späße, und es kann ja Gott sei Dank jeder nach seiner Fasson glücklich werden. Für viele unserer Übungen werden jedoch besonders die Stempelfunktionen benötigt, die hauptsächlich bei Fine Artist und KidPix zu finden sind. Weshalb unsere Empfehlung auf eines der beiden hinausläuft.

Neben den Malprogrammen, die sich Punkt für Punkt am Bildschirm entfalten, gibt es auch noch Zeichenprogramme, die mit mathematischen Formeln geometrische Objekte zeichnen, etwa Kreise, Rechtecke oder Striche. Für Kleinkinder weniger geeignet, da man nicht so ohne weiteres drauflosmalen kann.

Als spezialisierte Malprogramme gehören noch Software zum Zeichnen von Fraktalen sowie Morphingprogramme in diese Kategorie. Fraktale sind bildhaft umgesetzte mathematische Formeln. Fraktale bestechen durch teilweise bezaubernde Landschaften am Monitor, in die man durch Vergrößern immer tiefer vordringen kann. Sie wecken auch in vielen Kindern die

Lust an der höheren Mathematik, da hier komplexe Formeln auch komplexe Bilder erzeugen. Unter Morphing versteht man dagegen den fließenden Übergang zwischen zwei Fotografien. Läßt man z. B. die digitalisierten Porträts eines Liebespaares ablaufen, so erhält man geschwind die möglichen Gesichter eines künftigen Kindes oder kann die Zwischenergebnisse mit dem bereits geborenen Nachwuchs vergleichen. Kindern gefällt es besonders, wenn jemand aus dem Familien- oder Bekanntenkreis mit einem Tier gemischt wird und sie hinterher die fantastischen Zwischenstufen ausgedruckt bekommen. Doch vorsichtig: Schon so mancher Onkel wurde mit Morphingbildern erpreßt.

Die beiden wichtigsten Malprogramme für Kinder:

- KidPix Studio (ab 1 Jahr, PC, Bomico; für Mac in Englisch über den Fach- oder Versandhandel)
- Fine Artist (ab 4 Jahre, PC und Mac, Microsoft)

Malprogramme:

- Paintbrush – wird mit Windows mitgeliefert und ist deshalb in fast jedem Haushalt zu finden (ab 2 Jahre, PC, Microsoft)
- Photoshop – Dieses Profiprogramm ist eine der teuersten Möglichkeiten, ein Bild zu malen (ab 5 Jahre, PC und Mac, Adobe)
- Goo – Verunziert digitale Fotos per Fingerzeig (ab 3 Jahre, PC und Mac, Meta Tools)
- Weitere einfache Malprogramme finden sich auf einschlägigen Shareware-CDs (siehe Seite 70).

Zeichenprogramme:

- Illustrator – das Zeichenprogramm der Profis (ab 6 Jahre, PC und Mac, Adobe)
- CorelDraw! – das bekannteste Zeichenprogramm der Welt (ab 4 Jahre, PC und Mac, Corel)
- TopDraw – billig und relativ leistungsstark in der Funktionsvielfalt (ab 5 Jahre, PC, Shareware)

Sonstige:

- Morph – nicht zu schweres Morphing -Programm (ab 5 Jahre, PC und Mac, Angabe fehlt)
- FractInt – leistungsstarkes Fraktalprogramm (ab 8 Jahre, PC und Mac, Shareware)

Multimedia

Dieses Schlagwort umschreibt den Einsatz vieler Medien. Da jedoch ein Lehrer, der von der Kreide zum Overheadprojektor wechselt, bereits Multimedia zelebriert, wurde für die Computerbranche eine genauere Definition vorgenommen: Der kombinierte Einsatz unterschiedlicher Informationsträger wie Text, Sprache, Animation und Bild mit und am PC.

In zwei Bereichen hat sich die Multimedia-Technologie bereits erfolgreich erobert: Infokioske und Lernprogramme. In der betrieblichen Aus- und Weiterbildung genießen interaktive Lernprogramme sogar einen ausgezeichneten Ruf. Aber auch bei den Lernprogrammen für Kinder tut sich einiges, jedoch ist die Akzeptanz in Amerika bedeutend größer als bei uns.

Online

Zu Redaktionsschluß nutzten rund 30 Millionen Menschen weltweit das Internet als Informations- und Kommunikationsmedium. Trotzdem wissen rund 80 Prozent aller Bundesbürger nicht, um was es sich dabei handelt, während circa eine Million direkt darauf zugreifen kann.

Zugriff haben alle, die mit ihren PCs über eine Telefon- oder Standleitung, eben »on the line« gleich »online«, mit dem globalen Computernetzwerk verbunden sind. Als Mittler dienen in der Regel dabei sogenannte Onlinedienste oder »Access-Provider« wie T-Online, CompuServe oder AOL, die über lokale Einwählnummern eine Verbindung mit dem Internet herstellen.

Experten schätzen, daß bis zur Jahrtausendwende sich über 300 Millionen Nutzer in diesem internationalen Computernetz bewegen und informieren werden. Gerade der deutschsprachige Raum mit seinem Wirtschaftspotential verspricht wahrhaft enorme Entwicklungschancen, so daß Experten davon ausgehen, daß bis zum Jahr 2000 rund ein Viertel aller Deutschen Zugriff aufs Internet haben wird. Der richtige Boom wird jedoch erst beginnen, wenn auch die herkömmlichen Fernsehgeräte Internet-tauglich sind. Wie erste Prototypen auf den Technikmessen beweisen, funktioniert der Zugriff dann mit der Fernbedienung so einfach wie Videotext.

Es ist geplant, daß wiederum bis zum Ende des Jahrzehnts über ein Drittel aller deutschen Schulen an das Internet angebunden werden soll. Bereits heute tauschen Schüler über den weltweiten Rechnerverbund kurze Briefe (sogenannte E-Mails), Erfahrungsberichte und Projekte aus, schließen Brieffreundschaften mit Schülern in Japan oder Lateinamerika und lernen ebenso selbstverständlich, sich Informationen aus dem globalen Computernetzwerk zu holen wie aus der Schulbibliothek.

Ursprünglich entstand das Internet aus einem Netzwerk ständig miteinander verbundener Computeranlagen von Universitäten und dem Militär. Wissenschaftler tauschten auf diesem Wege schnell Informationen oder Forschungsergebnisse aus und das Militär – na ja, wer weiß das wirklich? Immer mehr Menschen, Organisationen und auch Firmen erhielten in den vergangenen 20 Jahren Zugriff auf das Netzwerk und lernten dabei die Vorteile der elektronischen Kommunikation schätzen: schnell, billig und umfangreich.

1992 schlug dann die Geburtsstunde des modernen »World Wide Web« mit der Entwicklung einer einheitlichen Programmiersprache (HTML) zur grafischen Bedienerführung. Endlich mußte man keine kryptischen Befehle mehr auswendig lernen, um sich im Netzwerkverbund zu bewegen oder kommunizieren zu können. Ein Mausklick genügte ab sofort, um von Itzehoe aus einen angeschlossenen Computer im australischen Cairns zu erreichen – es ist also kinderleicht.

Mit der nötigen Anzahl an Konsumenten wurde das Internet auch für die Unternehmen interessant, und dank deren professionellem Informationsangebot kommen täglich neue Interessenten hinzu.

In Amerika mit seiner hohen Online-Akzeptanz von rund 10 bis 15 Prozent aller Computerbesitzer (im Vergleich zu derzeit ca. 1 Prozent in Deutschland) ist es bereits gang und gäbe, daß Eltern mit ihren Kindern im Internet surfen. Unter »Surfen« versteht man im Zusammenhang mit dem Internet das Anwählen und Anschauen von Seiten auf den angeschlossenen Computern des Netzes. Da sich auf beinahe jedem Netzcomputer neue Hinweise und Sprungadressen finden lassen, erinnert die Suche nach Informationen im Internet eher dem zufälligen Umhertaumeln eines Schmetterlings auf einer blumenübersäten Sommerwiese oder eben einem Surfer, der sich von Welle zu Welle gleiten läßt.

Die Seiten für Kids sind im Vergleich zum Gesamtangebot noch eher spärlich und beinahe übersichtlich, das wird sich aber mit zunehmender Verbreitung bald ändern. Ob Comics, Computerspiele, die direkt am Bildschirm gespielt werden können, Bilder aus dem Weltraum, Neues zur Rechtschreibreform von Schulbuchverlagen oder der neuste Videoclip der Lieblingsband Ihrer Kinder – die Bandbreite (zumindest die englischsprachige) deckt nahezu alle Bereiche der Kinder ab.

Interessanter ist allerdings das Internet für Eltern, da sie hier nicht nur jegliche Information zu Erziehungsfragen, sondern auch Gleichgesinnte zum Erfahrungsaustausch finden können (siehe *Erfahrungsaustausch,* Seite 33).

PC-Sicherung

Eltern sollten ihre Kinder zwar stets dazu ermuntern, die Möglichkeiten des Computers zu erkunden, dabei aber nie die entsprechenden Sicherheitsmaßnahmen und Regeln zum sorgsamen Umgang mit dem System vernachlässigen.

Achten sollten Sie insbesondere auf die folgenden Punkte:

- Vergewissern Sie sich, daß Computer, Tastatur und die diversen Zubehörteile wie Trackball oder Maus nicht versehentlich vom Tisch geworfen und damit beschädigt werden können.
- Bündeln Sie sämtliche Kabel an der Rückseite des Computers, damit Ihr Kind sich nicht darin verheddern und sie versehentlich während des Betriebs abziehen kann. Sofern es sich einrichten läßt, sollten Monitor, Tastatur und andere Teile des PC in eine Ecke des Raums gestellt werden, so daß Kabel und Stecker Ihres Systems für Kinderhände schwer zugänglich sind.
- Wenn Sie noch keinen PC besitzen, sollten Sie sich die Anschaffung eines Kompaktgerätes überlegen, das möglichst viele Komponenten wie Festplatten, Disketten- und CD-ROM-Laufwerk im Computergehäuse sowie Lautsprecher und Bildschirm im Monitor vereinigt. Sie ersparen sich damit eine Menge Kabelsalat.
- Um sich Nervenzusammenbrüche zu ersparen, stellen Sie sicher, daß von Ihren persönlichen Dateien und der verwendeten Software Sicherheitskopien vorliegen.

- Achten Sie immer darauf, daß sich keine Gegenstände auf dem Tisch befinden, die sich von begeisterten »Computerbabys« in ein Laufwerk schieben lassen. Sperren Sie die Sicherungskopien vor Ihren Kindern weg.
- Programme und Daten schützen Sie am wirkungsvollsten vor unabsichtlichem Löschen, indem Sie sich im Fachhandel spezielle Kindersicherungen oder eingeschränkte Menüsysteme besorgen, die einzig Zugriff auf zuvor bestimmte Daten oder Teile der Festplatte erlauben. Das speziell für mehrere Kinder gestaltete Menüsystem »Kid Desk« bildet für jedes Kind einen eigenen Schreibtisch nach, auf den für jedes Programm ein eigenes Symbol abgelegt werden kann. Zugriff auf das übliche Dateisystem haben nur die Eltern mit einem Paßwort. Darüber hinaus bietet Kid Desk interne Emails, Taschenrechner und weitere Hilfsprogramme – ist also bedeutend mehr als nur ein simples Sicherungsprogramm. Für die Apple Macintosh Computer gibt es ein ähnlich einfaches, aber nicht ganz so umfangreiches Hilfsprogramm namens »At Ease«. Es erlaubt nur den Zugriff auf Dateien und Programme, die sich auf den At Ease-Karteikarten befinden.
  Kid Desk (ab 1 Jahr, PC, Das Softwarehaus)
  At Ease (ab 1 Jahr, Mac, Claris)
  Norton Key Lock (ab 6 Jahren, PC und Mac, Norton)

Public Domain

Frei übersetzt mit »öffentliches Eigentum«. Es handelt sich um Software, die beliebig kopiert und weitergegeben werden darf. Dies sind meist Demo-Programme, Promotion-Software, Shareware (siehe Seite 70) oder Freeware zum kostenlosen Gebrauch.

Raubkopien

Raubkopien von Software sind ein Problem- und Gefahrenpunkt beim Umgang von Kindern (insbesondere Schulkindern) mit dem PC, dessen sich die wenigsten Eltern vollständig bewußt sind. Der Austausch von Computerspielen auf dem Schulhof ist inzwischen beinahe so normal wie einstmals der Tausch von Sammelbildern oder Comic-Heften. Trotzdem ist es strafbar, und es mangelt Kindern meist an entsprechendem Unrechtsbewußtsein, da sie von ihren Eltern nie darauf hingewiesen wurden. Im Gegenteil: Freikopierbare Programme (Public Domain und Shareware) haben selbst bei Erwachsenen für einen lockeren und massenhaften Gebrauch von Softwarekopien gesorgt. Die Softwareindustrie begegnet diesem Trend durch verstärkten Einsatz von Schutzprogrammen bei der Installation und dem Engagement von Detekteien zur Entlarvung von professionellen Raubkopierern. Daß dabei auch immer wieder Kinder gefaßt werden, die über Kleinanzeigen Raubkopien anbieten, sorgt gelegentlich für Schlagzeilen. Und immer sind es die Eltern, die den entstandenen Schaden, manchmal sogar in Millionenhöhe, bezahlen dürfen. Klären Sie deshalb schon frühzeitig Ihre Kinder über den Unterschied zwischen Sicherheitskopien und Raubkopien sowie die Konsequenzen der Nichtachtung auf, um später einmal keine böse Überraschung zu erleben.

Rechnen

Die Zukunft der Mathematik bzw. des Rechnens in der Grundstufe geht hin zu Seilspringen oder Mountain-Bikes. Es wird immer klarer, daß ein elementarer Zusammenhang zwischen Mathematik und Bewegung besteht. Kinder lernen leichter Mathematik, wenn sie sich vorher oder währenddessen viel bewegen. Gut geeignet sind rhythmische Bewegungen wie z. B. Seilspringen beim Erlernen des Einmaleins.

In einer amerikanischen Highschool brachte ein Lehrer seinen Schülern Mathematik über die Gangschaltung eines Mountain-Bikes bei. Dazu zählten die Schüler die Zähne der Gangschaltungen, machten eine Übersetzungstabelle und konvertierten die Ratios in Dezimalen, um sie besser vergleichen zu können. Die Ergebnisse wurden dann auf dem Bike in der Natur ausprobiert und mit den Rechenresultaten verglichen.

Der Computer ist ebenfalls ein gutes Werkzeug, um mathematische Aufgaben für Kinder zu visualisieren, etwa mit den Kuchen- oder Balkendiagrammen von Tabellenkalkulationen.

Der Computer hilft bei Mathematik, weil er von den Kindern meist positiv besetzt ist, weil er viele lästige Arbeiten abnehmen kann, und weil es schneller geht. Gute und kindgerechte Lernsoftware wie Matheblaster gehört zu Recht zu den bestverkauften Programmen für Kinder. Solche Mathematik-Software eignet sich besonders, um zu Hause grundlegende Fertigkeiten zu üben und das Lernen im Klassenzimmer zu unterstützen. In jeder Hinsicht eine gute Anschaffung. Eltern sollen sich auch nicht scheuen, Altbewährtes mit Neuem zu kombinieren, z. B. erst alle Matchboxautos im Kinderzimmer zählen, dann eine Datenbank auf dem PC anlegen und zwischendurch mit dem Kind Autorennen auf dem Fußboden veranstalten. Eine ausführliche Aufstellung von Mathematikprogrammen für Kinder findet sich im »Kindersoftwareführer 97« (siehe *Kindersoftware,* Seite 54).

Schule

Kultusminister, Sachverständige, Lehrer und die meisten Eltern sind sich einig, daß die Zukunft unserer Kinder vom Computer bestimmt wird und deshalb der Umgang mit ihm Bestandteil des Unterrichts sein sollte. Sogar die alternativen Schulformen wie Waldorf oder Montessori haben ihre Widerstände aufgegeben und entwickeln eifrig eigene Lernsoftware. Allerorten fehlt es jedoch an Geld, so daß die Umsetzung dieses Konsens zusammen mit der konkreten Ausführung zu wünschen übrig läßt.

Oft sind die Personalcomputer an Schulen nicht mehr zeitgemäß oder »up to date«, wenn man sich vor Augen hält, daß bei der Computerindustrie Innovationszyklen von 3 bis 6 Monaten gängig sind und ein herkömmlicher Personalcomputer nach drei bis spätestens fünf Jahren als total veraltet gilt.

Selbstverständlich braucht es für das »Herumspielen« mit Software in der Grundstufe keine Hochleistungsrechner, aber selbst so grundlegende Dinge wie das aktuelle Betriebssystem »Windows« sind auf den in Schulen häufig verbreiteten AT 286 oder 386-PCs gar nicht oder nur eingeschränkt lauffähig. In manchem Kinderzimmer steht ein besseres System als im Computerraum der lokalen Schule – von Multimedia können letztere meist nur träumen. Selbst Elterninitiativen sind oft nur der Tropfen auf den heißen Stein einer geeigneten und brauchbaren Computerausstattung für unsere Schulen.

Computerunterricht basiert in der Regel auf der Initiative einiger weniger Lehrer oder Lehrerinnen, die sich für das Thema engagieren und es mit Leben erfüllen. Unterstützung finden sie meist durch Institute der Länder, die sich mit der Förderung des Computereinsatzes im Unterricht beschäftigen.

Die Zentralstelle für Computer im Unterricht bietet etwa im Auftrag des bayerischen Kultusministeriums Unterrichtsmaterialien für die wichtigsten Schwerpunkte an und steckt damit gleichzeitig die Bandbreite der Ziele, aber auch die Probleme des Themas Schule und PC ab: »Computerspiele in der Schule«, »Informationstechnische Bildung und Lernerfolg«, »Sprachen lernen«, »Computer und Grundschulstufe«, »Computer und musische Bildung«, »Multimedia und Schule« sowie »CAD und räumliches Vorstellungsvermögen«.

Global gesehen liegt der deutschsprachige Raum beim Einsatz von PCs im Unterricht in den vorderen Rängen, verglichen jedoch mit Informationsgesellschaften wie den Vereinigten Staaten, Japan, selbst Australien, kommen unsere Kinder in den Schulen kaum auf ihre Kosten. Die Situation ist derart miserabel, daß viele aufgeklärte Eltern diese Lücke mit eigenen Heimcomputern schließen wollen. Jedoch fehlt es auf Elternseite am pädagogischen Knowhow, so daß ein Schulterschluß zwischen Eltern und Lehrern notwendig ist.

Es genügt einfach nicht, einen PC und einige Lernprogramme anzuschaffen, um sinnvolle Ergebnisse zu erhalten. Eltern müssen sich selbst mit dem Medium PC auseinandersetzen, sonst geben sie jegliche Kontrolle über Inhalte und Konsequenzen aus der Hand. Ängste und Vorurteile der Eltern übertragen sich unbewußt auf ihre Kinder und sorgen für einen »gebremsten« Zugang, wo eine offene Einstellung und Spaß an der Materie vonnöten wäre. Der lustbetonte Umgang von Eltern und Kindern mit Hard- und Software prägt schließlich über lange Zeit die Einstellung zum Werkzeug PC.

Fachlehrer helfen gerne mit Tips oder Infos, etwa bei der Auswahl und dem Kauf geeigneter Rechner und Programme. Lassen Sie sich die in der Schule Ihres Kindes verwendeten Programme vorführen, um deren Leistungsspektrum erfassen zu können. Oft werden in Schulen auch Shareware-Programme eingesetzt, die man frei kopieren und ausprobieren darf, lassen Sie sich davon Kopien machen. Halten Sie sich auf dem laufenden, was im Computerunterricht behandelt wird. Wenn Ihr Kind es einmal nicht verständlich beschreiben kann, sollten Sie beim Lehrer nachfragen.

Lassen Sie Ihr Kind, zumindest bis zum Ende der Grundschulzeit, nie Dinge am Computer tun, die Sie nicht selbst zustande bringen würden – es liegt in Ihrer Verantwortung, wie Ihr Kind lernt und welche Entwicklung es nehmen wird.

Shareware

Auch als Public Domain (siehe Seite 66) bezeichnet. Wird vor allem in den USA als eigenständige Vertriebsform für Software geschätzt. Shareware darf von jedermann beliebig zum Ausprobieren kopiert und weitergegeben werden. Wird sie jedoch regelmäßig benutzt, so rechnen ihre Autoren jedoch mit der Ehrlichkeit der Anwender, die dann eine meist geringe Nutzungsgebühr entrichten sollen.

Shareware ist im deutschsprachigen Raum auf einschlägigen CD-ROMs des Fachhandels oder aber über das Internet erhältlich. Shareware-CDs werden entweder als sogenannte Sampler angeboten (etwa als die »Shareware-Kiste 1, 3 oder 7«), deren Nummerierung sich auf die Reihenfolge ihres Erscheinens bezieht, oder aber als Themen-Titel (»100 Kinder-Programme« bzw. »50 Shareware-Spiele«). Das aktuelle Angebot an Shareware-CDs der verschiedenen Anbieter wechselt ständig, so daß keine Empfehlungen gegeben werden können. Da hilft nichts anderes, als auf das Inhaltsverzeichnis oder den Rückentext zu achten und den Sprung ins kalte Wasser zu wagen. Nette Verkäufer können durchaus den einen oder anderen Tip geben.

Über das Internet erreicht man Shareware-Angebote durch Eingabe der Begriffe »Shareware« und »Windows« bzw. »Macintosh« in einer Suchmaschine wie zum Beispiel Yahoo (http://www.yahoo.com).

Sicherheitskopien

Regelmäßige Sicherheitskopien Ihrer Festplatte (im Computerdeutsch Backup genannt) tragen zum streßfreieren Umgang mit der »Einführung« Ihres Kindes bei. Einmal monatlich oder vierzehntäglich ist eine gangbare Alternative zwischen innerem Schweinehund und Aufwand.

Entsprechende Programme sind in der Regel im Lieferumfang Ihres Betriebssystems enthalten oder lassen sich günstig als Shareware oder im Fachhandel für unter 100 DM erstehen.

Die von Ihnen selbst erstellten Dateien wie persönliche Aufzeichnungen oder geschäftliche Informationen sollten, am besten täglich, auf Disketten oder anderen Speichermedien gesichert und an einem unzugänglichen Ort aufbewahrt werden.

Software

Textverarbeitung, Tabellenkalkulation, Datenbank oder Mal- und Zeichenprogramme sind heute gängige Standardsoftware, deren Unterschiede bei den jeweiligen Konkurrenzprodukten nur noch minimal sind. Marktführer können es sich gar nicht erlauben, daß die anderen Anbieter mit allzu vielen Funktionen aufwarten, die die eigene Software nicht hat.

Textverarbeitungen sind praktisch auf jedem Betriebssystem in nahezu endloser Zahl und Variation vorhanden. Mal- und Zeichenprogramme sind in ihrer Leistungsfähigkeit oft von der Ausstattung des Computers abhängig, etwa dem Arbeitsspeicher (RAM). Textverarbeitung und Grafik verbinden Layout-Programme, die das Computerenglisch als »Desktop Publishing« oder abgekürzt »DTP« bezeichnet, erlauben die Integration von Grafiken in gesetzten Text, Mehrspaltensatz und Unterschneidung von Buchstaben oder Ziffern.

Mit Spezialprogrammen für Fachgebiete wie Biologie, Chemie oder Astronomie warten hauptsächlich Personalcomputer auf, die sich entweder aufgrund ihres geringen Anschaffungspreises (Windows) oder ihrer einfachen Programmiertechniken (Macintosh) hervorgetan haben. Jeder Rechnertyp hat seine Tüftler und Bastler, die sich und der Welt die Nützlichkeit des Computers beweisen müssen und entsprechend Hunderte von Stunden in ein Programm investieren, das beispielsweise die Molekularstruktur eines Atoms zeigen kann, welche sonst mit einem Modell aus Plastik in drei bis vier Minuten vorgeführt werden könnte. Andererseits muß man diesen Idealisten zugute halten, daß sie der Allgemeinheit in Form von Shareware (siehe Seite 70) leicht vervielfältigbares Informationsmaterial zur Verfügung stellen.

Spaß am Lernen

Wie macht Lernen zu Hause Spaß, und was funktioniert am besten? Nahezu alle Eltern rund um den Globus sind sich einig: Keep learning playful – Gestalten Sie das Lernen spielerisch.

Die größten Hits für Kinder sind Ideen und Übungen, die sich nicht nach Hausaufgaben anhören sowie Spaß und Unterhaltung versprechen. Eine CD-ROM über die Römer ist sicherlich spannender als ein herkömmliches Geschichtsbuch. Im Spiel erlernt sich Mathematik leichter als mit einer Textaufgabe.

Wenn Sie selbst gerne lesen und lernen, können Sie dies Ihrem Kind weitergeben, indem Sie es teilhaben lassen. Zeigen Sie Ihm Bilder in Büchern und in Software, erklären Sie Ihm Suchfunktionen von Lexika-CD-ROMs und andere Wege, um zur gewünschten Information zu gelangen. Intuitiv spürt Ihr Kind, ob Sie an etwas Freude haben. Was Ihnen Spaß macht, kann eigentlich nur gut sein. Wenn Sie selbst im Umgang mit dem PC schnell entnervt aufgeben, ist die Gefahr größer, daß Ihr Kind Sie auch hier zum Vorbild nimmt.

Es macht nichts, wenn Ihr Kind Sie dabei beobachtet, wie Sie an einer Stelle nicht weiterwissen, es kann auch nicht schaden dies vor ihm zuzugeben. Wichtig dabei ist jedoch, daß Sie Ihrem Kind zeigen, wie Sie und es bei Problemen eine Strategie zu ihrer Lösung entwickeln. Sie sollten ihm also zeigen, in welchen Zeitschriften, Nachschlagewerken oder Handbüchern man Hinweise oder Tips findet,

wie man sich bei Kundendienstnummern, Online-Diensten oder Freunden Rat holt. Wahrscheinlich wird es dem Kind schnell langweilig, aber mit Ihren Erklärungen wird ein erster Schritt in die richtige Richtung eingeschlagen: Ihr Kind lernt, wie es sich Wissen verschafft.

Sprechen

Sprechen ist in erster Linie eine Frage der Kommunikation und erst danach eine Frage der geistigen Entwicklung. Kinder lernen sprechen, weil sie darin ein Mittel erkennen, um mit anderen in Kontakt zu treten und ihnen etwas mitzuteilen.

Studien haben ergeben, daß alle Kinder bis zum Alter von etwa 10 Monaten die gleiche Sprachentwicklung nehmen. Erst danach wird je nach Muttersprache und Kommunikationszusammenhang differenziert. Kinder die schlecht hören, fallen erst jetzt auf. Hier kann man auch gezielt sein Kind fördern, indem man ihm Feedback auf seine Sprachäußerungen gibt. Indem also Eltern und Umgebung seine Laute aufnehmen, wiederholen und anders modulieren. Es ist jedoch nicht nötig, das Sprechen mit Kinder zu trainieren. Das ewige Verbessern kann im Gegenteil eher Hemmungen aufbauen, die wiederum zu Sprachfehlern führen. Man soll Kleinkinder deshalb nicht oberlehrerhaft korrigieren, weil sie noch schöpferisch mit der Sprache umgehen und noch kein Verständnis von richtig oder falsch haben.

Am Computer bedeutet das, daß Sie Ihr Kleinkind nicht immer wieder explizit korrigieren sollten, wenn es seinen »Combular« oder die »Naus« auf seine Weise benennt. Dennoch sollten Sie als Eltern stets die korrekten Bezeichnungen in möglichst einfachen Satzkonstruktionen verwenden. Reden Sie viel mit ihrem Kind, singen sie ihm vor, denken sie sich Verse aus oder albern sie herum, dann tun sie am meisten für seine sprachliche Entwicklung. Weiterhin sind die Grundregeln einfach: Je mehr Sie Ihrem Kind den Computer erklären, desto schneller und besser wird es sich in bezug auf den PC ausdrücken können, und auch die allgemeine Sprachentwicklung profitiert davon. Geben Sie soweit wie möglich kindgerechte Antworten. Falls Ihr Dreijähriger fragt, warum die Maus Maus heißt, dann können Sie einfach antworten, weil sie wie eine Maus aussieht, mit dem Kabel als Schwanz.

Für interessierte Eltern empfehlen wir Maria Montessoris Grundprinzipien der Sprachförderung. Für Kinder mit echten sprachlichen Problemen sollten sich die Eltern nicht scheuen, professionellen Rat zu suchen, den sie meist an Unikliniken oder bei Logopäden erhalten, deren Kosten in der Regel von den Kassen übernommen werden. Einer der ersten Schritte bei Defiziten in der Sprachentwicklung sollte jedoch immer der Gang zum Hals-Nasen-Ohren-Arzt sein, da viele Probleme oft auf körperlichen Ursachen wie Ohrenentzündungen beruhen.

Stempelfunktion

Mit der Stempelfunktion kann aus einer Reihe von Motiven ein Bild ausgewählt und per Mausklick beliebig oft in das aktuelle Dokument eines Malprogramms (siehe Seite 60) für Kinder wie KidPix eingefügt werden. Funktioniert wie ein Kinderstempel mit Tinte auf Papier. Stempel gibt es auch bei Fine Artist, nur daß sie hier als Sticker bezeichnet werden.

Sucht

Es wird viel darüber diskutiert, ob der Computer »süchtig« macht oder nicht. In diesem Disput lassen sich sowohl für die eine wie die andere Seite Indizien finden.

In einer von mehreren Studien zum Thema untersuchte beispielsweise Dr. Hans Rudolf Leu vom Deutschen Jugendinstitut Ende der 80er Jahre die Computernutzung in Familien. Unter anderem nahm er in einem Dutzend Familien die Computernutzung von Kindern unter die Lupe. Es handelte sich jedoch um normale Kinder, die nicht zu den fanatischen »Computerfreaks« gehörten.

»Zu Beginn des Projektes war ich ein ausgesprochener Computergegner und wollte untersuchen, was denn da mit dem Computer auf die Kinder so zukommt. Werden sie durch frühen Gebrauch des Heimcomputers wirklich verhaltensgestört oder aber enorm gefördert, wie vom Erfinder der Programmiersprache LOGO behauptet wurde?« definierte Dr. Leu seine Aufgabenstellung. »Im Laufe der Untersuchung habe ich dann festgestellt, daß der Einfluß der Computer auf Kinder von Vertretern dieser Extrempositionen maßlos überschätzt wird. Um die Bedeutung des Computers angemessen zu verstehen, ist es vor allem wichtig, seine Einbettung in den Alltag und das familiäre Umfeld der Kinder zu berücksichtigen.«

Beim durchschnittlichen Kind konnte die Suchtgefahr jedoch nur verneint werden. Im Gegenteil: Nach einer etwas euphorischen Anfangsphase von mehreren Monaten ließ die Computernutzung bei den meisten Kindern sogar nach.

Auch in anderen Studien wurde festgestellt, daß rund die Hälfte der Kinder und Jugendlichen pro Woche maximal drei Stunden, ein weiteres Viertel etwa 4 bis 5 Stunden und nur der Rest mehr Zeit am PC verbringt. Im Vergleich zur durchschnittlichen TV-Nutzung von bis zu zwei Stunden am Tag, fällt der Computer kaum ins Gewicht. Es zeigte sich auch, daß kreative Freizeitbeschäftigungen oder soziale Kontakte nicht vernachlässigt werden. Den Kindern machte die Beschäftigung mit dem PC im Freundeskreis am meisten Spaß. Auch der Vorwurf von Verwechslung der Realität mit virtueller Illusion fand bei den über Fünfjährigen keine Bestätigung. Die Kinder fanden die Idee unsinnig, daß ihr Alltag wie der Computer funktioniert.

Textprogramme

Selbst professionelle Schreiber wie Journalisten oder Autoren korrigieren ihre Texte mindestens noch einmal vor der Abgabe, wie kann man da von Kindern in der Grundschule erwarten, daß sie ihre Schreibübungen und Aufsätze sofort fehlerfrei zustande bekommen. Würde man die Kinder statt dessen mit einem Textverarbeitungsprogramm schreiben lassen, in dem Korrekturen recht einfach zu bewerkstelligen sind, würden viele Aufsätze unserer Kinder besser aussehen und bewertet werden.

Zu den meistverkauften Textprogrammen in Deutschland zählt Word für Windows oder Macintosh, mit dem Sie weit mehr bewerkstelligen können, als in diesem Buch erwartet wird. Aber meist reichen auch schon die beiden mit dem jeweiligen Betriebssystem gelieferten Einfachst-Textverabeitungen Write (Windows) oder SimpleText (Macintosh) aus.

Wer seinen Kinder jedoch etwas Gutes tun will, der kauft die extra für Kinder entwickelte Textverarbeitung »Creative Writer«.

Empfehlenswerte Textverarbeitungen:

- Word (ab 6 Jahre, PC und Mac, Microsoft)
- Write (ab 3 Jahre, PC, Microsoft)
- SimpleText (ab 3 Jahre, Mac, Apple)
- Creative Writer (ab 3 Jahre, PC und Mac, Microsoft)

Unlust

Wenn Sie absolut keine Lust verspüren, mit Ihrem Kind den Computer zu entdecken, sollten Sie sich auch nicht dazu zwingen. Suchen Sie statt dessen nach anderen Wegen: Bitten Sie die Großeltern (siehe auch Seite 41) oder lassen sie große Geschwister mit den Kleinen Computerschule spielen.

Schauen Sie sich im Freundeskreis um, vielleicht gibt es andere Eltern, bei denen Ihr Sprößling mitspielen kann. Bieten Sie eventuell im Gegenzug Dienstleistungen an, die Sie gerne machen, beispielsweise Basteln, Angeln gehen, Kuchenbacken oder Rollschuhfahren.

Engagieren Sie einen erfahrenen Babysitter im Teenageralter, der für Sie den spielerischen Einstieg übernimmt. Achten Sie allerdings darauf, daß nicht nur Computerspiele »unterrichtet« werden. In Deutschland haben auch immer mehr Kinder- und Jugendeinrichtungen Angebote rund um den Computer im Programm. Fragen Sie bei Jugendämtern oder kirchlichen Trägern nach. Häufig werden Sie auch in den Broschüren oder Kindertelefonen von übergreifenden Sozialeinrichtungen fündig, die das

Kinderprogramm Ihrer Stadt oder Gemeinde vorstellen. Futurekids (siehe Seite 37), die private Computerschule für Kinder, errichtet derzeit neue Filialen im ganzen Bundesgebiet. Eine tolle Sache für Kinder jeden Alters, hat allerdings auch ihren Preis.

Suchen Sie bewährte Lern- und Spielprogramme, die laufen auch zur Not ohne Sie. Auch wenn sich dieser Vorschlag nicht mit der Leitlinie dieses Buches deckt, kann es manchmal sinnvoll sein, Ausnahmen von der Regel zu machen. Erklären Sie dann Ihrem Kind aber auch ehrlich, warum Sie sich nicht mit ihm am Computer beschäftigen wollen.

Wissen

Das Wissen unserer Zeit ist zu komplex für ein einziges Gehirn geworden. Um mit den modernen Anforderungen fertigzuwerden, sind wir gezwungen unser Wissen auszulagern, am besten auf Computer, da sie den schnellsten Zugriff gewähren. Mit Wissen allein ist es nicht mehr getan, wichtiger ist viel mehr die Frage, wie man schnell und effizient an die gewünschte Information gelangt. Wer vor zehn Jahren stolz auf sein Insiderwissen um das Betriebssystem DOS war, wurde vor fünf Jahren vom Allgemeinwissen eingeholt und ist nun von der Geschichte mit dem Betriebssystem Windows 95 überholt. Der Ehrgeiz, mit allen Erkenntnissen auf dem laufenden zu bleiben, ist sinnlos. Die Zukunft gehört dem Lernen zu lernen.

Empfehlenswerte Lexika und Nachschlagewerke für Kinder:

- Wie funktioniert das? – schon in Buchform großartig, aber als CD ein Muß (ab 5 Jahre, PC, Duden-Verlag)
- A.D.A.M. – Spannende Reise durch den Körper (ab 6 Jahre, PC, Bomico)
- Mein erstes Lexikon – Das lexikalische Bilderbuch (ab 4 Jahre, PC, Duden-Verlag)
- Das Wunder unseres Körpers – Preisgekrönte Einführung und detailliertes Nachschlagewerk (ab 5 Jahre, PC, Meyers Lexikonverlag)
- LexiROM – Verschiedene Duden, Langenscheidts Englisch und Meyers Lexikon in 3 Bänden auf einer CD (ab 8 Jahre, PC, Microsoft)
- Guinness-Buch der Rekorde – Höher, schneller, dicker (ab 7 Jahre, PC und Mac, Ullstein)

- Bertelsmann Discovery Lexikon – Textlastiges Mammut-Lexikon für Vielleser (ab 9 Jahre, PC, Bertelsmann)
- Dinosaurier – Wissenswertes zu einer wiederauferstandenen Gattung (ab 6 Jahre, PC, Microsoft)
- Ollis Welt – das Standardwerk für kleine Naturschützer (ab 4 Jahre, PC und Mac, Navigo)

Zehn Gebote

Schon ab den ersten Computerkontakten, auch in einer frühen Altersstufe, ist es unbedingt erforderlich, eindeutige Regeln und Richtlinien für den Umgang mit dem Computer festzulegen. Die ersten Schritte des Praxisteils eignen sich in idealer Weise dafür, Regeln und Vorschriften aufzustellen und fest im Bewußtsein der Kinder zu verankern.

Die zehn Gebote des Computerkindes:
- Du darfst mit dem Computer nur alleine spielen, wenn deine Eltern es zuvor erlaubt haben.
- Du darfst nur Dinge mit dem PC machen, die du zuvor mit deinen Eltern ausprobiert oder abgesprochen hast.
- Du darfst den Computer nur mit sauberen, am besten gewaschenen Fingern berühren.
- Du darfst den Computer nicht mit Keksen füttern.
- Du darfst beim Spielen am Computer weder essen noch trinken.
- Du darfst den Computer nicht schlagen.
- Du darfst nicht mit harten Gegenständen nach ihm werfen.
- Du darfst nicht auf den Computer steigen.
- Du darfst keinem angeschalteten Computer den Stromstecker abziehen.
- Du darfst CDs, Disketten oder andere Speichermedien nicht biegen oder am Boden liegen lassen.

Zeitlimit

»Kinder sollten nicht allzulange und permanent vor dem Computer sitzen. Achten Sie darauf, daß bis zum Grundschulalter 20minütige Intervalle eingehalten werden, ab der Schulreife können Sie pro Klasse 10 Minuten hinzuzählen, also maximal 60 Minuten für einen Viertkläßler. Ermuntern Sie Ihre Kinder, sich in den Pausen anderen Tätigkeiten zuzuwenden, etwa sich zu unterhalten, etwas zu essen oder zu spielen.« (Kinder entdecken den Computer.)

»Jeden Tag 15 Minuten für Abc-Schützen, unter 6 Jahren nicht mehr als 10 Minuten und ab 10 Jahren darf die Zeit ausgedehnt werden.« (Familie & Co 3/96.)

Solche Zeitempfehlungen sind zwar gutgemeint, aber in der Praxis wenig brauchbar. Wie beim Fernsehen kann man in 15 Minuten keinen guten Film gemeinsam ansehen, so läßt sich auch in 15 Minuten nicht eine brauchbare Sitzung am PC abhalten. Wichtiger ist es unserer Meinung nach, daß sich Kinder nicht jeden Tag an den PC setzen und dadurch wie bei Gutenachtgeschichten ein gewisses Ritual entsteht, ohne das die Kids dann nicht mehr auskommen können und abhängig werden. Für Projekte braucht es einfach mehr Zeit zum Entwickeln, und ein interaktives Bilderbuch ist mit einem Zwei- bis Dreijährigen auch in 10 Minuten nicht machbar. Lassen Sie einfach Ihr Gefühl oder Ihren gesunden Menschenverstand entscheiden, wann es genug ist, schließlich kennt niemand Ihr Kind besser als Sie! Achten Sie jedoch auf eine nachlassende Konzentration, Nervosität oder andere Anzeichen einer Überbeanspruchung.

Eher als ein Zeitlimit gilt es, ein inhaltliches Limit zu beachten. Also nicht Mathesoftware, Familienprojekt und Computerspiel an einem Tag. Die Erfahrung zeigt, daß die Kids am schlechtesten wegkommen, wo ihre Eltern zu viel »Programmgestaltung« geplant haben. Es ist sinnvoller, sich eine Woche lang nur mit Malen, die nächste mit Mathe, die darauffolgende mit einem anderen Thema zu beschäftigen. Informationsoverflow gibt es nicht nur bei Senioren und Erwachsenen, sondern auch und ganz besonders bei Kids.

Babys

Entwicklung einer positiven Einstellung zum PC

Kleinkinder sind bereits pedantische Beobachter und registrieren sehr wohl, wieviel Zeit Sie an Ihrem Heimcomputer verbringen und wie Sie sich dabei fühlen – ob entspannt, gespannt oder verspannt. Die Atmosphäre innerhalb der Familie hat deshalb einen gewaltigen Einfluß auf die Entwicklung eines Kindes, das heißt darauf, wie sich das von Ihnen geerbte Potential entfalten kann. Auch wenn Sie Ihren PC ausschließlich für »seriöse« Tätigkeiten gekauft haben, sollten Sie sich ernsthaft überlegen, ob und wie Sie ihn für sich selbst zur Unterhaltung nutzen können.

Gönnen auch Sie sich Ihren Spaß am Computer! Männer tun sich damit im allgemeinen leichter, da sie den PC gerne als technisches Spielzeug sehen und somit weniger Schwierigkeiten haben. Frauen sind oft pragmatischer und orientieren sich eher am Nutzwert. Erfahrungsgemäß steigt bei Ihnen der positive PC-Umgang mit wachsender Erfahrung und wenn die Vorteile eines Computers gegenüber anderen Medien zum Tragen kommen.

So funktioniert es:

Ihre erste Übung wird deshalb sein, herauszufinden, womit Sie am Computer Spaß haben können. Lassen Sie sich dabei reichlich Zeit und probieren Sie einfach alles Mögliche aus. Lesen Sie beispielsweise in den von Ihnen bevorzugten Zeitungen oder Zeitschriften die Besprechungen von Computerspielen, vielleicht werden Sie ja fündig und entdecken ein Spiel, das Ihnen gefällt. Fragen Sie in Ihrem Freundeskreis nach Computerspielen oder interaktiven Multimedia-CD-ROMs, die Sie begeistern könnten.

Spaß am Computer muß jedoch nicht unbedingt auf unterhaltsamen Computerspielen beruhen. Entspannen Sie sich beim Schreiben eines Tagebuchs mit Ihrer Textverarbeitung, blättern Sie in interaktiven Kochbüchern oder Romanen oder schwitzen Sie unter den Anweisungen eines computerisierten Gymnastiktrainers. Gehen Sie auch ruhig einmal in die Softwareabteilung eines großen Kaufhauses oder Buchhändlers, halten Ausschau nach sympathischen Verkäufern und beschreiben diesen Ihre Hobbys. Sie können Ihnen bestimmt Software empfehlen, die sich in irgendeiner Form für Sie eignet. Auch eine Tabellenkalkulation kann Befriedigung verschaffen, wenn Sie für Ihre Haushaltsabrechnung nur 10 Minuten anstatt einer Stunde benötigen.

Anfassen, Drücken, Ablutschen

Im Alter zwischen sechs Monaten und drei Jahren nehmen die Kinder ihre Außenwelt zunehmend bewußter wahr und steigern ihre Fähigkeiten, mit ihr zu interagieren. Diese Phase wird gern als die des »Forschens und Zerlegens« bezeichnet, da in ihr die Kinder meist davon fasziniert sind, herauszufinden, aus was Dinge bestehen und wie sie sich auseinandernehmen lassen. Sobald sie Gelegenheit dazu haben, werden Ihre Kinder versuchen, ebenfalls an die Tastatur, die Maus oder den Bildschirm zu gelangen, um sie anzufassen oder auch abzulutschen. Ihr Kind will alles ausprobieren, was Sie tun, und der Computer ist ein Teil davon. Verwehren Sie es ihm nicht!

So funktioniert es:

Setzen Sie Ihr Kind auf Ihren Schoß und lassen Sie es auf der Tastatur herumhämmern oder mit der Maus in einem Malprogramm am Bildschirm herumkritzeln. Selbst das Ablutschen von Maus oder Kabel sind okay, wenn diese zuvor mit einer milden Lauge gesäubert wurden. Nehmen Sie keinen Einfluß, höchstens indem Sie ihm helfen, an bestimmte gewünschte Teile heranzukommen. Sparen Sie nicht an Lob oder Komplimenten, wenn Ihr Kind Sie auffordernd ansieht.

Rollenspiele

Eines der liebsten und wichtigsten Spiele aller Kinder ist das Imitieren ihrer Eltern und anderer Erwachsener. Mit einem PC zu Hause erleben Ihre Kinder, wie Sie am Computer arbeiten und möchten ihn selbstverständlich auch ausprobieren. Kinder möchten stets ihre Beobachtungen und Erlebnisse aktiv in einen sinnvollen Zusammenhang bringen.

So funktioniert es:

Wenn Sie an Ihrem PC arbeiten oder spielen und Ihr Kind umkreist Sie interessiert, sollten Sie sich ein paar Minuten Zeit nehmen und ihm erklären, was Sie gerade tun. Zeigen Sie ihm nacheinander den Computer, den Bildschirm, die Tastatur, die Maus, den Drucker. Erklären Sie Ihrem Kind, daß Sie gerade einen Brief oder Bericht schreiben, eine Einladungskarte zum Essen gestalten oder die Steuererklärung zusammenstellen. Allein die Fragen zu Ihren Erklärungen werden Sie eine Weile beschäftigen. Anschließend oder bei nächster Gelegenheit können Sie Ihr Kind über entsprechende Rollenspiele mit Ihrem Tun vertraut machen. Genauso, wie Kleinkinder das Kochen, Einkaufen oder andere Tätigkeiten der Erwachsenen imitieren, kann sich auch die Arbeit am PC für Spiele eignen. Wichtig ist dabei, daß die Kinder systematisch an den PC herangeführt werden und den Computer als alltägliches Handwerkszeug kennenlernen.

Starten Sie beispielsweise Ihre Textverarbeitung und lassen das Kind einen Brief schreiben, indem es einfach wahllos auf die Tastatur einhackt. Nach dem Ausdruck erhält es seinen Brief als Ergebnis. Sie können solche Rollenspiele auch noch erweitern, indem Sie beispielsweise einen Briefumschlag mit eigener Adresse vorbereiten, in den es seinen Briefbogen einstecken und an die Eltern schicken kann. Später wird der Brief mit einer Marke versehen und bei der Post eingeworfen. Nachdem Sie ihn wieder zugestellt bekommen haben, lesen Sie den

Brief aufmerksam und bedanken sich bei Ihrem Kind. Auf diese Weise lernt Ihr Kind mit der Zeit, daß Computer für viele verschiedene Dinge eingesetzt und verwendet werden können.

Spaß am Bildschirm

Einfache Programme für Kinder wie interaktive Bilderbücher (siehe Seite 45) vermitteln mit ihren Animationen, Sounds und kindgerechten Illustrationen eine positive Einstellung im ersten Umgang mit dem PC.

So funktioniert es:
Setzen Sie das Kind auf Ihren Schoß und starten Sie die Software. Für Babys und Kleinkinder, die noch Schwierigkeiten im Umgang mit der Maus haben, gibt es einen Vorlesemodus, der die jeweiligen Bildtexte vorliest und automatisch weiterblättert. Diese Altersstufe hat noch kein oder kaum Verständnis für die Handlung einer interaktiven Geschichte, erfreut sich jedoch an den bunten Farben, bewegten Grafiken und lustigen Geräuschen. Sie können während dem Ablauf auf Details hinweisen, die Ihr Kind kennt. Bellende Hunde, muhende Kühe oder gackernde Hühner eignen sich für jedes noch so kleine Kind.

Spaß mit der Tastatur

Ob TV-Fernbedienung, Telefon oder Aufzug – Kinder haben eine Vorliebe für Tasten, mit denen sich eine Wirkung erzielen läßt. Es gibt auch viel Spielzeug für Klein- und Vorschulkinder mit Tasten, die verschiedenste akustische und visuelle Ergebnisse hervorrufen. Babys und Kleinkinder sind deshalb fasziniert von der Tastatur mit ihren für sie unendlich vielen Tasten. Ihr Baby, das Sie einmal beim Eintippen beobachtet

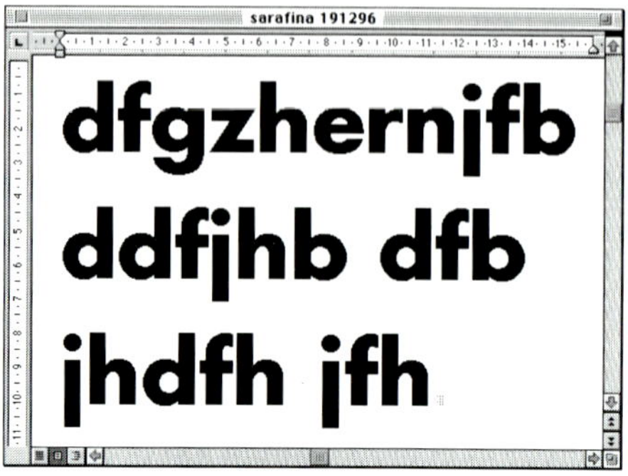

hat, wird mit Genuß und Begeisterung auf die Tastatur einklopfen, sobald man es Sie nachahmen läßt.

So funktioniert es:
Laden Sie Ihre Textverarbeitung und stellen Sie die voreingestellte Schriftgröße auf nun 36 bis 72 Punkt (Pt) ein. Setzen Sie Ihr Kleinkind auf Ihren Schoß und lassen es auf die Tastatur einhacken. Wenn es eine Taste drückt, erscheint ein Zeichen am Bildschirm.

Für Macintosh-Anwender gibt es zudem ein Shareware-Programm (5–10 $) namens BabySmash, das auf Tastendruck Formen und Klänge erscheinen läßt. Erhältlich auf Shareware-CD-ROMs oder im Internet unter http://www.gamesdomain.com/tigger/mac/babysmash.html.

Zusammenhang von Ursache und Wirkung

Tasten sind für ein Kleinkind deshalb so faszinierend, weil sie zum ersten Mal Ursache und Wirkung in Zusammenhang bringen – etwa das Drücken einer Türglocke und das darauffolgende Läuten. Es wird dieses Erlebnis immer wieder aufs neue wiederholen wollen, weil es sich davon überzeugen möchte, daß es immer wieder funktioniert. Das vermittelt dem Kind ein wunderbares Gefühl von Macht, Können und Glück. Es ist wichtig, Kindern in einer sicheren und geborgenen Umgebung ein Gefühl von Verantwortung zu vermitteln und sie zum sorgfältigen Umgang mit Dingen anzuhalten. Damit wird ihr Vertrauen zu den Eltern und zu sich selbst gestärkt.

Diese ersten Interaktionen helfen dem Kind bei der Entwicklung eines Verständnisses von Ursache und Wirkung – einer wichtigen Voraussetzung für das spätere Spiel mit dem Computer. Der Zusammenhang zwischen Tastendruck oder Mausbedienung und Bewegungen am Bildschirm bzw. Klängen ist selbst für Kinder unter zwei Jahren äußerst amüsant und aufregend. Größere Kinder werden vermutlich spielerisch die Grenzen und Möglichkeiten der entsprechenden Software testen wollen, indem sie wahllos herumklicken oder alles Mögliche ausprobieren.

So funktioniert es:

Die heutigen Computer verfügen meist über eine ganze Reihe von Tasten, über deren Betätigung Kinder faszinierende Dinge geschehen lassen können. Beispielsweise kann man ausgeschaltete Windows 95- und Macintosh-PCs (zumindest die größeren) über die Tastatur einschalten. Über die Pfeiltasten kann man in einer Textverarbeitung die Zeilen innerhalb eines Dokuments herauf- oder herunterlaufen. Wichtig dabei ist, daß am oberen Rand verschwundene Objekte, wie Text oder Bild, stets wieder erscheinen, wenn man lange genug die »Pfeil oben«-Taste drückt.

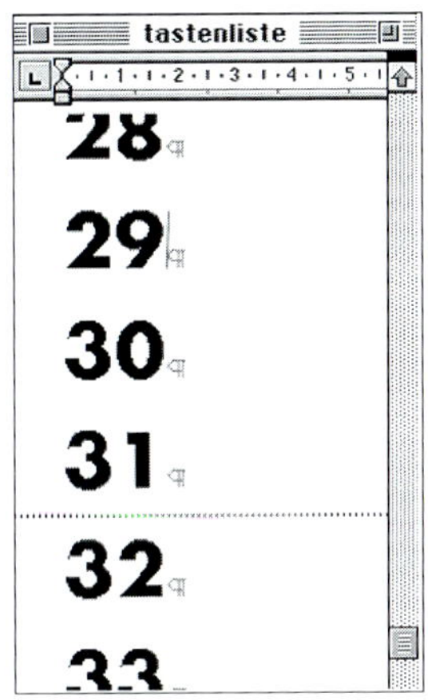

Innerhalb von Programmen können auf Tastendruck Klänge oder Musik ertönen, Text bzw. Bilder erscheinen oder wieder verschwinden oder Animationen gestartet werden. Achten Sie in nächster Zeit bei Ihrer Arbeit am PC darauf, wann, wo und in welchem Programm sich etwas mit einer einzigen Taste bewerkstelligen läßt, und zeigen es Ihrem Kind. Nebenbei werden Sie bemerken, daß die aktuelle Software bereits so komplex ist, daß die rund 70 Tasten der Tastatur nicht mehr ausreichen und deshalb Tastenkombinationen allerorten verwendet werden.

Vorhersagbare Ergebnisse

Computer sind so konstruiert, daß sie voraussagbare Ergebnisse liefern. Eigene Erfahrungen am PC helfen Kindern ab drei Jahren dabei, die Beziehung zwischen Ursache und Wirkung besser zu verstehen. Dabei handelt es sich vermutlich um eine der wichtigsten Erkenntnisse, um sein Leben planen zu können; für einen effektiven Umgang mit dem Computer ist diese Erkenntnis unverzichtbar. Jedesmal, wenn man eine Handlung am PC wiederholt, reagiert er in derselben Weise. Diese Beständigkeit des Computers gibt Kleinkindern ein Gefühl von Sicherheit und ist vermutlich auch einer der Gründe dafür, warum sie keine Angst davor haben.

So funktioniert es:
Sobald ein Computer eingeschaltet wird, leuchtet der Bildschirm auf, und man kann das Surren des Ventilators hören. Mitunter gibt es noch andere Geräusche. Da Ihr Kind den PC als ein Spielzeug unter vielen anderen empfindet, sollte es das Ein- und Ausschalten besser unter Ihrer Anleitung kennenlernen als ohne Sie.

Für Kleinkinder stellt das selbständige Ein- und Ausschalten des Computers eine große Herausforderung dar und fördert somit den Erwerb von Problemlösungsstrategien.

Die Betätigung des Schalters führt wie die meisten Tasten der Tastatur zu einem sofortigen Erfolgserlebnis, da damit ein sichtbares und hörbares Ereignis verbunden ist.

Lassen Sie Ihr Kind bewußt beobachten, wie Sie Ihren PC an- und ausschalten. Erklären Sie ihm, daß ein Computer genauso an- und ausgeschaltet wird wie das Licht in seinem Zimmer.

Lassen Sie es anschließend den PC ein- und ausschalten, wenn es das will. Erklären Sie Ihrem Kind, daß zwischen dem Ein- und Ausschalten einige (in der Regel 30) Sekunden liegen sollen, da sonst der Bildschirm kaputtgehen kann. Von einem unmittelbaren Defekt am PC oder seinem Monitor durch zu häufiges Ein- und Ausschalten ist jedoch bisher noch nichts bekannt geworden. Da PCs derzeit nach rund 3 bis 4 Jahren hoffnungslos veraltet sind, so daß sie nur noch als Kinderspielzeug oder billige Spielkonsole dienen und bei Computern meist die mechanischen Bauteile am ehesten kaputtgehen, dürfte die reduzierte Lebensdauer des PC nicht Ihre größte Sorge sein. Dieser Erfolg des Ein- und Ausschaltens reicht den Kindern bei ihren ersten Computererfahrungen in der Regel schon aus.

Wenn man diesen Ablauf an mehreren Tagen hintereinander wiederholt, kann Ihr Kind vorausplanen, da sich die Ergebnisse verschiedener Handlungen voraussagen lassen.

Sofern es sich einrichten läßt, lassen Sie doch jedes Mal, wenn Sie am PC arbeiten wollen, Ihr Kind für Sie den Computer einschalten. Das ist nicht besonders schwer, selbst Ein- bis Zweijährige können bereits einen Kipp- oder Druckschalter betätigen. Dies gibt ihnen ein wichtiges Selbstwertgefühl und Sicherheit im Umgang mit dem PC. Sobald das Spiel »Ein- und Ausschalten« langweilig wird, brauchen Sie sich zumindest keine Sorgen mehr machen, daß Ihr Kind in einem unbeobachteten Moment Sie nachahmen will und dabei Daten zerstört.

Weitere Wiederholungsaufgaben mit stets gleichem Ausgang sind beispielsweise das Leeren des Papierkorbes Ihres Betriebssystems, das Einschieben von Disketten oder Einlegen von CD-ROMs, das Schließen von Fenstern, das Verschieben oder Kopieren von Dateien in andere Ordner oder auf externe Medien sowie das Starten von Programmen.

Spaß mit Sounds

Schon Babys reagieren intensiv auf Geräusche, wenn sie dann zu Kleinkindern heranwachsen, ist das Erkennen von Stimmen oder Tierlauten ein schönes Spiel. Generell eignen sich dafür Malprogramme für Kinder oder Musiksoftware, da sie per Tastendruck oder Mausklick Lärm fabrizieren. Auch elektronische Bilderbücher sind brauchbar, da sich meist zusätzlich am Bildschirm etwas bewegt. Machen Sie Gebrauch von den Klangmöglichkeiten des Computers und Ihrer Software, bereiten Sie Ihrem Kleinkind ein paar erfreuliche Stunden.

So funktioniert es:

Nehmen Sie geeignete Geräusche wie lustige Hupen, Gesangs- und Vogelstimmen, Lachen oder Ihr Wiegenlied mit dem PC auf. Es gibt auch sogenannte »Sound-Sammlungen«, die jeweils für rund 20 bis 40 DM auf einer CD-ROM Hunderte Geräusche oder Klänge bereits digitalisiert zur Verfügung stellen. Ob selbst aufgenommen oder gekauft – die Klänge müssen nun in das gewünschte Programm eingefügt werden. Am einfachsten gelingt dies in einfachen Musikprogrammen, die voreingestellt die Tastatur als Ersatz für eine Klaviatur verwenden. Aber auch Kreativprogramme für Kinder, etwa Fine Artist von Microsoft, können Sounds übernehmen und abspielen beziehungsweise haben eigene Soundsammlungen integriert. Das wird je nach Software unterschiedlich gehandhabt, und als Ergebnis erhalten Sie entweder ein Klangsymbol oder ein Bild, das angeklickt werden muß, um es abzuspielen. Nach einigen Demonstrationen und Versuchen gelingt es bestimmt.

Setzen Sie das Kind auf Ihren Schoß und zeigen ihm schrittweise, wie man den Mauszeiger zu einem Symbol bewegt, die Maustaste drückt und daraufhin ein Geräusch, eine Stimme oder eine Melodie erklingt. Sie können natürlich auch Shareware einsetzen, die auf Ihrer Tastatur ein Keyboard simuliert, etwa das Windows-Programm »midiplay«. Erhältlich auf Shareware-CD-ROMs oder im Internet bei http://www.winsite.com zum Herunterladen auf Ihre Festplatte.

Erste Übungen mit der Maus

Im Gegensatz zur Tastatur entspricht die Maus mehr den kindlichen Größenordnungen, und da Sie bei manchen Programmen die Maus ständig in der Hand halten, zeugt dies für eine gewisse Wichtigkeit. Neben der Tastatur ist die Maus auch wirklich das wichtigste Eingabegerät für Computer. Selbst Babys zwischen ein und zwei Jahren sind fasziniert von der Maus und können ihren Spaß damit haben.

So funktioniert es:

Setzen Sie Ihr Kind vor sich auf den Schoß, laden Sie ein Malprogramm, und stellen Sie für die Pinsel-Funktion eine möglichst breite Strichstärke ein. Am Anfang wird es erforderlich sein, daß Sie die Hand des Kindes bei der Bedienung der Maus führen und es ihm mehrmals zeigen. Zeigen Sie ihm, wie man die Maus steuert und wie stark man beim Aktivieren der Maustaste drücken muß. Ganz besonders wichtig ist das Anheben der Maus, wenn man zwar an die Kante des Mauspads gelangt ist, aber am Bildschirm noch nicht das gewünschte Ziel erreicht hat.

Der Mauszeiger hat in der Regel die Form eines Pfeils, der mit jeder Bewegung der Maus über den Bildschirm tanzt. Lassen Sie den Pfeil durch schnelle Zickzack-Bewegungen richtig tanzen. Ihrem Kind macht das bestimmt Spaß, es ebenfalls zu probieren. Mit dieser Übung wird die Koordination von Hand und Augen trainiert sowie die Ausführung einer Aktion ohne direkten Augenkontakt, da die Augen dem Mauszeiger am Bildschirm folgen müssen, während die Hand die Maus bewegt. Eine enorme Leistung für Babys und Kleinkinder, aber auch für größere.

Tastensteuerung

Bei Kindern im Alter zwischen zwei und drei Jahren ist darauf zu achten, daß sich die Programme auf einer Ebene bedienen lassen. Darunter ist zu verstehen, daß sich das Programm im Idealfall über ein oder zwei Tasten steuern läßt, z.B. »Vor« und »Zurück«. Zu den interessantesten Programmen für diese Altersgruppe gehören sicher auch die interaktiven Bilderbücher, die sich per Tastendruck umblättern lassen.

So funktioniert es:

Kaufen oder leihen Sie ein interaktives Bilderbuch aus der »Living Books«-Reihe oder, wie im Bild, ein interaktives Filmbuch von Disney Interactive. Klicken Sie sich durch die Eröffnungssequenz und schalten auf den Spielmodus. Ist das erste Bild der jeweiligen Geschichte geladen, liest die Sprecherstimme den Seitentext vor, und Sie gelangen durch Drücken der »Rechtspfeil«- oder »Linkspfeil«-Taste auf der Tastatur in der Geschichte eine Seite vor beziehungsweise zurück. Machen Sie es Ihrem Kind einmal vor, und lassen Sie es dann selbst ausprobieren. Wenn es nicht auf Anhieb die richtigen Tasten findet, zeigen Sie es ihm erneut. Nennen Sie bei jedem Drücken einer Taste deren Namen.

Für den Anfang ist es schon aufregend genug, wenn Ihr Kind per Tastendruck durch die Seiten blättern darf. Üben Sie sich in Geduld, wenn es zwanzigmal zwischen ein und denselben Seiten hin- und herwechselt, anstatt der Geschichte bis zum Ende zu folgen. Geben Sie Ihrem Kind hin und wieder einen Auftrag wie »Geh doch mal eine Seite zurück« oder »Hilf mir doch, eine Seite vorwärts zu kommen«. Es ist auch hilfreich, die Seiten nach herausragenden Inhalten zu benennen, etwa die Seite »mit dem Hund« oder »wo Puuh feststeckt«, und diese durch Blättern zu suchen. So lernt Ihr Kind, daß es seine Lieblingsseiten durch Drücken der Pfeiltasten gezielt erreichen kann.

Maussteuerung

Obwohl sich die meisten interaktiven Bilderbücher auch mit der Tastatur umblättern lassen, sollten Sie nach einiger Zeit Ihrem Kind auch zeigen, wie sich dies mit der Maus bewerkstelligen läßt. Zum einen, weil es Sie bestimmt schon mehrfach dabei beobachtet hat, daß Sie diese Art der Bedienerführung benutzen, zum anderen, weil die Maus in interaktiven Bilderbüchern zum Aktivieren versteckter Animationen benötigt wird.

So funktioniert es:

Zunächst wird es erforderlich sein, daß Sie die Hand Ihres Kindes bei der Bedienung der Maus führen bzw. ihm mehrmals die richtige Maustaste zum Ausführen einer Aktion zeigen müssen.

Zeigen Sie ihm, daß wenn es die Maus auf dem Mauspad hin- und herschiebt, sich gleichzeitig auf dem Bildschirm der Mauszeiger bewegt. Besonders kleine Kinder haben anfangs Probleme, den in ihren Augen recht kleinen Mauszeiger auf einem unruhigen Bildhintergrund zu erkennen. Weisen Sie deshalb immer wieder auf die Position des Mauszeigers am Bildschirm hin, oder erklären Sie ihm, daß sich der Zeiger leichter finden läßt, wenn man die Maus ein wenig im Zickzack bewegt. Ziehen Sie zusammen mit Ihrem Kind den Mauszeiger über einen der beiden Pfeilsymbole zum Umblättern und führen mit Ihrem Zeigefinger die Finger Ihres Kindes beim Mausklick. Erklären Sie Ihm, daß der leise hörbare Klick anzeigt, daß man im Computer einen Schalter gedrückt hat.

Kleinkinder, aber auch ältere Geschwister, kommen leicht in Schwierigkeiten, wenn die Maus an die Ränder des Mauspads gerät, aber der Mauszeiger noch nicht das gewünschte Ziel erreicht hat. Zeigen Sie Ihrem Sprößling deshalb, wie man die Maus von ihrer Unterlage abhebt und in deren Mitte oder dem gegenüberliegenden Rand wieder ansetzt. Dieses Neupositionieren der Maus ist für Kinder keine einfache Angelegenheit und bedarf deshalb einiger Übung. Verzweifeln Sie nicht und denken Sie einfach daran, wie lange es dauert, bis ein Kind gelernt hat, seinen Löffel zum

Mund zu führen, ohne dessen Inhalt über Tisch, Lätzchen und Boden zu verteilen. Ihr Kind ist zu Recht stolz, wenn es selbständig mit der Maus in einem interaktiven Bilderbuch umblättern kann.

Spaß durch Interaktion

Hat Ihr Kind gelernt, ein interaktives Bilderbuch mit Tasten oder der Maus umzublättern, können Sie mit ihm gemeinsam den besonderen Reiz dieser Software erforschen – das Auffinden und Abspielen versteckter Animationen mit Musik oder Stimmen. Gerade interaktive Bilderbücher vermitteln mit ihren Animationen, Sounds oder kindgerechten Bildern viel Spaß und eine positive Einstellung bei den ersten Erfahrungen mit dem PC.

So funktioniert es:

Da es sich um versteckte Animationen handelt, muß man im interaktiven Bilderbuch natürlich alle Details, Objekte und Figuren einer Seite zuerst durch Anklicken ausprobieren.

Erforschen Sie die Animationen Ihres interaktiven Bilderbuchs ohne Kind, indem Sie auf jeder Bilderbuchseite alle Objekte, Figuren oder Bildhintergründe anklicken. Bei einigen davon werden sich plötzlich die Figuren bewegen, oder es erscheinen neue auf dem Bildschirm, und Musik oder Dialoge ertönen. Im oben gezeigten Bild beispielsweise bewegen sich alle Figuren, das Schneckenhaus, Sonnenschirm, Krabben etc. Suchen Sie eine Seite mit besonders witzigen oder geräuschvollen Animationen für die nächste Sitzung mit Ihrem Kind aus.

Laden Sie Ihr interaktives Bilderbuch, und klicken Sie sich bis zur ersten Bilderbuchseite vor. Der konkrete Umgang mit interaktiven Bilderbüchern variiert je nach Alter.

Bis ungefähr zum Alter von zwei Jahren übernehmen Sie die Einführung mit Mausbedienung und einfachen Erklärungen.

Geben Sie jedoch stets Ihrem Kind die Maus, wenn es das möchte, bis Sie diese von ihm wieder zurückerhalten. Selbst Einjährige, die den Umgang mit der Maus nicht gewöhnt sind, haben trotz ihrer Koordinationsschwierigkeiten meistens einige Zufallstreffer, auf die sie zu Recht stolz sind.

Im Alter von zwei bis vier Jahren lernt Ihr Kind die Maus genauso zu bedienen wie Sie selbst. Daher sollte es auch die Animationen selbständig suchen und seine Freude am Entdecken haben. Reden Sie mit ihm über die Geschichte, die Figuren, ihre Aktionen und Zusammenhänge. Nur wenn Sie das Gefühl haben, daß es ein oder zwei wirklich schöne oder wichtige Animationen selbst nicht finden kann, sollten Sie eventuell Hilfestellung geben.

Ab vier Jahren können Sie Ihr Kind auch schon einmal am interaktiven Bilderbuch alleine lassen und sich vielleicht im Nachbarzimmer aufhalten, falls Ihr Kind Ihnen unbedingt etwas zeigen will. Schön ist es auch, wenn Ihr Kind Freunde zu Besuch hat, mit denen es das Bilderbuch gemeinsam anschauen kann. Damit es nicht zum Streit kommt, sollten allerdings die Aufgaben zuvor geklärt werden. Beispielsweise die Mausbedienung wird beim Umblättern der Seiten reihum gewechselt, während die anderen Kinder Vorschläge für das Anklicken machen dürfen. Klickt man auf ein Wort des Bildtextes, so wird es ausgesprochen. Für Kindergartenkinder ist es deshalb ein spannendes Spiel zu raten, welches Wort nach dem Anklicken vorgelesen wird – eine Art Wortmemory.

Für Vorschulkinder und Abc-Schützen ist der Bildtext eines interaktiven Bilderbuchs besonders wichtig, der beim Öffnen einer Seite oder durch Klick auf den Markierungspunkt vorgelesen wird. Klicken Sie auf ein Wort, so wird nur dieses ausgesprochen. Das Vorlesen ist besonders für Leseanfänger eine große Hilfe.

Kennen Sie und Ihr Kind sämtliche Animationen beinahe auswendig, läßt sich daraus ein nettes Suchspiel gestalten: Geben Sie Ihrem Kind jeden Tag eine neue Aufgabe, etwa: »Suche mir eine Stelle, wo im Bilderbuch der Hase müde wird«. Das Spiel wird umso schwerer, je kürzer die gesuchte Stelle auftaucht und je besser sie in den Animationen versteckt ist. Bevor Sie Ihr interaktives Bilderbuch verkaufen oder tauschen, können Sie noch das Animationsquiz veranstalten. Abwechselnd stellen Sie und Ihr Kind sich gegenseitig Fragen zu den Animationen, die binnen fünf Sekunden beantwortet werden müssen. Beispielsweise: »Was passiert beim Anklicken eines Motorbootes?« Jede richtige Antwort gibt einen Punkt.

Ein Labyrinth für Auge und Hand

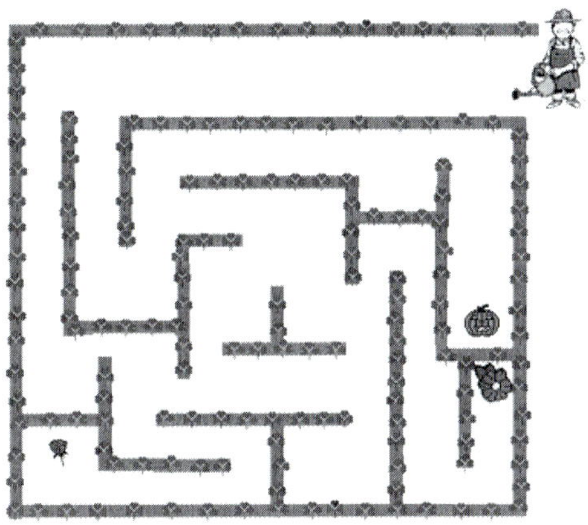

Ab dem Alter von zwei Jahren sind die meisten Kinder nunmehr auch in der Lage, gezielter und erfolgreicher mit dem Computer oder seiner Maus umzugehen. Ganz nebenbei bewirkt noch die Handhabung der Maus eine verbesserte Koordination von Auge und Hand.

So funktioniert es:

Malen Sie in Ihrem Malprogramm ein einfaches Labyrinth, wie im Bild gezeigt. Setzen Sie den Mauszeiger an den Eingang, und bitten Sie Ihr Kind, daß es der kleinen Maus dabei helfen soll, die Blumen oder Früchte zu erreichen. Es darf dabei jedoch nicht über die schwarzen Wände fahren. Die Gänge sollten dabei entsprechend dem Alter Ihres Kindes mindestens zwei bis drei Zentimeter breit sein. Je besser Ihr Kind solche Labyrinth-Übungen beherrscht, desto schwieriger können Sie diese gestalten, etwa durch engere Gänge, Abzweigungen mit Sackgassen oder komplexere Windungen.

Diskettenlaufwerk

Wenn Ihr Kind Sie beim Umgang mit dem PC beobachtet, wird es zwangsläufig bemerken, daß er mit einem Hebel oder einer Taste (PC) oder per Maus (Mac) eine Diskette auswirft. Und daß man anschließend wieder eine Diskette in den dafür vorgesehenen Schacht stecken kann. Nun ist es an der Zeit, daß Sie mit Ihrem Kind das Computerspiel »Diskette« spielen. Nur ein Spiel unter vielen, aber für Kinder so spannend wie Seifenblasen oder Kaufladen. Das Spiel soll Spaß machen, wenn also das Kind kein Interesse mehr zeigt, sollten Sie besser abbrechen und es ein anderes Mal wieder probieren. Wichtig ist dabei, daß Sie das Spiel benennen, so daß es das Kind später wieder einmal zum Spielen bewegen kann. Je nachdem, ob die Konzentrationsschwelle Ihres Kindes überschritten ist, können Sie anschließend ein neues Spiel vorschlagen – ob am PC oder nicht.

So funktioniert es:

Setzen Sie Ihr Kind auf Ihren Schoß und zeigen ihm schrittweise, wie man eine Diskette in das Laufwerk einlegt. Erklären Sie dabei sehr ausführlich, daß man eine Diskette grundsätzlich mit der richtigen oder der falschen Seite einlegen kann und daß auf einer Seite der Diskette sich meist ein Etikett befindet, das man von oben sehen muß.

Die Diskette mit der richtigen Seite nach oben einlegen, Taste betätigen oder Mausklick, Diskette auswerfen, und schon ist sie wieder in der Hand. Wiederholen Sie den Ablauf mehrmals, um ihn Ihrem Kind einzuprägen. Lassen Sie anschließend Ihr Kind den Vorgang unter Ihrer Aufsicht mehrfach wiederholen, solange es will. Diese Probephase kann sich durchaus über mehrere Sitzungen hinziehen.

Aufgeweckte Zwei- oder Dreijährige können bald selbständig ohne führende Hand den Auswurf per Tastendruck durchführen. Besitzer von Apple Macintoshs müssen sich dagegen noch etwas in Geduld üben, da der Auswurf von Disketten nur über eine relativ komplexe Prozedur bewirkt wird.

Scheuen Sie sich auch nicht, Ihrem Kind durch Nicken oder Kopfschütteln Hilfestellung zu geben, wenn es sich fragend an Sie wendet. Es handelt sich nicht um eine Prüfungssituation, sondern um ein Spiel zwischen Ihnen, Ihrem Kind und dem PC als Spielzeug.

Anfänger

Sicht von Vorschulkindern

Vorschulkinder beurteilen Dinge meist nach ihrem Äußeren. Das Problem ist dabei, daß sich die Perspektive Ihres Kindes unter Umständen gewaltig von der Ihrigen unterscheidet und das Kind bestimmte Dinge anders interpretiert als Sie selbst. In den Jahren vor der Einschulung machen Eltern die Erfahrung, daß ihre Kinder eine eigene Sicht der Welt entwickeln. Lernen Sie mit dem PC Ihre Kinder besser kennen.

So funktioniert es:

Um einen Einblick in die Welt des Kindes zu bekommen, können Sie Ihrem Kind beispielsweise eine einfache Erklärung für ein Ereignis geben und es ein paar Tage später bitten, die Erklärung mit eigenen Worten zu wiederholen.

Einen Einblick erhalten Sie aber auch, wenn Sie zuhören, wie ein älteres Kind einem jüngeren etwas erklärt. Das gilt insbesondere bei Computern. Die Kinder fragen oft so, daß man versucht ist, eine möglichst technische Erklärung zu geben – so zum Beispiel: »Woher weiß der Computer, was er tun muß?«. Auf den ersten Blick sieht es so aus, als müsse man ins technische Detail gehen: Man müßte die Funktion des Speichers sowie der Software und Hardware erklären – das Kind möchte sich aber vielleicht lediglich vergewissern, daß der Computer auch wirklich nur das macht, was ihm der Benutzer sagt.

Experten sind sich nicht einig, ob man den Computer »vermenschlichen« sollte oder nicht. Wenn also ein PC abgeschaltet wird, geht er dann »schlafen« oder erklärt man besser die Funktionsweise von Strom und elektrischen Geräten. Für ein Kind wirkt ein ausgeschalteter Computer so, als ob er schlafen würde. Es ist unredlich, dem Kind einzureden, es müsse seine Tätigkeit einstellen, da der Computer nun müde sei und schlafen müsse. Dem Computer sollte man keine Eigenschaften von belebten Objekten zuordnen, auch wenn Sie als Erwachsener manchmal das Gefühl verspüren, mit dem Rechner reden oder ihn beschimpfen zu müssen. Trotzdem kann es gerade bei Kleinkindern von Nutzen sein, ihnen komplizierte Sachverhalte am PC mit Allegorien aus dem Alltag verständlicher zu machen, vorausgesetzt, Sie denken an den Hinweis »wie bei ...«

Bleiben Sie sich selbst treu, und gehen Sie einfach nach den Strategien vor, die Sie bei Ihrem Kind auch in bezug auf das Wetter oder anderen erklärenswerten Dingen benutzt haben.

Da Kinder immer wieder gerne ihre Sicht der Dinge und ihren Wissensstand unter Beweis stellen, sollten Sie das ausnutzen. Fragen Sie einfach und diskutieren Sie mit ihm, wenn Sie das Gefühl haben, daß es etwas falsch oder gar nicht verstanden hat.

Große Helfer

Kinder im Vorschulalter helfen gern bei alltäglichen Dingen, die Erwachsene zu erledigen haben – das gilt auch für den Computer. Wenn Sie also Ihren Kindern bereits gezeigt haben, wie sie Dateien in den Papierkorb befördern und anschließend löschen, können sie es genauso gut wie Sie selbst erledigen: Rufen Sie doch Ihre Kinder immer dann, wenn mehrere Symbolbilder ins elektronische Jenseits befördert werden sollen. Die Kids lernen den spielerischen Umgang mit dem PC, Sie legen eine kleine Computerpause ein, und alle zusammen haben Spaß. Das kann sich schnell auf weitere Aktivitäten erweitern, etwa beim Einschalten des PC, dem Einlegen von Disketten (Programminstallationen), Drucken oder dem Starten eines Standardprogramms wie Word.

So funktioniert es:

Sie arbeiten am Wochenende oder abends zu Hause, und Ihr Kind ist anwesend. Je nach Alter oder Kenntnisstand vereinbaren Sie mit ihm, daß es bestimmte Befehle für Sie ausführen darf. Je nachdem, wie oft die abgesprochene Funktion aufgerufen wird, sitzt Ihr Kind entweder neben Ihnen oder es ist im Raum anwesend, so daß es im Bedarfsfall schnell an die Maus oder Tastatur gerufen werden kann.

Starten von Software

Für Kinder ist es oft ein großes Erfolgserlebnis, wenn es ihnen zum ersten Mal gelingt, über eine gezielte Handlung eine beabsichtigte Wirkung hervorzurufen. Für Eltern besteht das Problem darin, daß die Kinder dieses Erfolgserlebnis oft ad ultimo wiederholen möchten. Ermuntern Sie sie dabei, denn erst durch die Wiederholung können sie ein gründliches Verständnis dafür entwickeln, daß eine bestimmte Handlung immer wieder zur selben Wirkung führt. Damit entwickelt das Kind eine gewisse Sicherheit, da es Voraussagen über bestimmte Ereignisse machen kann, die dann auch eintreffen.

So funktioniert es:

Kinder können Auswahl und Start eines Programms immer wieder üben, da dabei kaum Beschädigungen am Computer selbst oder an den Programmen auftreten können. Zudem geht es schnell und kann deshalb endlos wiederholt werden, solange es Ihrem Kind (und Ihnen) gefällt.

Greifen Sie nie während einer kindlichen Wiederholung ein. Wenn Ihr Kind Sie um Hilfe bittet, geben Sie verbale Hilfestellung, etwa durch Rückfragen. Besprechen und zeigen Sie hinterher, warum ein Programm anders reagiert hat als erwartet.

Zeigen Sie Ihrem Kind, welche Symbolbilder auf dem Bildschirm ein Spiel, ein Malprogramm oder ein langweiliges Steuerprogramm laden. Besprechen Sie dazu ausführlich Details der Symbole, um Ihrem Kind das Wiedererkennen zu erleichtern. Nach einigen wenigen Sitzungen wird Ihr Kind auch ohne Ihre Hilfe »sein« Lieblingsspiel oder Malprogramm unter den vielen Alternativen Ihrer Festplatte herausfinden können.

Wenn Sie darauf achten, daß Sie Ihrem Kind genügend Anhaltspunkte bieten, die es wiedererkennen oder verstehen kann, dann kann es auch mit anderen komplexen Aufgaben und Funktionen Schritt für Schritt vertraut gemacht werden.

Die Anordnung der Programmsymbole sollte so erfolgen, daß sie leicht erkennbar und problemlos per Doppelklick aufzurufen sind. Kinder brauchen in der Regel nicht lange, um herauszufinden, welches Symbol für welches Programm steht und wie dieses Symbol zu benutzen ist. Wenn Sie die entsprechenden Programme mit einem Kleinkind zusammen bedienen, sollten Sie die Benutzung erst einmal selbst demonstrieren, da Kinder hauptsächlich über Imitation lernen.

Spaß beim Malen

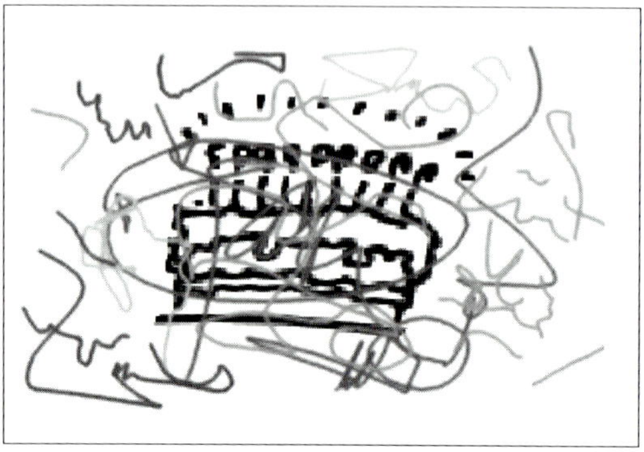

Auch wenn beim Umgang Ihres Kleinkinds mit dem Malprogramm bestenfalls eine Kritzelei herauskommt, sollten Sie Ihrem Kind zeigen, daß sein Werk ernst genommen wird, z. B. durch Ausdrucke.

So funktioniert es:
Laden Sie Ihr Malprogramm und färben Sie den Hintergrund mit der Fülleimer-Funktion in einer schreiend bunten Farbe ein. Wählen Sie für den Pinsel eine ebenso grelle Komplementärfarbe. Stellen Sie die Pinselstärke auf eine augenfällige Größe ein, die auf dem Bildschirm einen etwa fingerdicken Strich führt. Speichern Sie die Voreinstellungen in eine Datei, die Sie immer wieder aufrufen können.

Die Maus und die Mausmatte sollten direkt vor dem Bildschirm liegen. Setzen Sie Ihr Kind auf den Schoß und machen Sie ihm vor, wie man mit der Maus auf dem Bildschirm herumkritzeln kann. Bestimmt will es daraufhin ebenfalls an die Maus. Setzen Sie Ihr Kind so, daß es bequem an die Maus herankommt, und lassen Sie es unbeeinflußt mit der Maus herumfuhrwerken. Loben Sie, wenn es Sie beifallheischend anschaut, und zeigen Sie ihm neue Tricks, wenn Sie das Gefühl haben, daß es sich mit den bisherigen Maltechniken langweilt. Der Reihe nach können Sie ihm je nach Alter beispielsweise zeigen, wie man für den Pinsel eine neue Farbe wählt, die Pinselstärke verkleinert und die Fülleimer-Funktion bedient.

Niemand wird es Ihnen verübeln, am allerwenigsten Ihr Kind, wenn Sie vor einer Malsitzung ein Osterei, einen Weihnachtsbaum oder eine Geburtstagstorte als Rahmen oder Silhouette vorzeichnen und anschließend das Motiv von Ihrem begeisterten Nachwuchs überzeichnen lassen (siehe *Teammalen,* Seite 136). Farbig ausgedruckt ist solch ein Themenbild zum Beispiel eine nette Beigabe zu Glückwunschbriefen an die Verwandtschaft oder nachsichtige Freunde.

Mausklicks

Die Bedienung der Maus stellt selbst für erwachsene Anfänger eine große Herausforderung dar. Das ist für die Kleinen nicht anders; versuchen Sie deshalb, diese Anfangsschwierigkeiten zu umgehen, indem Sie nach Programmen suchen, die nur wenige oder eingeschränkte Bewegungen benötigen. Solche Programme können Spiele sein, die aus drei bis sechs anklickbaren Bildern bestehen und beispielsweise Musik abspielen. Das Kind muß dabei mit der Maus keine großen Entfernungen zurücklegen, um von einem Bild zum nächsten zu gelangen.

Kinder begreifen ziemlich schnell, wie sie die Maus nach links oder rechts verschieben müssen, um den Mauszeiger an den gewünschten Ort zu bewegen. Um den Umgang mit der Maus attraktiver zu gestalten, können Sie mit einer objektorientierten Programmiersprache ein Programm schreiben, in dem angeklickte Bilder digitalisierte Melodien abspielen. Einfacher und auch für Normalsterbliche verwirklichbar sind entsprechende Anwendungen, die in Malprogrammen für Kinder (z. B. Fine Artist von Microsoft) zusammengestellt wurden. In ihnen können Sie sogenannte Stempel oder Sticker, also kleine Grafiken auf dem Bildschirm, zusammenstellen und diese einfach mit Sounds verknüpfen. Klickt Ihr Kind nun auf eine Grafik, so wird vom Programm die vordefinierte Klangdatei aufgerufen.

So funktioniert es:

Laden Sie Fine Artist und fahren Sie mit dem Fahrstuhl in das Malstudio. Klicken Sie in der obersten Symbolleiste auf den Bilderrahmen mit einer stilisierten Mona Lisa und wählen aus den Stickerrollen ein Motiv aus. Setzen Sie es durch Klicken auf der Malfläche ein. Wählen Sie nun das Hupensymbol in der obersten Symbolleiste und bestimmen in der folgenden Dialogbox eine Sounddatei, die mit dem Bild verknüpft werden soll. Fertig, und schon können Ihre Kinder loslegen.

Tiersprinter

Das Problem im Umgang mit der Maus ist bei Malprogrammen eine zögerliche Ängstlichkeit, die bewirkt, daß Linien zu einem krakeligen Etwas verkommen. Entweder klebt der Blick auf der führenden Maus oder am Bildschirm. Ein bereits vom Nachmalen mit Stiften bekanntes Phänomen. Erst die Übung des freien und lockeren Führens der Maus als Malinstrument mit Blick auf den Bildschirm führt zur Entspannung. Dies bedarf aber auch einiger Übung.

So funktioniert es:

Bereiten Sie am Bildschirm in einem neuen Dokument Ihres Mal- oder Zeichenprogramms drei waagerechte Laufbahnen von circa ein bis zwei Zentimeter Breite vor. Solche Bahnen erhalten Sie am einfachsten, wenn die Zeichenfläche mit dem Fülleimer eingefärbt wird und dann mit »Rechteck markieren« entsprechende Streifen wieder gelöscht werden. Importieren Sie digitalisierte Tiermotive und setzen jeweils eines an den linken Anfang einer jeden Bahn. Ein zusätzlicher Pfeil in der Bahn kann die »Laufrichtung« bestimmen. Ihr Kind soll nun mit dem Zeigefinger die Strecke eines jeden Tieres zuerst mit dem Finger abfahren und dann in einer flüssigen Bewegung mit der Maus nachvollziehen. Es geht nun darum, die Geschwindigkeit zu steigern, ohne dabei außerhalb der Bahn zu geraten. Größere Kinder können vor dem Ziehen einer Linie das Hilfsmittel Freihandzeichnen (Bleistift) aktivieren und erhalten somit per Ausdruck ein vorzeigbares Ergebnis, daß sie den Parcours fehlerfrei bewältigt haben. Um Ihre Bahnen nicht stets neu erstellen zu müssen, läßt sich im letzteren Fall eine leere Formulardatei speichern und immer wieder aufrufen.

Richtungswechsel mit der Maus

Die vorangegangene Übung Tiersprinter läßt sich noch zusätzlich steigern, indem neben der Linienführung noch Richtungswechsel eingebaut werden.

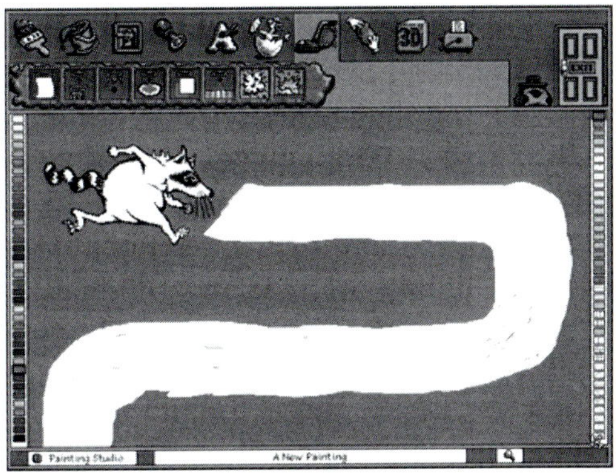

So funktioniert es:
Färben Sie die Zeichenfläche darunter mit dem Fülleimer ein. Schalten Sie anschließend auf die Radierer-Funktion um, und lassen Sie Ihr Kind den Mauszeiger an den Schnittpunkt einer Linie mit der Bodengeraden ansetzen. Auf Los oder ein eigenes Startsignal folgt Ihr Kind mit dem Mauszeiger der ausgewählten Linie bis zum ihrem Ende.

Symbolbilder

In unserer Gesellschaft spielen Symbole eine wichtige Rolle, und beim Computer wird davon ausgiebig Gebrauch gemacht. Ein einziges Symbol kann Träger komplexer Inhalte oder Bedeutungen sein. Um herauszufinden, was ein Symbol im einzelnen bedeutet, muß das Kind aber erst verstehen lernen, was ein Symbol überhaupt ist. Im Alter zwischen vier und fünf Jahren können die Kleinen schon selbst Symbole verwenden, um über Erfahrungen zu reflektieren, ihre Erinnerungen zu organisieren und vorauszuplanen. Vor diesem Alter sind Kinder vielleicht in der Lage, Zeichnungen oder Bilder einem realen Gegenstand zuzuordnen.

Das ist ein entscheidender Schritt, der ihnen nicht nur dabei hilft, mit der realen Welt im allgemeinen besser zurechtzukommen, sondern auch mit dem Computer im Speziellen. Kinder können anschließend Symbole und Bezeichnungen klar von dem entsprechenden Gegenstand trennen.

Um die Bedienungsfreundlichkeit von Computern zu verbessern, machen Hardware- und Softwareentwickler zunehmend Gebrauch von Symbolbildern (engl. Icons). Durch die Verwendung von Symbolen, Menüs und anklickbaren Schaltflächen wurde die Bedienung des Computers sowohl für Erwachsene als auch für Kinder nachhaltig erleichtert. Deutlich wird das, wenn Ihr Kind ab drei Jahren plötzlich auf einen Schriftzug, ein Symbol oder ein Markenzeichen stößt und Ihnen erklärt: »Ich weiß, was das bedeutet!« oder »Ich kann meine Zeichnungen finden, weil sie alle aussehen wie ein Blatt mit einer Sonne drauf«. Aber auch, wenn Ihr Kind mit sicherem Mausklick garantiert das Programm findet, das hundertprozentig nicht für es gedacht war.

So funktioniert es:

Nehmen Sie sich etwas Zeit, und betrachten Sie die Symbolbilder auf Ihrer Festplatte genauer. Halten Sie Ausschau nach charakteristischen Details, die Kinder erkennen und verstehen können. Zum Beispiel Bleistifte, ein Auge, eine Hand oder ein Steuerrad für ein Piratenschiff. Sie können auch mit Ihrem Kind gemeinsam auf Entdeckungsreise gehen und sich von der Phantasie und Assoziationskraft Ihres Kindes verblüffen lassen, wenn beispielsweise aus einem Symbol für eine Tabellenkalkulation ein Spinnennetz oder eine Leiter wird.

Schaffen Sie Verknüpfungen, indem Sie einzelne Symbolbilder mit Aktionen in Verbindung setzen, etwa »zweimal auf das Bild mit dem Auge klicken, und du kannst ein Bild malen«. Ihr Kind wird sich schnell merken, daß der Tiger zum Lieblingsspiel führt, dagegen das »Spinnennetz« nur Langeweile verspricht.

Stellen Sie zu Beginn einer Sitzung eine Aufgabe, etwa »Kannst du für mich das Malprogramm finden, das immer diese lustigen Geräusche macht?«. Wenn Ihr Kind sich nicht auf Anhieb erinnern kann, lassen Sie es ruhig verschiedene Programme ausprobieren. Erklären Sie aber stets, welche Funktionen gerade das Programm erfüllt, so daß Ihr Kind sich den Unterschied zur gesuchten Software merken kann.

Tip: Zur weiteren Vereinfachung gibt es Shareware-Programme für jedes grafische Betriebssystem, die beliebige Symbolbilder ändern oder durch andere ersetzen können. Enthusiastische Fans bieten dazu ganze Sammlungen von Symbolbildern in digitaler Form an. Als Comicfiguren gestaltet, erleichtern sie Kindern das Merken und Unterscheiden wichtiger Programme. Diese sogenannten Icon-Sammlungen finden sich auf Shareware-CD-ROMs oder in den Shareware-Bibliotheken des Internet.

Symbolbilder-Memory

Ab dem vierten oder fünften Lebensjahr entwickeln Kinder ein neues Verständnis der Welt, so daß sie in der Regel keine Probleme haben, ihnen bekannte Symbolbilder (siehe Seite 101) auf dem Bildschirm einer bestimmten Funktion zuzuordnen, etwa »das ist mein Spiel« oder »das ist meine Zeichnung«. Jedes Kind lernt in diesem Alter schnell an der Abbildung eines Icons, Programme und Dateien voneinander zu unterscheiden. Spielen Sie eine Art Memory mit Symbolbildern auf der Festplatte und verbinden so das Angenehme mit dem Nützlichen.

So funktioniert es:

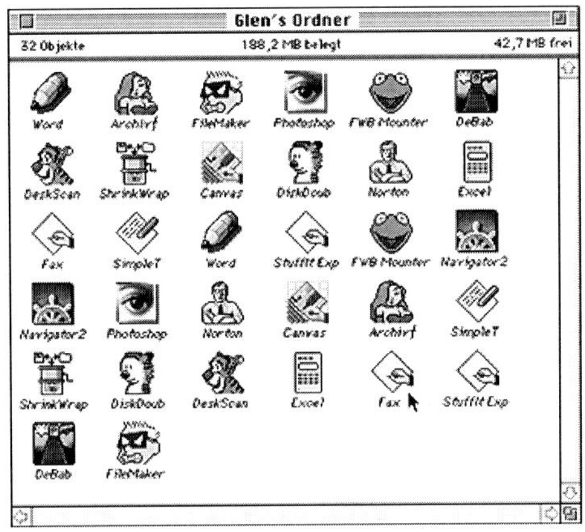

Spielen Sie eine Art Memory auf der Festplatte, indem Sie Dateien und Programme mit unterschiedlichen Icons duplizieren und Ihr Kind das identische Gegenstück suchen lassen. Legen Sie in Windows oder dem Macintosh-Betriebssystem einen eigenen Ordner für Ihre Kinder an. Kopieren Sie einige Kinderprogramme hinein sowie einige Dateien wie gemalte Bilder oder Texte. Achten Sie darauf, daß von jedem Symbolbild stets nur eines vorhanden ist. Duplizieren, also kopieren Sie jede Datei noch ein zweites Mal in den Ordner und verteilen die Symbolbilder so, daß sie nicht beieinanderliegen. Zeigen und erklären Sie jedes einzelne Symbolbild im Fenster des Ordners, und weisen Sie auch auf die Unterschiede hin. Stellen Sie Ihrem Kind nun eine Suchaufgabe, indem Sie auf ein beliebiges Symbolbild zeigen. Hat Ihr Kind das passende Duplikat gefunden, so muß es noch dazu sagen können, was es mit ihm auf sich hat. Anschließend wird das Symbolbild mit Doppelklick gestartet und die Aussage Ihres Kindes kontrolliert. Bei einer richtigen Antwort gibt es zwei Punkte oder Gummibärchen, bei einer falschen eins (für das gefundene Symbol).

Nach dieser oder einer der nächsten Wiederholungen wird Ihr Kind selbständig seine gewünschten Bilder, Texte oder Programme wiederfinden können. Zeigen Sie Ihrem Kind auch, daß sich Symbolbilder leicht verschieben lassen und daß es sich deshalb nicht darauf verlassen darf, ein gewünschtes Symbol immer am gleichen Platz wiederzufinden. Zumindest bei den bevorzugten Spielen Ihres Kindes klappt das Wiedererkennen von den dafür notwendigen Symbolbildern erstaunlich schnell.

Papierkorb

Ein weiteres Elementarerlebnis für ein Kind am Computer ist es, wenn relativ zusammenhängende, komplexe Aufgaben durchgeführt werden sollen, wie z. B. eine Datei mit der Maus in den Papierkorb zu befördern und anschließend den Papierkorb zu leeren.

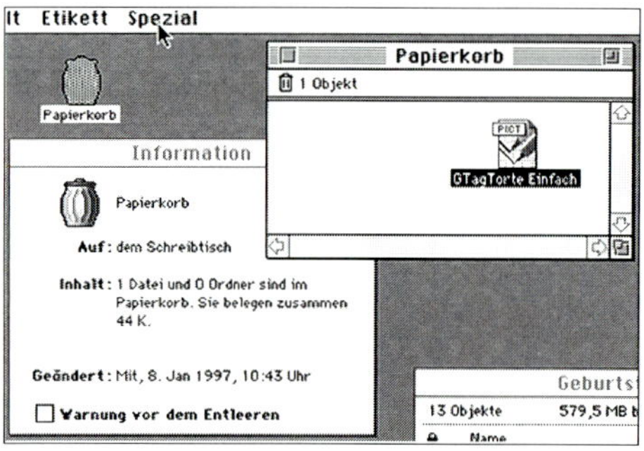

So funktioniert es:
Wenn Sie und Ihr Kind beim Spiel am Computer beispielsweise ein Bild gemalt haben, das ihm dann doch nicht mehr gefällt, können Sie die Gelegenheit nutzen, die auf Diskette oder Festplatte gespeicherte Datei gemeinsam zu löschen.

Lassen Sie Ihr Kind seinen Ordner oder sein Verzeichnis öffnen bzw. erledigen Sie es für Kleinkinder. Zeigen Sie ihm anhand einer vorbereiteten Testdatei, wie man mit der Maus eine Datei »ergreift« und in den Papierkorb zieht. Erklären Sie Ihrem Kind die folgenden Einzelschritte dieser Aktion ausführlich.

- Die Maus auf dem Mauspad so bewegen, daß der Mauszeiger auf dem Symbolbild der zu löschenden Bilddatei liegt.
- Maustaste gedrückt halten und gleichzeitig die Maus so bewegen, daß sich der Mauszeiger in Richtung Papierkorb bewegt. Weisen Sie darauf hin, daß es die Datei unterwegs »verlieren« kann, wenn es dabei die Maustaste losläßt.
- Erst wenn der Mauszeiger über dem Symbolbild des Papierkorbs liegt, darf es die Maustaste loslassen. Ein zuvor leerer Papierkorb verändert seine Form, um anzuzeigen, daß er gefüllt wurde.

Wenn Ihr Kind also gerade lernt, wie man eine Textdatei in den Papierkorb befördert und löscht, kann man zuvor eine Testdatei vorbereiten und sie mehrmals duplizieren. Auf diese Weise wird kein Schaden angerichtet, und die Übung kann öfters wiederholt werden.

Der Druck-Effekt

Nur eine verschwindend kleine Anzahl der Besitzer eines Heimcomputers kauft sich keinen Drucker zu ihrem System, hauptsächlich sind dies ausschließliche Computerspieler. Familien mit Kids und PC sollten jedoch auf jeden Fall einen Drucker anschaffen. Für einen Vierjährigen ist beispielsweise ein Computer ohne Drucker in etwa so viel wert, wie ein Auto ohne Räder. Schließlich erzeugt der Drucker aus einem am Bildschirm geschaffenen Meisterwerk eine handfeste und überall vorzeigbare Angelegenheit. Stellen Sie sich nur vor, wie stolz Ihr Kind auf seine Leistung ist, wenn es zum ersten Mal den Befehl »Drucken« aufruft und der Drucker, der ja nicht direkt Teil des Computers ist, wird plötzlich aktiv. Und bringt dann genau die Darstellungen hervor, die Ihr Kind zuvor am Bildschirm erstellt hat.

So funktioniert es:

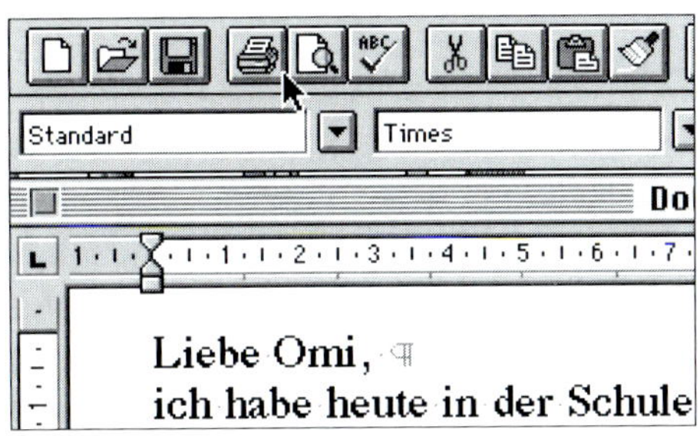

Damit Kinder den Drucker auf produktive Weise nutzen können, sollten Sie den Computer so konfigurieren, daß der Abruf der Druckfunktionen so einfach wie möglich erfolgen kann. Bei der Auswahl der für Drei- bis Fünfjährige geeigneten Software sollten Sie unbedingt darauf achten, daß der Drucker über wenige Tastendrucke angesprochen werden kann. Im Idealfall sollte die Software so konfiguriert sein, daß sich der Ausdruck einer Seite bzw. eines Dokuments durch einen einzigen Befehl oder Taste bewerkstelligen läßt. Also entweder das Drücken einer einfachen Tastenfolge oder das Anklicken eines Symbols mittels Maus. In Microsoft Word ist es beispielsweise möglich, den gesamten Druckvorgang mit einer Taste der Symbolleiste Standard zu bewerkstelligen.

Setzen Sie Ihr Kind auf Ihren Schoß, starten Sie Textverarbeitung oder Malprogramm, schreiben oder zeichnen eine Kleinigkeit und lassen es von Ihrem Kind ausdrucken. Führen Sie bei Kleinkindern deren Hand mit der Maus auf die Drucktaste oder den Menübefehl. Erklären Sie alle Zwischenschritte ausführlich. Lassen Sie Ihrem Kind ausreichend Zeit und lassen es diese Übung so oft wiederholen, wie es das selbst will. Das Drucken ist wie das Laufen, irgendwann lernen sie es alle, aber jeder auf seine eigene Weise. Es kann Sie Unmengen an Papier und Druckerfarbe kosten, aber seien Sie großzügig, denn das Drucken ist eine der elementarsten Erfahrungen, die Ihr Kind am PC machen kann.

Druckoptionen

Für jedes Kind ist es wichtig, seine am Bildschirm gestalteten Bilder oder Texte »handfest« ausdrucken zu können. Doch nicht immer ist Drucken gleich Drucken, und auch diese Computertechnik hat ihre eigenen Fachbegriffe und Funktionen, die es gilt, kennen- und begreifen zu lernen.

So funktioniert es:

Die Betriebssysteme Windows und Macintosh OS bemühen sich um eine Vereinheitlichung des Druckbefehls in allen Programmen, trotzdem gibt es oft noch gravierende Unterschiede, die Kinder verwirren können. Während einige Programme über Drucker-Symbolbildchen einen Ausdruck mit einem Mausklick ermöglichen, gibt es in anderen noch immer zahllose Optionen auszufüllen und zu entscheiden, die Kinder vor unüberwindbare Hürden stellen kann. Bis Ihre Kinder lesen können, bleibt Ihnen nichts anderes, als beim Software-Kauf auf die Bedienungsfreundlichkeit dieser wichtigen und häufig benutzten Funktion zu achten. Bei Software für Kinder können Sie eigentlich durchweg auch eine annehmbare Funktionalität erwarten.

Ab dem Vorschulalter lohnt es sich jedoch auf jeden Fall, dem Kind die Optionen des Druckens zu erklären und zu zeigen. Etwa die verschiedenen Papierformate A4, A5, US Letter und US Legal, für die am besten gemäß ihren Maßangaben Schablonen ausgeschnitten werden.

Malen Sie am Bildschirm ein Landschafts- bzw. ein Porträtbild, das Sie dann im Quer- und Längsdruck ausgeben lassen.

Malen Sie zusammen mit Ihrem Kind ein Überraschungsbild für alle Omas, Tanten und die restliche Verwandtschaft, und drucken Sie es mehrfach durch Angabe einer Kopienzahl in den Druckoptionen. Wie bei einem Fotokopierer wird ein Blatt nach dem anderen gedruckt.

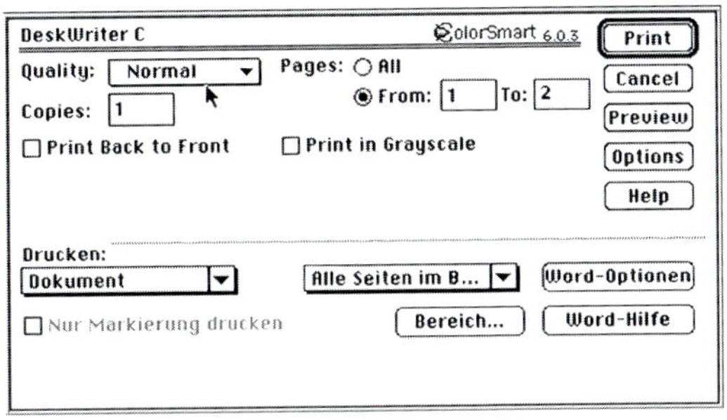

Für Schulkinder ist es faszinierend, wenn ein ganz langer Brief von zwei oder drei Seiten noch einmal geändert, aber nur die geänderte Seite neu gedruckt wird.

Ganz wichtig ist das Einlegen von Druckerpapier für Kinder, die bereits alleine mit dem Computer umgehen dürfen. Nichts ist ärgerlicher und frustrierender, als noch stundenlang auf die Heimkehr der Eltern warten zu müssen, um eine künstlerische Meisterleistung endlich in Händen halten zu können. Weisen Sie dabei auf die unterschiedlich rauhen Seiten von Fotokopierpapier sowie die korrekte Positionierung mit den Seitenklappen des Papierspenders hin. Das heute auch für Tintenstrahl- oder Laserdrucker verwendete Kopierpapier hat meist zwei unterschiedlich rauhe Seiten, wobei die glattere als Druckseite verwendet werden soll, da sie weniger Toner oder Tinte verbraucht und die Schrift weniger ausfranzt.

Auf den ersten Blick ist der Drucker ein anonymer Kasten, der in gewissen Zeitabständen eine bedruckte Seite ausgibt. Wagen Sie deshalb ruhig gemeinsam einen Blick auf das laufende Gerät, indem Sie im ausgeschalteten Zustand das Gerät öffnen (wie in Ihrem Handbuch beim Austausch von Kartuschen oder Farbbändern beschrieben), wieder einschalten und einen Druckauftrag starten. Außer bei Laserdruckern gibt es eigentlich immer etwas zu bestaunen, etwa eine sich hin- und herbewegende Druckpatrone, die lustig surrt.

Zum Verständnis von Ursache und Wirkung

Im Alter zwischen zwei und vier Jahren machen Kinder rasche Fortschritte beim Verstehen ihrer Umwelt. Sie werden feststellen, daß sich insbesondere die Fähigkeit ausbildet, Ereignisse in eine logische Reihenfolge zu bringen. Hat Ihr Kind den Zusammenhang zwischen Ursache und Wirkung begriffen, ist es in der Lage, auch komplexere Strategien zur Problemlösung zu entwickeln. Es kann die wahrscheinlichen Folgen einer Handlung abschätzen und seine Vorgehensweise darauf einstellen. Im Alter von drei Jahren ist dieses Verständnis so weit entwickelt, daß der Rechner auch für komplexere Aufgaben herangezogen werden kann und Ihr Kind mit der »Fuzzy-Logic« Bekanntschaft schließt. Fuzzy-Logic umschreibt das Vielleicht zwischen Ja und Nein, Falsch oder Richtig. Ihr Kind ist zudem alt genug, um »Wenn, dann«-Strukturen durch vielfältigere Optionen zu erfassen.

So funktioniert es:

Löschen Sie fünf Disketten, die alle gleich benannt werden und lassen eine leer. Die anderen werden mit unterschiedlichen Dateien oder Programmen gefüllt, indem Sie sie darauf abspeichern. Kleben Sie auf jede Diskette ein anderes Etikett, etwa einen Hund, ein Auto oder einen Elefanten. Wenn Ihr Kind nun eine Diskette einlegt, wird es am Bildschirm des Dateimanagers (Windows) oder des Finder-Betriebssystems (Mac) nicht erkennen können, was sich hinter dem Disketten-Symbol verbirgt. Lassen Sie es das Icon durch Doppelklick öffnen und die Programme oder Dateien dahinter laden.

Mit der Zeit wird Ihr Kind lernen, daß sich hinter identischen Symbolen unterschiedliche Inhalte verbergen können und wie es sie trotzdem anhand der Diskettenetiketten sowie der Daten-Icons auf den Disketten auseinanderhalten kann. Wie zuvor in diesem Kapitel ist es wichtig, daß Sie Ihrem Kind beratend und erklärend zur Seite stehen. Als Belohnung können sich auf den Disketten kleine einfache Spiele oder Lieblingsbilder befinden, die zwischendurch geladen werden können.

Übertragungen

Kinder erwarten, daß bei gleicher Vorgehensweise verschiedene Programme oder Computer ähnlich reagieren. Wenn die erwartete Reaktion nun ausbleibt, reagieren Kinder manchmal verwirrt und sind auf die Unterstützung der Eltern angewiesen, um mit der Entdeckung von Programm oder Computer fortfahren zu können.

Sowohl unter Windows als auch unter Macintosh hat es sich durchgesetzt, daß bestimmte Grundfunktionen wie Programm beenden oder Kopieren und Einsetzen stets an der gleichen Stelle der Menüleiste zu finden sind. Dennoch gibt es immer wieder Software, die beispielweise auf eine Menüleiste verzichtet oder aber Funktionen anders anordnet.

Kann ein Kind seine gewohnten Computerfunktionen in einem neuen und deshalb unbekannten Programm nicht finden, so ist es das erste Mal bestimmt verwirrt. Die anfängliche Verwirrung hält aber meist nicht lange an, manche Kinder betrachten die unterschiedlichen Reaktionen verschiedener Programme und Rechner sogar als intellektuelle Herausforderung. Dennoch sollten Sie Ihr Kind dabei nicht alleine lassen, damit es die Sicherheit hat, Sie im Zweifelsfall um Hilfe bitten zu können. Es ist auch ganz wichtig, daß das Kind seine Ideen ordnen und sich über Zusammenhänge klar werden kann, indem es mit Ihnen über seine Erfahrungen und Einblicke spricht.

Man sollte deshalb Kinder immer darauf vorbereiten, mit welchen Reaktionen des Computers sie jeweils rechnen können, da damit ihre Wahrnehmungsfähigkeit geschärft wird. Wenn Kinder mit der Zeit mehr Erfahrung mit dem Computer sammeln und anspruchsvollere Software benutzen wollen, müssen sie auch in der Lage sein, Ereignisse vorauszusagen.

So funktioniert es:

Bereiten Sie sich vor, indem Sie Ihre Software durchforsten, wo identische Funktionen unterschiedlich aufgerufen werden. Formulieren Sie so genau wie möglich, z. B. »wenn ich dieses kleine Druckerbild anklicke und anschließend auf das dickumrandete Feld klicke, wird meine Seite gedruckt« oder «wenn ich zweimal schnell hintereinander auf ein Icon-Symbol klicke, wird das Programm oder die Datei geladen«.

Spielen Sie diese Abläufe schrittweise mit Ihrem Kind durch, während Sie es jeweils auf das Kommende vorbereiten, »Wenn ich jetzt dieses kleine Bild mit dem lustigen Clown zweimal schnell hintereinander anklicke, wird das Spiel mit dem Zirkus geladen. Probiere es doch selbst einmal aus!«. Dabei ist es wichtig, die erforderlichen Befehle mit Ihrem Kind detailliert durchzusprechen und ihm zu erklären, mit welchen Ereignissen es rechnen kann und mit welchen nicht. Dadurch fühlt sich das Kind sicher, wenn diese Ereignisse dann tatsächlich vor seinen Augen am Bildschirm ablaufen. Theoretische Erklärungen gefolgt von praktischen Übungen sind ein unschätzbares Hilfsmittel beim Erwerb von Computerkenntnissen. Kommt Ihr Kind zwischendurch einmal ins Stocken, so helfen Sie ihm nur, indem Sie ihm den gesamten Ablauf von vorne zeigen, so daß er sich als ein durchgängiges Ritual einprägt, wie etwa beim Drucken.

Sollten Sie etwa mehrere Malprogramme wie Paintbrush, Kid-Pix und Fine Artist besitzen, können Sie mit Ihrem Kind einen Funktionsablauf einprägen und in den anderen überprüfen, ob es sich genauso verhält.

Benennung und Sicherung von Dateien

Machen Sie aus dem Benennen von Dateien und Ordnern ein Spiel für Vorschulkinder, das zudem an Interesse und Bedeutung gewinnt, wenn man darauf hinweist, daß größere Kinder es in den ersten Schulklassen beigebracht bekommen.

Sie müssen Ihrem Kind zeigen, wie man eine Datei richtig benennt und abspeichert, um später wieder darauf zugreifen zu können. Alles was man dazu braucht, ist ein Name, der möglichst aus einem Wort besteht.

So funktioniert es:

Malprogramme eignen sich besonders gut, um einem Kind das Öffnen und Schließen von Dateien zu zeigen, da viele Kinder ihre am Bildschirm erstellten Werke aufbewahren möchten.

Am Anfang lassen sich die Dateien durch Angabe des Vornamens Ihres Kindes speichern (z. B. LISA1, LISA2). Dafür muß Ihr Kind in der Lage sein, seinen eigenen Namen schreiben zu können, was normalerweise ab 5 Jahren kein Problem mehr ist. Falls Ihr Kind seinen Namen noch nicht selbst schreiben kann, sollten Sie ihm den Namen in großen Druckbuchstaben auf einen Zettel schreiben und an den Tisch in der Nähe der Tastatur kleben. Kinder brauchen meist nicht lange, um die entsprechenden Tasten auf der Tastatur zu finden; nebenbei lernen sie den Umgang mit ihr.

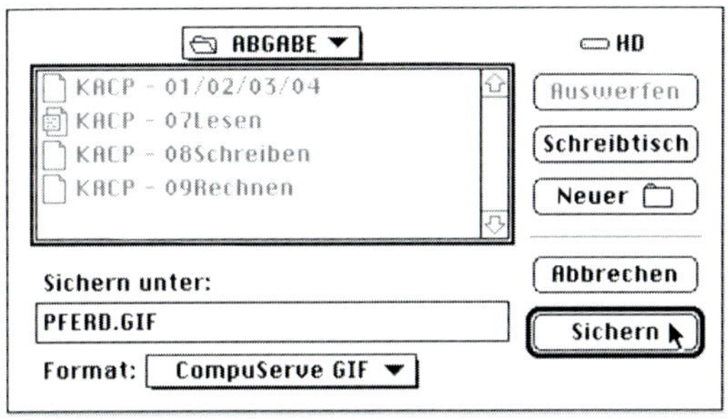

Wenn die Werke später differenzierter werden, müssen auch die Dateien anders benannt werden (z. B. BOOT, BLUME, PFERD). Helfen Sie Ihrem Kind bei der Buchstabierung, legen Sie aber keinen zu großen Wert auf korrekte Orthographie. Eine zu starke Betonung der korrekten Schreibweise kann nämlich dazu führen, daß das Kind die Datei vielleicht gar nicht mehr unter diesem Namen abspeichern möchte. Wichtig ist in diesem Zusammenhang, daß das Kind in der Lage ist, eine Datei selbständig abzuspeichern und sich über den Dateinamen an deren Inhalt zu erinnern, damit die Datei auch selbständig wieder geöffnet werden kann. Üben Sie deshalb nach dem Abspeichern mit Ihrem Kind unmittelbar das Laden des aktuellen Werkes.

Zu Schwierigkeiten kommt es oft, wenn sich ein Kind an eine Datei erinnern muß, die es vor längerer Zeit unter einem bestimmten Namen abgespeichert hat. Dadurch ist es gezwungen, sich an frühere Vorgänge und Gedanken zu erinnern und, was noch wichtiger ist, sich mit dem Lesen zu beschäftigen.

Computer-Prüfung

Bevor Sie Ihr Kind eigenständig ohne Aufsicht am Computer arbeiten lassen, können Sie aus den vorangegangenen Übungen eine Prüfung machen. Damit verschaffen Sie ihm ein Erfolgserlebnis und vermitteln ihm das Gefühl, daß es ab diesem Zeitpunkt »offiziell« berechtigt ist, den Computer selbständig zu nutzen. Je nach Ihren Fertigkeiten können Sie dazu auch gemeinsam mit Ihrem Kind eine Urkunde entwerfen und ausdrucken.

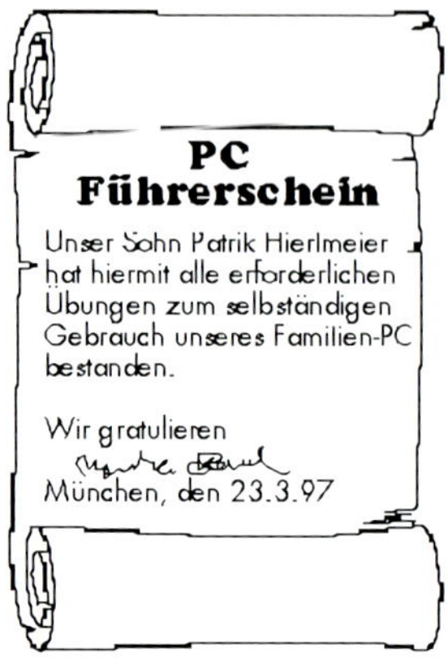

So funktioniert es:
Bestandteile einer »Computerprüfung« sollten sein: An- und Ausschalten, Öffnen eines Spiels (z. B. ein interaktives Bilderbuch) und einer Datei Ihres Malprogramms, Öffnen eines neuen Dokuments sowie ordnungsgemäßes Sichern und Schließen. Am Ende wird die neue Datei schließlich in den Papierkorb gezogen und gelöscht.

Da die Kindern nunmehr genauso ungehindert Zugang zum Computer haben wie zu ihren anderen Spielsachen, können sie mit dem Computer spielen, ohne daß ihnen von den Eltern direkte Beschränkungen auferlegt werden. Die Beschränkungen erfolgen vielmehr durch den Computer selbst und durch die verwendete Software. Innerhalb dieser Grenzen finden die Kinder aber vielfältige Möglichkeiten zum Spielen und Entdecken.

Sollten Sie noch eines der kinderfeindlichen Dinosaurier mit Netzschalter auf der Rückseite besitzen, empfiehlt sich unbedingt die Anschaffung eine Elektrosteckerleiste mit zentralem Kippschalter (am besten beleuchtet). Somit verhindern Sie auf jeden Fall einen vorhersehbaren Unfall.

PC als Belohnung

Anstatt fünf Mark oder eine Kinokarte kann man seinen Kindern als Belohnung für eine gute Schulnote auch eine gewisse Zeit versprechen, in der Sie als Eltern zusammen mit ihnen am PC zusammen spielen oder arbeiten.

So funktioniert es:
Viele Eltern klagen darüber, daß ihre Kinder nur noch gegen ausgiebige materielle Vergütungen zur Mithilfe im Haushalt oder zu verstärkten Leistungen in der Schule bereit sind. Hat sich eine gewisse Erwartungshaltung etabliert, ist es meist sehr schwer, auf ein »normales« Maß zurückzukehren. Als eine Methode unter vielen hat sich die schrittweise Zurücknahme von Belohnungen bewährt.

Je nach Alter und Lieblingsbeschäftigung Ihres Kindes können Belohnungen am PC etwa eine doppelt so lange Sitzung, ein

Abenteuerspiel oder die gemeinsame Eroberung eines neuen Programmes sein. Sie müssen sich dann jedoch auch an Ihr Versprechen halten und sich wirklich Zeit nehmen und ganz für Ihr Kind dasein, also Handy ausschalten und keine anderen Störungen zulassen.

Beenden einer PC-Sitzung

Kinder können viel Spaß am Computer haben, sie müssen aber auch in der Lage sein, auf Anweisung der Eltern oder aus eigenem Entschluß den Rechner wieder auszuschalten.

So funktioniert es:

Am besten läßt sich eine Computersitzung beenden, wenn man dem Kind eine Alternative bietet. Auf keinen Fall sollte man aber bei Wutanfällen der Kinder nachgeben, da sie sonst das Gefühl bekommen, daß sie damit ihren Willen durchsetzen können und dies bei der nächsten Gelegenheit wieder versuchen. Das Ende einer Computersitzung sollte stets mit einer positiven Erfahrung für das Kind verbunden sein. Loben Sie es beispielsweise für seine Leistungen. Fordern Sie es auf, Ihnen zu beweisen, daß es das Gerät auch ausschalten kann. Kinder lieben Schalter und Tasten, und wenn Sie Ihr Kind bitten, das Gerät auszuschalten, geben sie ihm ein Gefühl von Macht. Lassen Sie Ihr Kind den PC durch eine attraktivere Alternative schnell vergessen, etwa einen gemeinsamen Spaziergang mit Entenfüttern, einem Spiel oder einfach nur Kuscheln.

Zu einem festen Abschlußritual kann aber auch die gemeinsame Besprechung der Computersitzung gehören oder ein kleines Computerspiel, so daß sich Ihr Kind darauf freuen kann, aufzuhören.

Generell sollte man darauf achten, daß die Beschäftigung am Computer nicht das Aufregendste im Leben des Kindes darstellt, sondern daß es noch eine ganze Reihe ähnlich interessanter Tätigkeiten gibt.

Experten gehen davon aus, daß Kinder vor der Einschulung maximal eine Stunde pro Tag vor dem Rechner verbringen sollten. Ein Ausnahme wäre lediglich, wenn sich mehrere Kinder gemeinsam am Computer beschäftigen, da das Kind somit auch soziale Kontakte aufrechterhält. Dennoch sollte man »Auswüchse« vermeiden.

Recycling

Wenn Ihnen eine Diskette kaputtgegangen ist, dann werfen Sie sie nicht sofort in den Müll. Zeigen Sie sie statt dessen Ihrem Kind, damit es sieht, wie eine Diskette aufgebaut ist. Sie ersparen sich somit zerlegte Disketten, wenn Sie einmal nicht aufgepaßt haben. Gleiches gilt auch für defekte, aber noch nicht ausgeschlachtete PC-Systeme.

So funktioniert es:

Auch wenn Ihr Kind noch sehr klein ist, etwa unter 18 Monate, spricht nichts dagegen, daß Sie es mit einer defekten Diskette spielen lassen. Sie dürfen es nur nicht alleine lassen, damit es nicht das Magnetband oder andere Kleinteile (»bäh, bäh«) verschlucken kann. Nimmt Ihr Kind wirklich alles gerne in den Mund, nehmen Sie einfach vorher die wirklich gefährlichen Kleinteile weg.

Kinder sind stets vom Innenleben einer Diskette fasziniert. Geben Sie ihnen auch die Einzelteile oder noch besser eine defekte Diskette zum Zerlegen. Lassen Sie Ihr Kind das Innenleben der Diskette alleine erforschen, entdecken, anfassen und eventuell sogar darauf herumbeißen, damit verliert das Objekt seine geheimnisvolle Aura. Sie müssen aber unbedingt darauf hinweisen, daß es sich dabei um eine beschädigte Diskette handelt und daß man so etwas auf keinen Fall mit einer intakten Diskette machen darf. Wie weit Sie letztendlich das Innenleben einer Diskette erklären, hängt von Ihrem eigenen technischen Verständnis sowie vom Entwicklungsstand und Alter des Kindes ab. Eine einfache und dennoch verständliche Erklärung von Disketten bekommen Sie im genialen Buch »Mammut-Buch der Technik« von David Macaulay oder als CD-ROM »Wie Dinge funktionieren« des Dudenverlags (siehe *Lernprogramme,* Seite 56).

Wie bei der Diskette können Sie Ihr Kind das gesamte PC-System erforschen lassen, wenn Sie sich für rund 10 bis 30 DM bei einem spezialisierten Schrotthändler (fragen Sie Ihren Händler nach der Adresse seines Entsorgungsunternehmens) einen defekten, aber dennoch vollständigen PC mit Bildschirm, Tastatur und vielleicht auch Drucker besorgen. Ihr Kind kann daran nach Herzenslust herumschrauben, kratzen oder darauf einhämmern.

Lernen

Darstellendes Denken

Eine der Voraussetzungen zur Arbeit mit dem Computer ist die Fähigkeit zum darstellenden Denken. Das bedeutet, der Benutzer muß in der Lage sein, sich ein geistiges Bild eines Gegenstands oder einer Handlung sowie von deren Wechselwirkungen zu machen. Ungefähr in der Mitte des zweiten Lebensjahres begreifen Kinder, daß Gegenstände Permanenz aufweisen, das heißt, daß sie auch dann existieren, wenn man sie nicht sieht. Kinder sind damit in der Lage, verlorene Gegenstände zu suchen und Verstecken zu spielen. Sobald sie diese Erkenntnis entwickelt haben, stellen sie ihre Fähigkeit zum darstellenden Denken unter Beweis und können sich ihre eigene Realität schaffen. Sie fangen auch an, erste logische Vorstellungen vom Computer zu entwickeln. Sie können sich Gegenstände und Personen vorstellen, die sie nicht sehen. Zusammen mit der Sprachentwicklung gibt ihnen die Fähigkeit des darstellenden Denkens die Möglichkeit, sich mit anderen über ihre Welt auszutauschen. Das können Sie am Computer unterstützen.

So funktioniert es:

Malen oder importieren Sie aus einer ClipArt-Sammlung mit digitalisierten Bildern z. B. einen Apfel. Verkleinern Sie die Größe Ihres Dateifensters so, daß nur noch ein kleiner Ausschnitt der Zeichenfläche Ihres Malprogrammes zu sehen ist. Um das Motiv im Fensterausschnitt zu betrachten, muß man mit den Rollbalken hin- und herrollen. Zeigen Sie Ihrem Kind das Motiv im Fenster sowie die Handhabung der senk- und waagerechten Rollbalken. Seine Aufgabe lautet, das Bild erst mit den Rollbalken zu verstecken und anschließend wiederzufinden. Vergrößern Sie das Dateifenster, bis das Motiv wieder ganz sichtbar ist. Dabei lernt Ihr Kind, daß die bearbeitbare Zeichenfläche einer Datei größer sein kann als die aktuelle Fenstergröße und daß ein Bild noch lange nicht verschwunden ist, nur weil man es nicht sehen kann. Dieses gilt auch für Texte oder Bilder, die auf der Festplatte gespeichert werden, vom Bildschirm verschwinden und doch stets wieder aufrufbar sind.

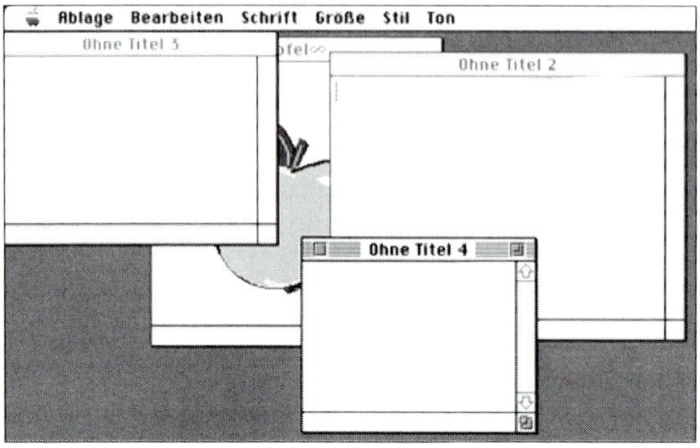

Eine Variante für diese Aufgabe kann die folgende Übung sein. Malen oder importieren Sie aus einer ClipArt-Sammlung einen Apfel oder ein anderes Motiv. Öffnen Sie im selben Programm oder einem anderen ein neues Dokument und verkleinern seine Fenstergröße, bis es exakt den Apfel verdeckt. Füllen Sie den Bildschirm mit gleich großen Abdeckfenstern und lassen Sie anschließend Ihr Kind diese so lange verschieben, bis es den Apfel findet.

Gegensätze erkennen

Kinder in der Vorschule lernen vieles über klar erkennbare Gegensätze – ob groß und klein, dick und dünn, mehr oder weniger, erster und letzter. Solche spielerischen Lektionen lassen sich wunderbar am Computerbildschirm umsetzen, da Grafikfunktionen wie Skalieren (Größe verändern) für entsprechende Unterschiede sorgen können.

So funktioniert es:

Besorgen Sie sich im Handel eine ClipArt-Sammlung mit bereits digitalisierten Bildern oder Illustrationen. Laden Sie z. B. eine schwarzweiße Clownillustration in Ihr Malprogramm. In Fine Artist würde man es etwa als Sticker importieren und mit dem Umformer vergrößern oder verkleinern.

Stempeln Sie also den Clown immer in Paaren auf die Zeichenfläche und verändern stets einen davon:

Größe – ein Clown wird vergrößert. Dicke – ein Clown wird mit dem Umformer gedehnt. Farben – ein Clown wird mit dem Fülleimer rot gefärbt, der andere grün. Menge – den Bildschirm mit einem Strich in zwei Hälften teilen, viele Clowns in die erste, nur einen oder weniger in die zweite. Reihenfolge – mehrere Clowns in einer Reihe, evtl. zur leichteren Bezeichnung mit verschiedenen Farben füllen. Oder wie im Bild gleich alles zusammen in einem großen Potpourri, wo verschiedene Gegensätze in Paaren dargestellt sind, aber zusätzlich für Leseanfänger die Bezeichnung an die richtige Stelle geschoben werden muß.

Farbenbuch

Kinder lernen die Farben besser und schneller, wenn sie die einzelnen Farbtöne bestimmten Motiven zuordnen können. Beispielsweise das blaue Meer, die rote Erdbeere, die gelbe Banane oder der grüne Baum. Legen Sie mit Ihrem Kind gemeinsam ein eigenes Farbenbuch an, das immer wieder erweitert werden kann.

So funktioniert es:

Durchforsten Sie gemeinsam mit Ihrem Kind ClipArt-Sammlungen mit digitalisierten Illustrationen, schwarzweiße Strichgrafiken werden eingefärbt. Legen Sie für jede Farbe eine eigene Datei in einem Malprogramm an, die nach dem Farbton benannt wird, z. B. »GELB.PCX« oder »HELLBLAU.PIC«. Importieren Sie in die jeweilige Datei Motive, die zu dieser Farbe passen, und lassen Sie Ihr Kind diese evtl. mit der Fülleimer-Funktion einfärben.

Abläufe erklären

Im Alter von etwa vier oder fünf Jahren entwickeln Kinder die Fähigkeit, sich zu konzentrieren oder »aufzupassen«. Denken Sie etwa an das Legespiel Memory, bei dem Kinder dieses Alters einfach unschlagbar sind. Diese Fähigkeit ist ihnen bei der

Beschäftigung mit dem Computer von großem Nutzen. Wenn sie in der Lage sind, sich auf bestimmte Tätigkeiten zu konzentrieren, können sie auch Ereignisse vorausberechnen. Sie begreifen allmählich, daß sie aufpassen und zuhören müssen, wenn man ihnen erklärt, wie sie eine bestimmte Tätigkeit auszuführen haben und mit welchen Folgen sie dabei rechnen müssen. Oft wissen Vorschulkinder auch nach einer Erklärung noch nicht, was sie eigentlich tun sollen. Die Verständnisprobleme rühren dann entweder daher, daß ihnen der verwendete Wortschatz unbekannt war oder daß sie die Logik des Erwachsenen nicht nachvollziehen konnten.

So funktioniert es:

Theoretische Erklärungen sollten bei Vorschulkindern höchstens zwei logische Schritte umfassen, die dann umgehend in die Praxis umzusetzen sind, z. B. das Drucken in Word umfaßt die Schritte: erst die Drucker-Taste und dann im neuen Fenster auf das dickumrandete Feld klicken. Komplexere Abläufe müssen deshalb entsprechend aufgeteilt werden. Lassen Sie Ihr Kind den Ablauf selbständig wiederholen und fragen Sie nach, was gerade passiert. Nur so werden Sie erfahren, was Ihr Kind von Ihren Erklärungen verstanden hat und was nicht. Vermeiden Sie einen oberlehrerhaften Tonfall, setzen Sie besser auf einen echten Dialog und lassen Sie sich von der faszinierenden Logik und Gedankenwelt Ihrer Kinder verzaubern.

Bilderrätsel

Alle Kinder lieben Rätselbilder, über die sie spielerisch ihre Umwelt kennenlernen. »Welches ist das schnellere Tier, der Hase oder Gepard« oder »Was ißt der Hase am liebsten, einen Eisbecher oder eine Möhre?«. Visualisiert am Bildschirm, versprechen Bilderrätsel einen vergnüglichen Lerneffekt.

So funktioniert es:

Besorgen Sie sich im Handel eine ClipArt-Sammlung mit bereits digitalisierten Bildern oder Illustrationen. Importieren Sie beispielsweise einen Hasen und einen Geparden auf die Zeichenfläche Ihres Malprogramms, färben sie evtl. ein und speichern Ihre Rätseldatei unter einem wiedererkennbaren Namen ab. Sie können sich auch zu jedem Bildpaar mehrere mögliche Fragen ausdenken und unter den Illustrationen in der Datei notieren.

Laden Sie Ihre vorbereiteten Rätseldateien nacheinander und gehen mit Ihrem Kind die Fragen durch. Erzählen Sie anderen Computereltern davon, und tauschen Sie mit ihnen Ihre Rätseldateien aus. Älteren Kindern können Sie auch Bildpaare als Datei vorlegen und stellen ihnen die Aufgabe, geeignete Fragen zu finden, die sie selbstverständlich auch beantworten müssen

PC-Quiz

Computer haben ein einzigartiges Gedächtnis und eignen sich daher besonders gut zur Förderung der Gedächtnisleistung von Vorschulkindern. Sich an bestimmte Handlungsabläufe zu erinnern, die zur Erzielung einer bestimmten Wirkung erforderlich waren, ist das A und O bei der Benutzung von Computern. Dazu muß man sich bestimmte Tasten oder Kombinationen auf der Tastatur einprägen und sich merken, welches Symbol oder Wort die gewünschte Funktion ausführt. Erwachsene, denen es oft genug schwerfällt, sich an gleichförmig erscheinende Dinge zu erinnern, sind regelmäßig erstaunt, wie leicht sich dagegen Vorschulkinder mit den verschiedenen Software-Befehlen tun.

So funktioniert es:

Erforschen Sie gemeinsam mit Ihrem Kind ein einfaches Programm oder einen Teilbereich eines komplexeren. Vor dem Ende einer Sitzung fragen Sie es nach einer bestimmten Funktion, die Sie dabei verwendet haben. Zum Beispiel den Radiergummi in einem Malprogramm. Notieren Sie sich die nachgefragte Funktion im Geiste, und machen Sie vor der nächsten Sitzung den Test, ob Ihr Kind den Radiergummi noch findet. So entsteht neben den regulären Übungen noch ein kleines Randspiel. Ein Quiz, das sowohl Ihre als auch Ihres Kindes Erinnerungsvermögen trainiert, denn während es Ihnen beweisen will, daß es die letzte Aufgabe noch kennt, müssen Sie trotz Alltags- und Arbeitsstreß die gestellte Aufgabe in Erinnerung behalten.

Logische Türen

Irgendwann zwischen dem vierten und fünften Lebensjahr wird Ihr Kind seine Fähigkeit zum logischen Denken unter Beweis stellen. Wenn Kinder anfangen, selbst logisch zu argumentieren, können Sie davon ausgehen, daß Sie ihnen auch logische Zusammenhänge erklären können. Das heißt nichts anderes, als daß Kinder von nun an selbst beurteilen können, ob eine Aussage logisch ist oder nicht. Sie werden immer häufiger mit Sätzen wie: »Das ist doch Unsinn!« oder »Ich verstehe das schon...!« konfrontiert werden. Das Problem ist nur, daß sich das logische Denken nicht gleichmäßig auf sämtliche Aspekte der Welt des Kindes erstreckt. Anflüge von logischem Denken und Vernunft können sich mit extrem unlogischem und unvernünftigem Handeln ablösen – und alles in sehr schnellem Wechsel.

So funktioniert es:

Gerade bei Vorschulkindern ist es entscheidend, Aufgaben zu wählen, die dem kindlichen Denken entsprechen und dieses Denken fördern. Vorschulkinder können beispielsweise Gegenstände wie Bausteine nach einem Merkmal sortieren, etwa der Farbe oder Form. Importieren Sie Tiermotive in ein neues Dokument Ihres Malprogramms oder stempeln Sie diese in einem Kreativprogramm für Kinder auf die Zeichenfläche. Zeichnen Sie mit der Rechteck-Funktion ein Tor oder eine Tür, durch die nur einige Tiere gehen könnten, während andere aufgrund ihrer Größe nicht mehr hindurch passen würden.

Lassen Sie Ihr Kind entscheiden, welche Tiere das Tor benutzen könnten und welche nicht. Ändern Sie immer wieder die Größe des Tores, und Sie erhalten stets ein neues faszinierendes Spiel. Da Computer in der Lage sind, eine unglaubliche Vielfalt an Symbolen und Wahlmöglichkeiten zur Verfügung zu stellen, kann diese Tätigkeit Kindern großen Spaß machen. Sobald ein Kind in der Lage ist, Objekte auf der Basis eines Merkmals auszuwählen, kann der Schwierigkeitsgrad erhöht werden.

Mausschablonen

Beim Nachmalen eines Buchstabens oder Bilds auf Papier orientieren sich Abc-Schützen gerne zu sehr an der Vorlage (Stick on the Pen). Sie konzentrieren sich dabei zu oft an Details des Originals, kleben quasi an den Feinheiten und erlangen dadurch nicht die schön geschwungene Linie. Hier kann der PC helfen, indem man große Buchstaben auf ein DIN-A4-Blatt malt und die Kinder sie mit der Maus nachfahren läßt. Selbstverständlich kann das Kind die Linie auf dem Blatt nicht immer sehen und muß sich deshalb auf den Bildschirm mit dem Mauszeiger konzentrieren. So wird der freie Linienfluß gefördert, der bei den Kindern ein besseres Verständnis für Form und Schreibschrift bewirkt.

So funktioniert es:

Bereiten Sie mehrere Papierblätter im Format DIN-A4 vor und malen Sie mit einem breiten Eding- oder Buntstift, jeweils einen Buchstaben in DIN-A5-Größe darauf. Bei Bildern sollten Sie darauf achten, daß im Motiv die Linien nicht zu dicht aneinanderliegen. Legen Sie ein Blatt auf das Mauspad, und lassen Sie Ihr Kind die Linien abfahren. Erklären Sie ihm, daß die Papierlinien nicht immer zu sehen sind, es deshalb am Bildschirm aufpassen muß, wie seine Kopie der Vorlage aussehen wird.

Kinder, die dies schon mehrfach ausprobiert und geübt haben, benutzen diese Technik, um regelrechte Kopien von Lieblingsbildern oder Comicfiguren herzustellen. Wie beim Malen selbst geht auch hier nichts von heute auf morgen, und regelmäßige Übung macht den Meister. Als kleine Hilfestellung eignet es sich, wenn man den Übergang des Kabels in die Maus als Zeichenpunkt oder Fokus verwendet.

Bildschirm-Entspannung

Sie oder Ihr Kind sind vom Arbeiten am PC verspannt oder unkonzentriert? Dann probieren Sie doch einmal folgende Entspannungsübung aus – einfach, schnell und für Kinder eine gelungene Abwechslung.

So funktioniert es:

Färben Sie in einem Malprogramm mit der Fülleimer-Funktion

den Hintergrund rosa ein. Gähnen Sie den Bildschirm an, übertreiben Sie dabei das Aufreißen des Mundes ruhig. Sie dürfen dabei auch laut werden oder können sich mit den Händen die entsprechenden Backenmuskeln massieren.

Malen Sie dann in einem neuen Dokument des Malprogramms einen beinahe bildschirmfüllenden Kreis, nehmen Sie eine bequeme Sitzhaltung ein und folgen Sie bei unbeweglichem Kopf einige Runden dessen Linie mit den Augen. Dann fixieren Sie Ihren Blick auf einen Punkt des Kreises und kreisen mehrfach der Linie folgend mit dem Kopf.

Für das Finale die Augen schließen, die Nackenmuskeln locker lassen, den Kopf weit und frei kreisen lassen, sich dabei die Farbe Rosa vorstellen und die Übung mit Blick auf den rosa Bildschirm beenden (mehr zum Thema unter *Brain-Gym*, Seite 24).

Liegende Acht

Konzentrationsschwächen und Unlust gründen oft in mangelnder Synchronisation der beiden Gehirnhälften. Mit der liegenden Acht, einer einfachen Übung, die in verschiedenen Variationen ausgeführt werden kann, bekommen Sie und Ihr Kind solche Probleme schnell in den Griff. Dieses Spiel zeigt zudem, daß es nicht immer nur die neuste Fahrsimulation in Echtzeit-3D-Grafik sein muß, um am Bildschirm Spaß mit Autos zu haben. Besonders für Vorschulkinder, die mit den komplizierten Simulationsspielen sowieso kaum umgehen können, eignet sich dieser Rennparcours.

So funktioniert es:

Bitten Sie Ihr Kind aufzustehen. Am besten, Sie stehen selbst auf und machen die Übung Ihrem Kind vor.

Stellen Sie sich entspannt mit leicht gegrätschten Beinen hin, und zeichnen Sie mit ihrem Arm in einer großen geschwungenen Bewegung vor Ihrem Körper eine liegende Acht nach. Für mehr Spaß an der Übung und zum besseren Vorstellungsvermögen schlagen Sie Ihrem Kind »ein Rennauto fährt auf einer Achterkurve« vor. Fahrgeräusche kommen fast von alleine und stören überhaupt nicht. Wiederholen Sie die Übung rund viermal mit dem rechten, dann dem linken Arm und dann mit beiden Armen gleichzeitig. Wichtig ist dabei, daß das Überkreuzen (Achter-Mitte) ungefähr vor Ihrer Brust geschieht.

Zurück am PC legen Sie das Mauspad direkt vor den PC oder Monitor und üben die liegende Acht erst einmal mit der Maus. Der Blick kann dabei entweder auf der Maus selbst oder aber auf dem Mauszeiger am Bildschirm liegen. Wieder soll die liegende Acht rund viermal mit jeder Hand und am Ende mit beiden Händen auf der Maus gefahren werden.

Laden Sie ein Malprogramm und eine Datei mit einer gezeichneten Rennbahn. Für die Rennbahn haben Sie in Ihrem Malprogramm ein neues Dokument mit einer Hintergrundfarbe oder -muster per Fülleimer-Funktion versehen. Mit dem Radiergummi löschen Sie anschließend in Weiß eine liegende Acht als Rennbahn heraus. Bei Malprogrammen für Kinder wie Kid Pix oder Fine Artist gibt es einen »Stempel« in Form eines Rennautos, den Sie nun anwählen. Besitzer anderer Malprogramme müssen sich dagegen den Mauszeiger als Rennauto vorstellen. Lassen Sie Ihr Kind mit dem Rennauto den Parcours entlang fahren. Die Augen sollen und müssen dabei dem Auto folgen. Mauspad und Bildschirm sollen sich dabei direkt vor dem Gesicht befinden. Mit der anderen Hand wiederholen. Nur zum Spaß können Sie mit Ihrem Kind auch einen Wettbewerb veranstalten, wer die Rennbahn am schnellsten befahren kann.

Wenn Sie in Eile sind, genügt es schon, in einem Malprogramm ein neues Dokument zu öffnen, eine liegende Acht zu zeichnen und dann mit den Augen mehrfach die Endlosschlaufe zu verfolgen (mehr zum Thema unter *Brain-Gym*, Seite 24).

Emotionale Intelligenz

Die Theorie der emotionalen Intelligenz sieht in der Frustration eine Herausforderung und verwendet sie als Motivation für neue

Ansätze. Wie kann der PC helfen, Ihrem Kind emotionale Intelligenz zu vermitteln?

Am PC klappt oft etwas nicht so schnell oder so toll, wie man sich das wünscht. Die meisten Erwachsenen können ein Lied davon singen, aber das betrifft noch stärker Kinder, denn sie können ihre Unerfahrenheit nicht durch Vergleiche relativieren.

So funktioniert es:

Wenn nun Kinder zur Resignation neigen und bei einem Mißerfolg im Umgang sich wochenlang beleidigt nicht mehr an den PC setzen wollen, dann sollten Sie ihnen Alternativen aufzeigen. Angenommen, Ihr Kind kann sich nicht mehr daran erinnern, wie es sein Bild ausdrucken kann. Bevor es deprimiert aufgibt, fragen Sie Ihr Kind, ob es nicht zusammen mit Ihnen den richtigen Weg suchen will. Wichtig ist, daß Sie Ihr Kind stets zuvor fragen, und erst wenn es von selbst zustimmt, gemeinsam eine Lösungsstrategie entwickeln.

Regen Sie Ihr Kind an, bei geöffnetem Malprogrammfenster einfach mit dem Mauszeiger verschiedene Tasten oder Objekte auszuprobieren. Wenn es beispielsweise das Lasso-Hilfsmittel ausprobiert hat, so lassen Sie sich sofort erklären, um was es sich dabei handelt und welche Funktion es erfüllt. Wenn es das Kind nicht weiß, erklären Sie es ihm. Das Ausprobieren der verschiedenen Möglichkeiten sollte zu einem einfachen Rollenspiel zwischen Ihnen und Ihrem Kind werden, bei dem die Lehrer-Schüler-Rolle ständig wechselt.

Machen Sie anschließend ein Spiel daraus, daß Ihr Kind versucht, den zuvor beschriebenen Weg selbständig nachzuvollziehen. Geben Sie ihm als Aufgabe, daß es auch die anderen Möglichkeiten in Betracht zieht und ausprobiert. Lassen Sie es beschreiben, was es dabei sieht und erkennt.

Erdkunde

Während Grundschulkinder für den Heimat- oder Erdkundeunterricht kaum in ihre Atlanten kritzeln dürfen, eignen sich Land- und Weltkarten aus dem Computer hervorragend, um sich spielerisch Wissen zum Thema zu erarbeiten.

So funktioniert es:

Zahlreiche Landkarten und systematische Weltdarstellungen werden zusammen mit den Flaggen aller Nationalstaaten als

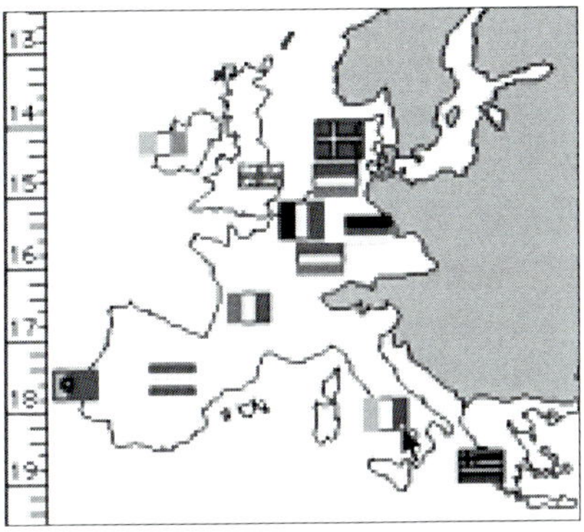

ClipArts in entsprechenden Sammlungen angeboten. Bei den Landkarten handelt es sich meist um schematische Darstellungen der Staatsgrenzen ohne nähere Angaben. Anhand Bestimmungsbüchern für Flaggen können die Fahnen der einzelnen Staaten importiert und an der richtigen Stelle eingefügt werden. Die Beschriftung mit Namen und Angaben kann über die Textfunktion Ihres Malprogrammes erfolgen. Auf stärkere Papiersorten gedruckt und anhand der Grenzen ausgeschnitten, ergeben Landkarten ein wunderbares und echt kniffeliges Puzzle.

Wie im Kapitel *Rechnen* beschrieben, eignen sich solche Landkarten auch für die Mathematik, wenn etwa das Vierfarbenproblem gelöst werden soll. Aus dem Flaggensuchen wird ein Quiz, wenn Sie für Ihr Kind zwei oder drei Flaggen eines Kontinents falsch plazieren und Ihr Kind herausfinden soll, um welche es sich handelt. Tip zum Erkennen der Himmelsrichtungen: Norden ist bei ClipArts immer oben, Westen rechts und Osten links. Als Eselsbrücke kann »WO« dienen.

Besonders empfehlenswert für fortgeschrittene Heimatkundler ist die Multimedia-Software »Kennst du die Erde?« von Heureka-Software. Sie zaubert vom Heimatausflug über die Weltreise bis zum Weltraumspaziergang nahezu alles auf den Bildschirm. Für Grundschüler mit Eltern oder alleine ab 10 Jahre geeignet.

Neue Länder entdecken

Daß Wissen über unseren Globus wirklich Spaß machen kann, beweist der Abenteuerklassiker »Carmen Sandiego?«. Gesucht wird die geheimnisvolle Agentin Carmen, die sich stets geschwind in ein neues Land absetzt, das anhand einiger Hinweise gefunden werden muß. In den verschiedensten Varianten seit Jahren für nahezu alle Rechner auf dem Markt und immer noch ein echter Hit.

So funktioniert es:
Software kaufen, spielen und pädagogisch wertvoll Spaß haben. Sie werden es nicht bereuen, denn selbst Erwachsene lernen dabei noch eine Menge über die Länder dieser Erde. So etwas können Sie einfach nicht selbermachen.

Dinosaurier

Gerade in Verbindung mit einigen Besuchen des nächstgelegenen Naturkundemuseums kommt ein weiterer Klassiker des Edutainments (siehe *Infoteil,* Seite 33) zum Zug. »Dinosaurier« von Microsoft ist eine wahre Zeitreise, bei der Ihr Kind selbst bestimmen kann, wo und wann es anhält, um zusätzliche Informationen zu erhalten. Multimedial animiert und mit zahllosen Hintergrundinformationen gespickt, begeistert es bereits junge Nachwuchsforscher ab fünf Jahren, kommt jedoch ohne Eltern erst ab der zweiten oder dritten Klasse in Betracht.
So funktioniert es:
Exkursionen von Vorschulkindern oder Abc-Schützen in die längst vergangenen Zeitalter der Erdgeschichte, etwa zum wundervoll brüllenden Tyrannosaurus Rex, lassen sich besser im Beisein von Mama oder Papa ertragen. Während sich etwas geübtere Leseanfänger schnell zu wahren Dinosaurierexperten mausern, indem sie stundenlang die vielen Möglichkeiten dieser CD-Rom ausloten. Wieder ein Programm, das Sie unmöglich selbst ersetzen können. Es bleibt nur die Anschaffung oder das Ausleihen bei Freunden.

Sterne gucken

Die Sterne faszinieren jedes Kind, wobei manche meinen, daß dies nur der Fall sei, weil sie eigentlich des Nachts schlafen sollten. Mit dem Computer brauchen Sie und Ihre Kinder nicht mehr aufzubleiben, sondern können auch tagsüber den Nachthimmel und mehr studieren. Astronomische Simulationen bilden Himmelskonstellationen an jedem Punkt der Erde und Zeitpunkt nach. Es ist faszinierend zu beobachten, wie Sternbilder eines Abends im Laufe weniger Minuten vorüberziehen oder in der Südhalbkugel durch völlig andere ersetzt werden.

Die wärmeren Nächte und späteren Bettgehzeiten während des Sommers sind auch ideal, um Ihre Kinder mit den Wundern der Nacht in natura bekannt zu machen. Die meisten Eltern können jedoch kaum mehr als den Großen Wagen identifizieren und sollten sich deshalb zuvor mit Hilfe der astronomischen Software weiterbilden. Führen Sie Ihre Kinder bei ihrer Entdeckungsreise des Sternenhimmels und legen vielleicht so ein Fundament für eine lebenslange Liebe zur Astronomie.

So funktioniert es:

Software zur Entdeckung des Weltraums finden Sie in den Regalen Ihres örtlichen Fach- oder Buchhändlers, aber nicht alle sind gleich hilfreich. Astronomie-Software verwandelt den Bildschirm in ein kleines Planetarium, das Ihnen zeigen und drucken kann, wie der Himmel über Ihnen an jedem beliebigen Ort auf der Erde zu einer beliebigen Zeit aussieht. Ausdrucke dienen etwa als persönliche Sternenkarte für Ihre eigene Exkursion. Beinahe jede Astro-Software arbeitet nach dem gleichen Prinzip. Sie geben ein, wann und wo Sie den Nachthimmel begutachten wollen und legen den gewünschten Ort fest. Optional läßt sich die Software weiter Ihren Bedürfnissen anpassen. So können Sie alle möglichen Objekte auswählen, z. B. Tiefraumobjekte, Planeten, Asteroiden oder Kometen. Die Darstellung wird so weniger konfus. Eine Suchfunktion hilft beim Auffinden von Planeten oder Konstellationen, indem es die Bildschirmdarstellung am gesuchten Objekt mittig ausrichtet.

Eine erste Orientierungskarte im Weitwinkelformat mit wenigen großen Sternen erhalten Sie, wenn der Magnitude Level etwa auf Stufe 0,5 reduziert wird. Darunter versteht man die Helligkeit eines Sterns, wobei die hellsten unter ihnen zwischen 0 und 1 liegen, während für das Auge gerade noch sichtbare Sterne mit einem Wert von circa 6 strahlen. Die Ansicht wird auf ungefähr 120 Grad erhöht und bei etwa 30 Grad über dem Horizont angesiedelt. Die eigentliche Sternenkarte eines Objekts sollte dagegen bei etwa 5 oder 6 Magnitude, einer 60 Grad-Ansicht und circa 15 Grad Altitude eingestellt werden. Für fortgeschrittene Sternengucker ist es auch eine Herausforderung, sich fremde Himmelskonstellationen vorzunehmen, etwa das berühmte Kreuz des Südens vom australischen Ayers Rock aus gesehen. Viele Astronomie-Programme erlauben auch eine schematische Darstellung der Planeten und ihrer Laufbahnen um die Sonne.

- RedShift2 – umfangreich und vielseitig (Mac and Windows CD-ROM, Maris Multimedia)
- Astronomer for Windows – für Einsteiger einfacher, aber weniger umfangreich (Windows, CD-ROM-Version mit Videoclips und Fotografien von den wichtigsten Objekten, Expert Software)
- Distant Suns »First Light« – einfach in der Bedienerführung mit sehr guter Hilfestellung (Windows CD-ROM, Virtual Reality Laboratories)
- Wer erst einmal einfache Astronomie-Programme ausprobieren möchte, der sollte es zunächst mit den Shareware-Programmen SkyMap (Windows) oder MP Astro (Macintosh) versuchen. Beide Programme können Sie in einschlägigen Sharewarebibliotheken des Internet oder auf CD-ROM bekommen.

Familienteam

Einzelgänger kommen in unserer komplexen Informationsgesellschaft trotz gegenteiliger Aussagen der Zigarettenindustrie nicht besonders weit. Teamwork und faires Miteinander sind soziale Eigenschaften, die immer wichtiger werden. »Doch von nix kommt nix«, weiß schon der Volksmund und deshalb sollten Sie nicht nur den Abwasch, sondern auch das Schreiben von Briefen mit dem PC zur Familienangelegenheit erklären. Dadurch stärken Sie den Familienzusammenhalt und fördern Integrationsverhalten und Rücksichtnahme auf Kleinere. Anstatt wie bisher einen Brief an Ihre Mutter nachts, wenn Ihre Lieben schon schlummern, einsam zu ersinnen und am PC einzutippen, wird das nächste Mal eine Aktion für die ganze Familie daraus.

So funktioniert es:

Für eine Familienaktion müssen Sie mindestens einen halben Tag ansetzen und frei halten, da ja jede Aufgabe möglichst am PC erledigt werden soll. In einer vorbereitenden Teamsitzung besprechen Sie mit Ihrer Familie die bevorstehenden Aufgaben, und jeder darf sich eine aussuchen, wobei die jüngsten Familienmitglieder anfangen dürfen.

Bei einer Briefaktion stehen das Diktieren des Inhalts, das Eintippen, das Ausbessern der Fehler, das Malen eines begleitenden Bildes, das Drucken sowie das Gestalten eines Adreßaufklebers als Aufgaben an. Achten Sie darauf, daß die Aufgaben möglichst (alters-)gerecht verteilt bzw. angenommen werden.

Natürlich dürfen alle dabei sein, wenn beispielsweise Ihr ältester Sohn als Sekretär das Diktat der Jüngsten entgegennimmt und eintippt. Es dürfen auch alle zusätzliche Vorschläge machen, aber nur Ihre Tochter entscheidet darüber, welche Beiträge in den Brief aufgenommen werden. Sie lernen endlich, mit der Rechtschreibprüfung umzugehen und Ihr Mann, den Thesaurus zu handhaben.

Sprechen

Passiver Wortschatz

Lassen Sie Ihr Kind bei sich auf den Schoß setzen, während Sie am Computer arbeiten. Das geht bereits ab einem sehr frühen Alter und trägt dazu bei, daß die Kinder ein Hintergrundwissen bekommen. Die steigende Mobilität Ihres Kindes und sein Wunsch, die Umwelt zu erkunden, wird unweigerlich dazu führen, daß das Kind sich bald reckt und mit ausgestreckten Armen sowie auf Zehenspitzen versucht, an den Computer heranzukommen.

So funktioniert es:

Wenn das Kind auf Ihrem Schoß sitzt, können Sie ihm helfen, ihm die Hand führen und es auf bestimmte Dinge am Bildschirm hinweisen. Es ist auch zweckmäßig, das Geschehen auf dem Bildschirm zu kommentieren, selbst wenn Sie das Gefühl haben, daß die Erklärungen den Horizont Ihres Kindes weit übersteigen. Solange Sie mit Ihrem Kind allein sind, braucht Ihnen das nicht peinlich zu sein; es steigert auf jeden Fall seinen passiven Wortschatz.

Sprachentwicklung

In der Mitte des zweiten Lebensjahres gibt die Sprachentwicklung Kindern die Fähigkeit, sich mit anderen über ihre Welt auszutauschen. Mit den zunehmenden Sprachfähigkeiten wachsen auch die Möglichkeiten zur Nutzung des Computers. Durch diese Nutzung wird aber wiederum auch die Sprachentwicklung gefördert. So werden z. B. Wörter zu sinnvollen Sätzen angeordnet. Der Beginn dieser scheinbar einfachen Wortverbindungen ist der erste Schritt zur Erarbeitung der Grammatik. Die Grammatik dient zur Definierung von Beziehungen zwischen Gegenständen und Handlungen. Kinder dieser Altersgruppe sind nunmehr in der Lage, einer überschaubaren Reihe von Anweisungen mit vorhersehbaren Wirkungen zu folgen, da sie allmählich verstehen, wie sich Sprache zur Planung der Zukunft einsetzen läßt. Die Wiederholung dieser einfachen Anweisungen markiert einen Meilenstein in der Sprachentwicklung und der Fähigkeit zur Computernutzung.

So funktioniert es:

Zeigen Sie Ihrem Kind einfache Computeraktionen wie Ausdrucken oder Bewegen der Maus und benennen diese mit Aussagesätzen wie »Ich drucke aus« oder »Ich bewege die Maus«. Gehen Sie nach zwei bis drei Beispielen dazu über, sich selbst in Anwesenheit des Kindes die gezeigten Aktionen als Aufgaben mit Anweisungen wie »Drücke die Maustaste!«, »Schalte den Computer an!« oder »Bewege den Mauszeiger!« zu befehlen und ein zweites Mal auszuführen.

In der dritten Runde geben Sie nun die Anweisungen Ihrem Kind, evtl. sogar in Babysprache (»Drücke Maus« oder »Computer an«). Helfen Sie ihm bei der Ausführung, wenn nötig.

Zum Abschluß darf das Kind Ihnen zwei der zuvor erarbeiteten Befehle geben, die Sie ein letztes Mal für diese Sitzung wiederholen. In künftigen Sitzungen brauchen dann nur noch die dritte und vierte Runde aufgefrischt werden.

Sprachentwicklung mit dem Computer

Der Heimcomputer kann zum Thema vieler Gespräche werden, Kindern bei der Erinnerung an bestimmte Erlebnisse helfen, sie bei der Einkreisung und Lösung von Problemen unterstützen sowie zur Vorhersage von Ereignissen, dem Entwurf von Strategien und zum Setzen von Zielen dienen. Jedes dieser Elemente setzt bestimmte Sprachstrukturen voraus, die von Kindern erlernt und beherrscht werden müssen. Allein durch die Interaktion mit dem Computer werden Ihnen diese Fähigkeiten allerdings nicht vermittelt. Die Sprachelemente können lediglich im Rahmen der sozialen Interaktion erworben werden.

So funktioniert es:

Durch die Logik des Computers wird auch Ihr Kind zunehmend logisch bei der Planung seiner Aktivitäten und der Entwicklung von Strategien zur Problemlösung vorgehen. Unterstützen Sie Ihr Kind bei der Entwicklung seines logischen Denkens und der unterschiedlichsten Sprachstrukturen. Fragen Sie es immer wieder, was es Schritt für Schritt am Computer gemacht hat. Das können sie beispielsweise dadurch erreichen, daß Sie es bitten, Ihnen zu zeigen, wie es eine bestimmte Aufgabe gelöst hat. Indem das Kind seine Vorgehensweise erklärt, übernimmt es die Funktion, die Sie bislang inne hatten. Besprechen Sie mit Ihrem Kind, wie es vorgehen würde, um eine bestimmte Aufgabe am Computer zu lösen oder ein Programm zu benutzen.

Sprechtrainer

Lassen Sie Ihrem Kind ausgewählte Worte immer wieder vom Computer vorsprechen, am besten in einem Spiel.

So funktioniert es:
Zeichnen Sie mit dem Klangrekorder unter Windows oder dem Kontrollfeld Ton eigene Worte oder gar Sätze auf und speichern sie auf Ihrer Festplatte. Starten Sie das Kreativprogramm Fine Artist und belegen Sie unter dem Hupensymbol der Menüleiste ein Bild oder Motiv mit der von Ihnen aufgezeichneten Klangdatei. Klickt Ihr Kind nun auf das ausgewählte Symbol oder Bild, so ertönt Ihr Wort oder Satz. Mehrere Motive in einer Datei können jeweils ein Thema abhandeln, etwa den Zoo oder den Spielplatz.

Voraussagen

Bitten Sie Ihr Kind, Voraussagen darüber zu machen, was wohl passieren wird, wenn man eine Datei nicht abspeichert oder die Klangeinstellungen verändert. Damit ermuntern Sie Ihr Kind zur Ausformulierung seiner Gedanken.

So funktioniert es:
Bitten Sie Ihr Kind während einer Sitzung vor jedem Schritt, zu erklären, was es als nächstes am PC machen will. Lassen Sie zuerst Ihr Kind frei erzählen. Weiß es nicht mehr weiter oder halten Sie die Aussagen für unvollständig, können Sie auch

mehrfach nachfragen, ohne dabei jedoch irgendwelche Hinweise zu geben und damit Ihr Kind zu beeinflussen. Setzen Sie anschließend die Anweisungen des Kindes in die Praxis um, um festzustellen und zu zeigen, ob sie zutreffend waren.

Fragen Sie Ihr Kind bei Fehlern, warum es nicht geklappt hat und diskutieren Sie mit ihm darüber, um eine mögliche Ursache und Lösung dafür zu finden, z. B. »Was ist das Problem?«, »Am Bildschirm sind keine Farben«, »Woran liegt das?«, »Ich glaube, da hat jemand die Einstellungen verändert, kannst du das beheben?«. Halten Sie sich selbst zunächst zurück und bieten Sie nicht sofort die Lösung an.

Gedankenexperimente

Im Alter von fünf Jahren haben Kinder das Gefühl, daß sie ihren Körper und ihre Umwelt immer besser in den Griff bekommen. Das phantasie- und ideenreiche kreative Spielen macht Kindern dieser Altersgruppe großen Spaß und sie können auch eine Menge lernen. Die Phantasie und die größere Zahl von sozialen Beziehungen hilft Kindern dabei, ihre Erlebnisse zu strukturieren und sich neue Spielformen zu eröffnen. Über ihre größere Phantasie können sich Kinder mit großem Spaß imaginäre Realitäten schaffen, in denen sie Gedankenexperimente durchführen können. Durch ihre Phantasie können sie sich auch besser selbst beschäftigen. Durch die fortgeschritteneren Sprachfähigkeiten ist das Kind nun in der Lage, anderen seine eigene Welt und Realität mitzuteilen. Aus Erlebnissen wird »Wissen«, auf das man bei späterer Gelegenheit zurückgreifen kann. Die Welt wird immer berechenbarer.

So funktioniert es:

Da Vorschulkinder noch gar nicht oder nur wenig schreiben können, ist zu empfehlen, daß sie ihre Gedankenexperimente am PC mit einem Bild ausdrücken. Malprogramme für Kinder sind mit sogenannten Stempeln oder Stickern ausgestattet, die es den Kindern ermöglichen, erkennbare Bilder per Mausklick auf die Zeichenfläche am Bildschirm zu setzen. Diese Stempel können durch eigene Werke oder importierte ClipArt-Grafiken ergänzt werden. So kann ein Gedankenexperiment mit dem Thema »Ich kann unter Wasser atmen« durch Bilder von Meerestieren oder Unterwasserobjekten erweitert werden.

Für ein Gedankenexperiment können Sie auch Ihrem Kind als »Sekretär« dienen, während es Ihnen »diktiert«, was es sieht und erlebt. Oder es bedient den PC selbst, und Sie müssen das Ergebnis begutachten und erzählen, was Sie alles darin entdecken können. Anschließend erzählt Ihr Kind, was Ihnen entgangen ist. Ein Ausdruck fürs Tagebuch besiegelt die Sitzung.

Wörtertreppen

Diese Übung trainiert die Verbindung von Lauten zu Worten und die Zusammensetzung von Wörtern aus Buchstaben.
So funktioniert es:
Schreiben Sie ein Wort in ein neues Dokument einer Textverarbeitung. Lassen Sie Ihr Kind das Wort in den nächsten Zeilen wiederholen, es soll jedoch jeweils den letzten Buchstaben weglassen und jedes neue Wort aussprechen. Ist die Wörtertreppe am Ende, weil nur noch ein Buchstabe übriggeblieben ist, so geht es wieder zurück.

Beispiel
malt
mal
ma
m
ma
mal
malt

Als Spiel läßt sich die Variante einfügen, daß bei jedem Aufbau einer Treppe ein neues Wort gefunden werden muß.

Beispiel
malt
mal
ma
m
ma
mac
mach
macht

Reimketten

Reimketten ist ein nettes Spiel für zwischendurch, das besonders Vorschul- und Grundschulkindern Spaß macht. Abwechselnd gibt jeder Mitspieler ein Wort vor, zu dem die anderen weitere Reimwörter finden müssen (siehe auch *Reime erfinden* Seite 187). Für Kinder, die noch nicht schreiben können, übernehmen die Eltern oder ältere Mitspieler diese Aufgabe und lesen auch vor.

So funktioniert es:

Öffnen Sie ein neues Dokument Ihrer tabellenfähigen Textverarbeitung wie Microsoft Word. Erstellen Sie eine Tabelle, in der jeder Mitspieler eine eigene Spalte erhält. Der erste Mitspieler gibt das Wort »Schnabel« vor, auf das die anderen nun Reimwörter mit der gleichen Endung finden müssen. Der Reihe nach gibt der Aufgabensteller die Antworten seiner Mitspieler in die Tabelle ein, etwa »Kabel«, »Gabel« und »Nabel«. Bei Vorschulkindern darf man es natürlich mit der korrekten Rechtschreibung nicht so genau nehmen, Hauptsache, es reimt sich, z. B. »So« und »Stroh«. Bewährte Endungen für Reime sind »...abel«, »...ach«, »...achen«, »...auen«, »...ein«, »..eis«, »...eiter«, »...egen«, »...ingen«, »...inken«, etc.

Malen

Erstes Malen

Kinder malen gern. Bunte Kleckse und die Erstellung von Formen und Mustern machen fast allen Kindern Spaß. Um ihre Bilder fertigzustellen, bedienen sie sich aller möglichen Werkzeuge: angefangen vom Pinsel bis hin zu Fingern, Händen und Füßen. Die ersten Interaktionen mit dem Malprogramm werden genauso zufällig und experimentell sein wie die ersten Zeichnungen und Bilder, die Kinder auf Papier bringen.

So funktioniert es:

Beginnen Sie mit einem neuen Dokument Ihres Malprogrammes, setzen Sie mit der Fülleimer-Funktion einen hellen, nicht zu aufdringlichen Farbhintergrund. Eventuell in der Lieblingsfarbe Ihres Kindes. Ermuntern Sie Ihr Kind zu »kritzeln«. Am besten machen Sie Ihm vor, wie man wild mit der Maus auf der Mausmatte herumfahrend farbige Strichmuster am Bildschirm produziert. Nach jedem Absetzen ändern Sie die Farbe und die Strichstärke. Ihr Beispiel sollte dem Kind als Motivation für eigene Kritzelkunst genügen.

Teammalen

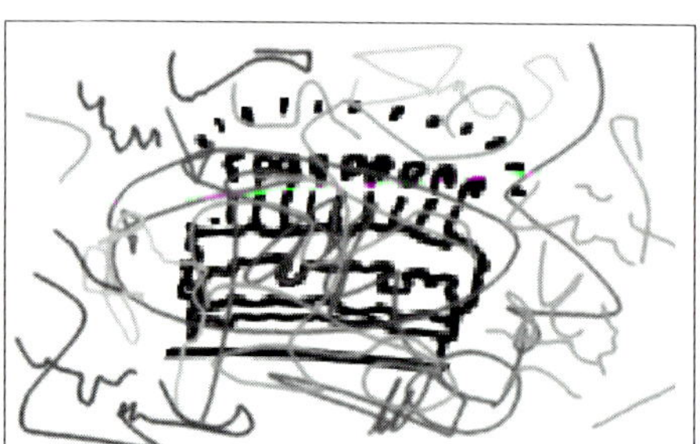

Wenn Mamas oder Papas und ihre Babys zusammen malen, dann kann das am Computer zu einem besonderen Erlebnis werden, denn hier hat das Kind ganz andere Möglichkeiten als das übliche »Kritzikratzi«. Malfunktionen wie Stempel oder Fülleimer garantieren ansprechende Ergebnisse. Natürlich darf auch das freie Malen nicht vernachlässigt werden, aber zwischendurch kann Teammalen nicht schaden.

So funktioniert es:
Starten Sie Ihr Malprogramm und beginnen in einem neuen Dokument, das Sie mit einem Kürzel und dem Datum als Dateinamen abspeichern, etwa »G961206.TIF«.

Wie beim gemeinsamen Malen auf Papier, wo Eltern etwa einen Hasen malen und das Baby mit grünem Stift die Wiese dazu kritzelt, funktioniert auch das Teammalen am PC. Hier malt Mama eine Sonne, und das Kind kann mit vorbereiteter Fülleimer-Funktion per geführtem Mausklick die Sonne ausfüllen. Papa malt eine Wiese, und das Kind darf eine Reihe von Kühen daraufstempeln. Es macht auch überhaupt nichts, wenn die Kühe im Himmel schweben. Kind macht Kritzikratzi, und Papa konstruiert einen Bilderrahmen samt Kunstausstellung außen herum.

Praxistip: Solche Gemeinschaftswerke kommen bei Omas und Großtanten gut als Grußkarten (siehe Seite 214) an.

Raupenwohnung

Zu den ersten bewußten Malwerken gehören einfache Negativbilder. Negativ, weil mit dem Radierer in ein bestehendes Bild gemalt wird. Solche Negativbilder erfordern von Ihnen als Eltern etwas mehr Aufwand, belohnen jedoch Ihre Kinder mit tollen und vorzeigbaren Werken, die das Selbstbewußtsein enorm fördern.

So funktioniert es:
Importieren Sie in Ihr Malprogramm die ClipArt-Grafik eines Apfels, oder konstruieren Sie sich selbst einen aus zwei einander überlagernden Kreisen. Färben Sie das Apfelbild mit dem Fülleimer in nicht zu dunklen Grün- oder Gelbtönen ein. Schalten Sie die Radierer-Funktion an und zeigen Sie Ihrem Kind, wie es den Mauszeiger ansetzt und bei gedrückter Maustaste Raupengänge in den Apfel malt. Ihr Kind frißt sich nun stellvertretend für die Raupe mit dem Radierer mehrere Gänge in den Apfel hinein. Zum Abschluß können Sie noch, falls vorhanden, eine Raupengrafik importieren und in einen der Gänge einsetzen.

Aquarium

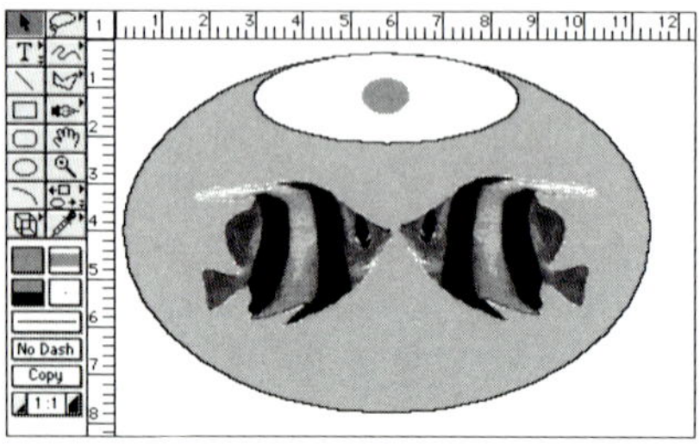

Malprogramme für Kinder zeichnen sich besonders durch die einfache Bereitstellung von Grafiken in Form von Stempeln oder Stickern aus. Kinder können so neben der freien Malerei auch Stempelbilder zusammenstellen, die sie ohne Hilfe des Computers selbstverständlich nicht selbst erstellen könnten, etwa Schneeflocken, Sterne, Planeten, Herzen und viele weitere Formen.

So funktioniert es:

Importieren Sie eine ClipArt-Grafik in Form eines Goldfischglases, oder konstruieren Sie sich aus einem Kreis für die Glaskugel sowie zwei übereinandergelegten, waagerechten Ovalen für die Öffnung. Das Aquarium wird mit der Fülleimer-Funktion in einem hellen Blauton eingefärbt.

Wechseln Sie zum Auswahlmenü für die Stempel oder Sticker, und suchen Sie sich einen oder mehrere verschiedene Fische heraus. Lassen Sie Ihr Kind mit der Maus selbständig die Fische per Mausklick in das Glas setzen.

Malen mit Grundformen

Welches Kind kann Bauklötzchen widerstehen? Mit einfachen Mal- oder Zeichenprogrammen kann man wunderbar ganze Städte und mehr am Bildschirm aus geometrischen Formen entstehen lassen. Auch für Kinder als Therapie gut geeignet, die mit Grundformen ihre Schwierigkeiten haben.

So funktioniert es:

Am besten in einem Zeichenprogramm mit Vektorgrafik, da konstruierte geometrische Formen nachträglich problemlos verschoben werden können. Es ist zur Not auch in einem Malprogramm mit Pixelgrafik möglich, wenn man die geometrischen Figuren direkt am Bild erstellt und später nicht mehr - verschieben möchte. Letzteres ist jedoch nur für geübte oder ältere Kinder zu empfehlen.

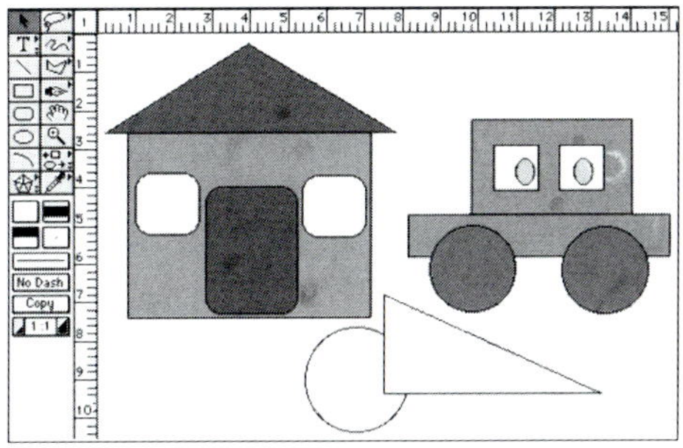

Die Aufgabe lautet herauszufinden, welche Dinge man aus Quadraten, Rechtecken, Kreisen oder Ovalen zusammenbauen kann. Im Zeichenprogramm kann man sich eine Auswahl an möglichen Formen zuvor erstellen und bei Bedarf nur duplizieren (kopieren und wieder einfügen). Objekte aus Vektorgrafik lassen sich auch im nachhinein noch einfach in der Rahmen- oder Füllfarbe ändern.

Augustines neue Kleider

Eine einfache Malübung für Kindergartenkinder, die nur wenig mehr als etwas Erfahrung mit der Maus voraussetzt.

So funktioniert es:

Laden Sie in Ihr Malprogramm die Illustration eines Clowns und löschen zur Vereinfachung mit dem Lasso eventuell vorhandene Muster aus dem Bild. Schwarzweiß-Illustrationen können zusätzlich von Ihnen mit dem Fülleimer eingefärbt werden. Speichern Sie Ihre Vorlage ab. Zeigen Sie Ihrem Kind, wie es in der Farbenpalette die Farben ändern kann und wie es die Strichstärke seines Pinsels anpaßt.

Seine Aufgabe ist nun, zum Beispiel der Clownfrau Augustine zu andersfarbigen Kleidern zu verhelfen. Alle Kleidungsstücke dürfen übermalt oder neu eingefärbt werden. Lustige Muster oder bunte Punkte gehören zu den beliebtesten Verzierungen. Natürlich sind Clowns nicht die einzigen ClipArt-Personen, die neu eingekleidet werden können...

Ameisenfarm

Malen am PC kann nicht nur Spaß machen, sondern auch bilden, etwa bei der Ameisenfarm. Am Bildschirm wird wie im richtigen Leben ein Ameisenbau aufgebaut, der mit Stempeln selbst die Kleinsten teilnehmen läßt.

So funktioniert es:

In einem einfachen Malprogramm für Kinder mit Stempelfunktion markieren Sie mit der Rechteck-Funktion das oberste Fünftel des Bildschirms und färben es hellblau als Himmel ein. Der Rest wird grün oder braun, vielleicht sogar mit einem Muster versehen. Löschen Sie nun mit der Radiergummi-Funktion Gänge und Höhlen aus Ihrem »Erdreich«. Ihr Kind darf nun anschließend in die Aussparungen Ameisen, Käfer und deren Beutestücke wie Erdbeeren, Pizza oder Kuchenstücke stempeln. Im Nu füllt sich das Bild zu einer Ameisenfarm, die auch als Anregung zur Beschäftigung mit der Lebensweise von Ameisen dienen kann.

Bildschirmgärtner

Gestalten Sie mit Ihrem Kind zusammen am Bildschirm einen wundervollen Garten, der entsprechend den Jahreszeiten aussehen kann.

So funktioniert es:

Sie bereiten in einem Malprogramm für Kinder in einem neuen Dokument am oberen und unteren Bildschirmrand einen Gartenzaun vor. Den Zaun erhalten sie entweder aus einer ClipArtsammlung oder konstruieren ihn aus wenigen geraden Strichen selbst. Ihr Kind darf nun den Garten mit Selbstgemaltem, ClipArts oder Stempeln »bepflanzen«. Zum Beispiel einen Baum einzeichnen. In den Baum eventuell ein Nistkasten oder Vogelfutterhäuschen. Wer zu Hause einen Garten hat, kann beobachten, welche Vögel in seiner Gegend leben und sie dann ebenfalls in seinen »Garten« einzeichnen.

Gerade Malprogramme für Kinder eignen sich deshalb für kleine Bildschirmgärtner hervorragend, da sie eine große Auswahl an entsprechenden Motiven als Stempel oder Sticker per Knopfdruck bereitstellen.

Reise um die Welt

Eine Vorbereitungsübung für das freie Zeichnen von Kreisen oder kreisförmigen Linien nutzt die Faszination, die Flugzeuge auf Kinder ausüben.

So funktioniert es:

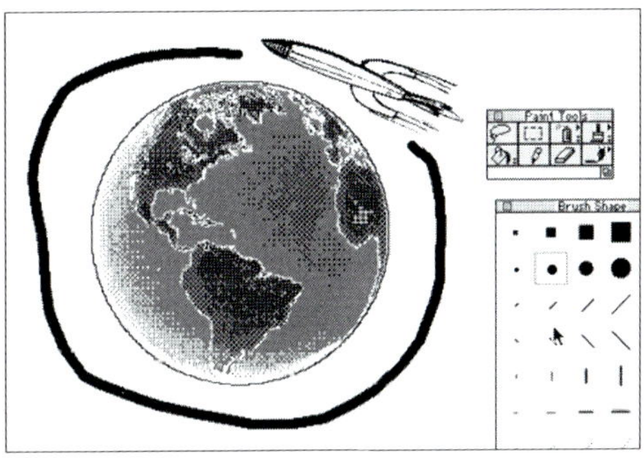

Importieren Sie eine Erdkugel- und Flugzeug-ClipArt-Grafik in Ihr Malprogramm oder zeichnen sie einfach selbst. Setzen Sie das Flugzeug direkt über den Globus. Speichern Sie Ihre Datei.

Wechseln Sie zum Freihandzeichnen der Bleistift-Funktion und zeigen Ihrem Kind, wie man mit dem Mauszeiger in Form eines Bleistifts entweder die dargestellte Erde umrundet oder zumindest teilweise umfliegt. Ziel ist es, die Erdkugel mit der Maus mehrmals zu umkreisen – eine Aufgabe, die sogar Erwachsene ohne Übung kaum auf Anhieb schaffen.

Wildes Piratenmeer

Nicht ganz so schwer wie die vorangegangene Übung, doch für Kinder auch nicht ohne ist die Darstellung von Wellenbewegungen. Dies ist nicht nur eine Übung für die gebogene Linienführung am Bildschirm, sondern bringt auch optisch schöne und vorzeigbare »Kunstwerke« zustande.

So funktioniert es:

Zeichnen Sie in einem Malprogramm eine Wellenbewegung vor, auf die Sie eine alte Segelschiff-ClipArt als Piratenbrigg setzen.

Ihr Kind soll nun mit verschiedenen Blautönen möglichst viele Wellen darunterzeichnen. Die Wellenbewegungen müssen dabei nicht mit der Vorgabe übereinstimmen, wichtig ist nur die gezeichnete Wellenbewegung. Wellenlinien dürfen sich auch überlappen. Zum Schluß können noch Fische eingestempelt oder als ClipArts importiert werden.

Bunte Schmetterlinge

Die Malerei ist eine Ausdrucksform, bei der man Entscheidungen treffen muß; das gilt auch für das Malen am Computer. So müssen sich die Kinder zunächst über die zu verwendenden Farben Gedanken machen und sie dann aus der Farbpalette auswählen. Sie müssen sich über die gewünschte Form klar werden und darüber, wie die Farbe aufgetragen werden soll. Am Ende bleibt jedoch nur noch eine Entscheidung übrig: Wer hat den schönsten Schmetterling gemalt.

So funktioniert es:

Malen Sie sich ein einfaches Schmetterlingsschema selbst, oder vergrößern Sie Schmetterling-ClipArts, bis sie die Zeichenfläche ausfüllen. Löschen Sie eventuelle Muster oder Schattierungen der Flügel mit dem Lasso-Hilfsmittel Ihres Malprogramms bis auf die Umrandung. Stellen Sie nun eine breite Strichstärke für Ihr Kind ein, das die leeren Flügelflächen anschließend neu bemalen kann.

Ausmalbücher

Viele Vorschulkinder lieben Ausmalbücher, die sie mit Buntstiften oder Wachsmalkreiden kolorieren können. Anstatt ein

Ausmalbuch zu kaufen, können Sie mit einem PC, einem Malprogramm und einer ClipArt-Sammlung ohne große Mühe eigene Ausmalseiten erstellen. Das spart Geld: Sie haben keine Anschaffungskosten und auch keine halbvoll gemalten Bücher, die in finsteren Ecken ein trauriges und sperriges Dasein fristen. Geschwister und Freunde können zudem alle das gleiche Lieblingsmotiv ausgedruckt bekommen.

So funktioniert es:

Laden Sie ein ClipArt-Motiv in Ihr Malprogramm und vergrößern Sie es, bis es maximal eine DIN-A4-Seite füllt (20 x 28 cm). Handelt es sich nicht um eine schwarzweiße Strichgrafik, so können Sie auch mit der Radiergummi-Funktion Malflächen aus dem Motiv löschen. Ausdrucken und mit Buntstiften bemalen.

Kinder haben großen Spaß daran, sich im Katalog einer ClipArt-Sammlung ein Motiv herauszusuchen, sich quasi eine Ausmalseite maßschneidern zu lassen.

Ist ein Motiv ausgedruckt, kann Ihr Kind zudem im Malprogramm verschiedene Farben miteinander kombinieren und ausprobieren, bevor es sie auf dem Papier tatsächlich verwendet.

Malen mit Strichmännchen

Strichmännchen und andere Zeichenkonstruktionen lassen sich am Computer besonders gut umsetzen, da sich geometrische Figuren wie Kreise oder Strich geradezu pedantisch sauber zeichnen lassen. Punkt, Punkt, Komma, Strich – fertig ist das Mondgesicht. Solche Übungen sind besonders für Kinder geeignet, die mit Grundformen ihre Schwierigkeiten haben.

So funktioniert es:

Zeichnen Sie mit dem Hilfsmittel Stift und einer großen Strichstärke zwei Punkte als Augen. Setzen Sie eine gerade Linie als Nase dazwischen und zeichnen wieder mit dem Stift den Mund.

Besorgen Sie sich Literatur zum Thema, etwa den Klassiker »Wir zeichnen Tiere« von Ann H. Davidson und James Krüss.

Umgekehrt kann man auch ClipArts, etwa einen Elefanten oder eine Schildkröte, mit geometrischen Figuren nachzeichnen. Beispielsweise ein flaches Oval für den Schildkrötenpanzer, vorne ein Ei für den Kopf und kurze Rechtecke unten für die Füße. Aber auch freies Malen von Strichmännchen kann am Bildschirm Spaß machen, da die letzte Funktion stets zurückgenommen werden kann.

Zackentiere

Malprogramme für Kinder bieten eine wunderbare Gelegenheit, in kreativer und gezielter Weise mit Farbe, Mustern oder Formen zu experimentieren (und Eltern haben den Vorteil, daß sie hinterher keine Spuren zu beseitigen brauchen). Zackentiere zeigt Kindern, wie sie aus einer vorgegebenen Form mit etwas Phantasie neue Motive entstehen lassen können.

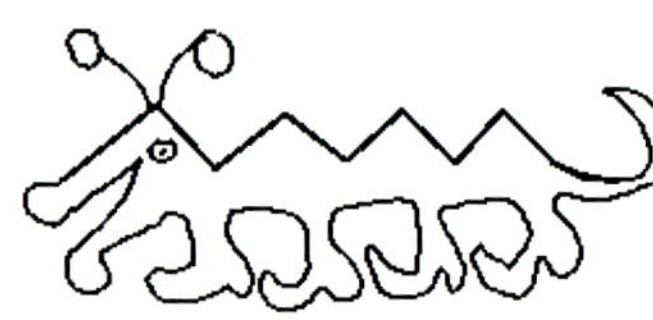

So funktioniert es:

Ausgangsbasis ist eine von Ihnen vorgefertigte Zackenlinie in einem Malprogramm. Die Zackenlinien haben Sie aus mehreren geraden Linien zusammengesetzt. Speichern Sie Ihre Vorlage ab. Aus dieser Zackenlinie kann nun Ihr Kind die unterschiedlichsten Tiere entwickeln, indem es beispielsweise mit dem Hilfsmittel Stift Augen oder Füße einzeichnet. Eröffnen Sie eine Zackentier-Ausstellung, in der Sie und Ihr Kind die schönsten Exemplare präsentieren.

Spaß mit Kunst

Ziehen Sie Ihre Baskenmütze auf und den Ringelpulli an. Jetzt geht es der Kunst an den Kragen, und Ihre Kinder (und Sie selbst natürlich auch) werden Spaß damit haben.

So funktioniert es:
Besorgen Sie sich eine Clip-Art-Sammlung mit digitalisierten Kunstgemälden (z. B. Art Gallery 1.0, Microsoft) oder digitalisieren Sie Kunstbücher aus der Bibliothek selbst mit einem Scanner. Im Anschluß können Sie diese dann mit dem Bildbearbeitungsprogramm Goo! (Windows und Mac, Metasystems) humorvoll verunstalten oder ein Puzzleschema dazuladen und zusammen ausdrucken. Natürlich klappt das auch mit anderen Malprogrammen, wenn auch nicht ganz so unterhaltsam und kindgerecht.

Affenlaune

Eine der ersten und einfachsten Übungen für kleine Bildschirmmaler: Geben Sie Ihrem Kind die Umrisse eines Affenkopfes vor, und es darf dann darin Augen, Nase und je einen unterschiedlichen Mund einzeichnen. Bei einem Affenkopf kann es den Mund immer wieder mit der Radiergummi-Funktion aus dem Bild herauslöschen oder aber in duplizierte Formen einen lachenden, weinenden, brüllenden oder neugierigen Gesichtsausdruck einzeichnen.

So funktioniert es:
In einem Malprogramm zeichnen Sie ein Affengesicht oder nur seine Kopfform. Ein Oval für den Kopf, zwei Kreise für die Ohren und einen großen Kreis für den Mund sind mit den entsprechenden Hilfsmitteln schnell konstruiert. Sie können auch eine entsprechende Clip-Art verwenden und mit der Radiergummi- oder der Lassofunktion den Mund

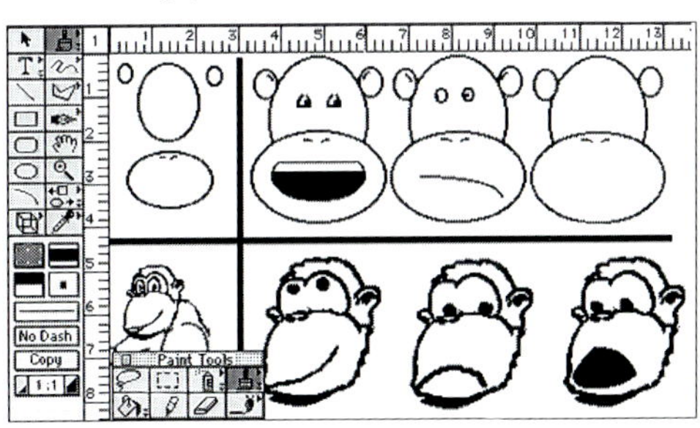

herauslöschen. Stellen Sie gemeinsam mit Ihrem Kind eine passende Malfarbe und Strichstärke für die Pinselfunktion ein. Das Malspiel beginnt damit, daß das Kind immer wieder mit dem Stift, Pinsel oder einer Polygonfunktion einen neuen Mund einzeichnen kann. Mal lachend, mal traurig, mal wütend, mal glücklich, rufend, flüsternd, verwirrt, zufrieden, staunend, neugierig, etc. Zur Abwechslung oder als höherer Schwierigkeitsgrad können Sie auch noch die Augen und die Nase löschen und sie das Kind ebenfalls zeichnen lassen. Machen Sie einen Ausdruck für Ihre persönliche Affensammlung oder für die Ihres Kindes...

Diese Übung eignet sich bestens, um ein Kind nach anfänglicher Einweisung alleine am Computer malen zu lassen. Es benötigt hierfür nur das Wissen, wie es mit der Maus und der Pinselfunktion malen kann, wie es den Mund mit der Radiergummifunktion wieder löscht und seine Zwischenergebnisse ausdrucken kann.

Unterwassermonster

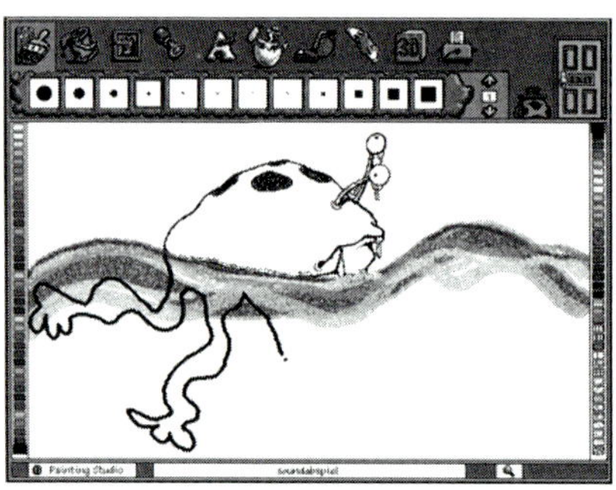

Ist bei der vorangegangenen Übung »Zackentiere«, der Anspruch noch relativ gering, so wächst er bei dieser Übung ganz bestimmt. Auf einer Wellenlinie ist der Kopf eines gezeichneten Monsters zu sehen, das unter der Wasseroberfläche von Ihrem Kind vollendet werden soll.

So funktioniert es:

Importieren Sie einen Monsterkopf aus der ClipArt-Sammlung und plazieren Sie ihn in Höhe des obersten Viertels. Zeichnen Sie eine Wellenlinie hinzu, die den Kopf auf der Talsohle einer Welle schwimmen läßt. Ihr Kind kann nun unter Wasser das Monster nach seiner Wahl vervollständigen. Es muß nicht immer ein Monster sein, es eignen sich auch Menschen- oder Tierköpfe für dieses Malspiel, erstere haben jedoch den Vorteil, daß sie nicht an bestimmte Formen gebunden sind und somit die Phantasie Ihres Kindes freien Lauf nehmen kann.

Sternenbilder

Mit Sternenbilder sind diesmal keine Konstellationen am Himmelszelt gemeint, sondern Bilder, die wie der Nachthimmel selbst leuchten und am Bildschirm einfach zu gestalten sind. Besonders geeignet für Kindergarten- und Vorschulkinder.

So funktioniert es:

Starten Sie KidPix, das Malprogramm für Kinder, und färben Sie die Zeichenfläche mit der Fülleimer-Funktion in Schwarz oder Dunkelblau ein. Wechsel auf Hellgelb und die Pinsel-Funktion. In der ersten Werkzeugleiste an dritter Stelle die Punktmalerei anklicken und den Mauszeiger bei gedrückter Maustaste langsam über die Zeichenfläche ziehen. Auf diese Weise bleiben die weißen und hellgelben Punkte noch recht locker in ihren Abständen. Sie können engere Abstände erhalten, indem Sie manuell Klick für Klick einen Punkt neben den anderen setzen.

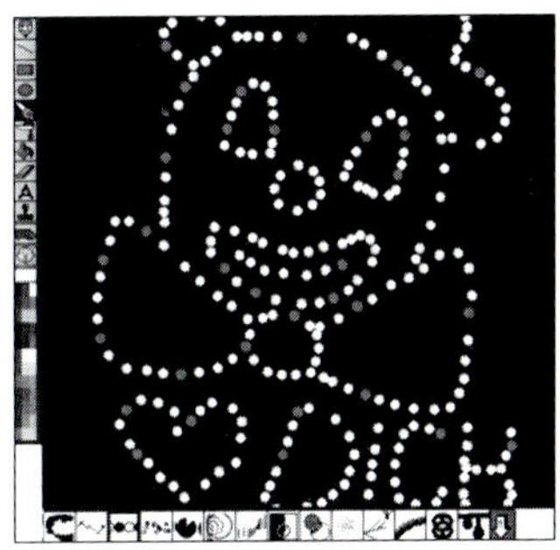

Stadtlandschaft

Eine Zeichenübung, die am PC besonders gut gelingt, da er das Zeichnen von Geraden erleichtert, die auf dem Papier meist etwas krakelig werden. Aus mehreren Grundlinien wird die nächtliche Silhouette einer Stadtlandschaft herausgearbeitet. Eingefärbte Werke eignen sich auch hervorragend als Fensterbilder.

So funktioniert es:

In einem Zeichnen- oder Malprogramm wird, sofern vorhanden, die Polygon-Funktion oder das Linien-Hilfsmittel angewählt. Bei der Polygon-Funktion setzt man mit einem Mausklick einen Anfangspunkt und mit weiteren Mausklicks Zwischenpunkte, die vom PC automatisch mit Linien verbunden werden. Wenn Ihr Zeichenprogramm nur das einfache Zeichnen von Linien erlaubt, dann ziehen Sie entsprechend nacheinander mehrere Linien, die jedoch wie im gezeigten Bild nur waagerecht oder senkrecht sein dürfen und stets aneinanderliegen müssen.

Spannt sich eine Häusersilhouette über die gesamte Breite des Bildschirms, so darf sie das Kind mit Drei- und Rechtecken als Fenster, Schornsteine oder Dächer ausstatten. Auch Halbkugeln oder Bögen können über die Hilfsmittel Kreis oder Bogen (sofern vorhanden) eingesetzt werden. Zum Abschluß können Sie noch die entstandene Stadtlandschaft per Fülleimer mit einer Farbe oder Muster versehen.

Für fortgeschrittene »Häuslebauer« kann man die Aufgabe etwas schwieriger gestalten, indem man die erste Häuserlinie mit einer zweiten übermalt. Die erste liegt nun im Hintergrund, ist also weiter entfernt, und wird von der zweiten überlagert und verdeckt. Die Ausstattung und Füllung erfolgt wie zuvor.

Quadratmosaik

In vielen Stilrichtungen der modernen Kunst werden gerne Grundformen wie Rechtecke, Kreise und Geraden verwendet. Für größere Kinder wird das zuvor besprochene »Malen mit Grundformen« zum künstlerischen Werk, indem mit geometrischen Figuren gemalt, Vielecke erstellt, dupliziert, gedreht und verschoben werden.

So funktioniert es:

Wählen Sie in einem Mal- oder Zeichenprogramm die dünnste Linienstärke, und erzeugen Sie mehrere Quadrate, deren Linien- und Füllfarbe identisch ist. Schieben Sie die Quadrate wie bei einer Collage neben- oder übereinander. In Zeichen- oder besseren Malprogrammen können Sie die Quadrate zusätzlich in beliebigen Winkelgraden drehen. Diese Maltechnik lebt durch die Variation der Farben und läßt kunstvolle Muster und Bilder entstehen.

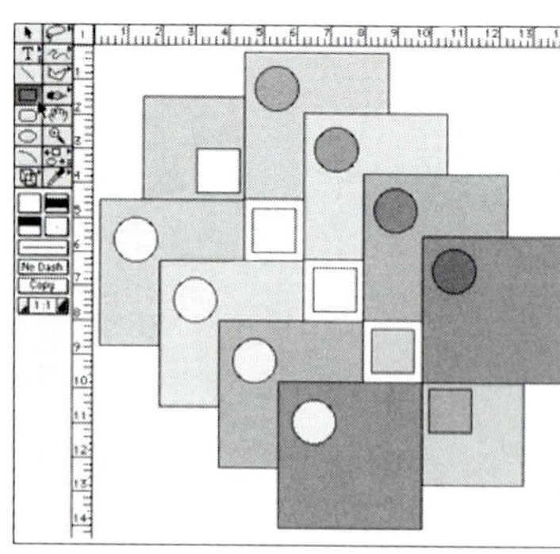

Computer-Schminken

Ob auf Kinderfesten oder als Hobby, das Schminken von Kindern ist eine echte Kunst. Mit einem Maskenschema als Hintergrund können Sie neue Motive ausprobieren und sich auch von Ihrem Kind zeigen lassen, wie es beim nächsten Fasching oder Kostümfest aussehen will.

So funktioniert es:

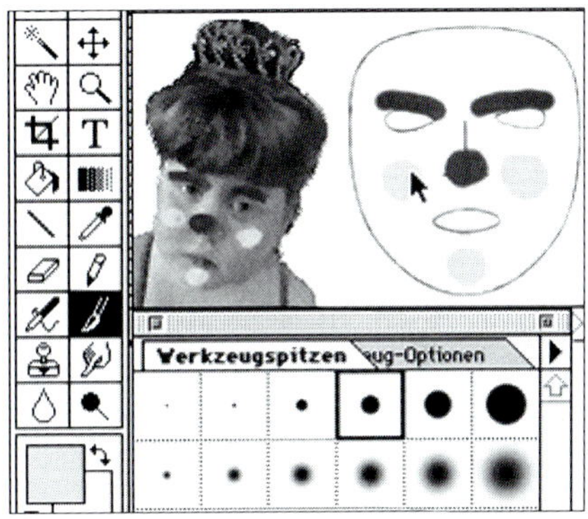

Zeichnen Sie sich mit dem Stift-Hilfsmittel in Ihrem Malprogramm eine Grundmaske aus einem Oval und speichern sie ab. Laden Sie nun immer zuerst diese Maskendatei, speichern sie sofort unter einem neuen Namen ab, und beginnen erst jetzt mit dem virtuellen Schminken am Bildschirm. Anstatt einem Maskenschema können Sie auch sehr gut ein digitalisiertes Foto von der zu schminkenden Person verwenden.

Praxistip: Setzen Sie zuerst die Konturen der Motive, die Sie schminken wollen, etwa die Flügel eines Schmetterlings oder die Augenklappe eines Piraten. Beginnen Sie mit den hellen Farben, und arbeiten Sie sich schichtweise zu den dunklen an oberster Stelle hinauf.

Spielen

Memory

Kinder sind beim Gedächtnislegespiel Memory unschlagbar, bei dem Bildpaare gefunden werden müssen. Mit dem PC können Sie ganz leicht eigene Memory-Legespiele erstellen und zum Spielen immer wieder ausdrucken. So können keine Karten verloren gehen oder Motive langweilig werden, denn letztere lassen sich schnell und einfach austauschen.

So funktioniert es:
Zeichnen Sie in Ihrem Mal- oder Zeichenprogramm ein Quadrat mit 7 mal 7 Zentimeter, kopieren es zwölfmal und verteilen sie über ein Blatt, so daß ein Gitter aus 3 mal 4 Feldern entsteht. Importieren Sie für jedes Feld ein digitalisiertes Motiv oder eine Clip-Art und verteilen sie. Jede gespeicherte Datei wird zweimal ausgedruckt, um von jedem Motiv ein Paar zu erhalten. Sofern Ihr Drucker es erlaubt, können Sie gleich auf stärkere Papiersorten wie Tonpapier oder dünne Pappe drucken oder aber die Ausdrucke mit einem Klebestift auf Pappe aufziehen, so daß die Spielbarkeit durch feste Karten gesteigert wird. Schauen Sie dazu in das Handbuch Ihres Gerätes.

Breiten Sie alle Kärtchen so aus, daß nur die Rückseiten ohne Motive zu sehen sind. Reihum darf jeder zwei Kärtchen aufdecken, bis er zwei identische Motive findet und als Paar aus dem Spiel nimmt. Gewonnen hat, wer am Ende die meisten Paare gefunden hat.

Mit Clipart-Sammlungen lassen sich problemlos immer neue Memorys produzieren, etwa Tier- oder Verkehrszeichenmemorys. Noch weniger Aufwand bereitet ein Buchstabenmemory zum Lesenlernen. Setzen Sie dazu die Buchstaben mit der Textfunktion Ihres Malprogramms in die quadratischen Rahmen. Das Buchstabenmemory läßt sich auch in der Textverarbeitung Mircosoft Word mit einer entsprechenden Tabelle erstellen.

Als besonderen Gag oder als Geschenk läßt sich auch ein individuelles Familienmemory basteln. Digitalisieren Sie zu Hause, bei Ihrem Fachhändler oder bei einem Printshop ausgewählte Porträt- oder Brustfotos Ihrer Familie einschließlich Großeltern, Tanten und Onkel, Neffen und Nichten. Bei kleineren Familien von jedem Mitglied zwei Motive, sonst eines. Da auf ein DIN-A4-Blatt mehrere Fotos zum Scannen passen, dürfte die Angelegenheit nicht allzu teuer werden und nur ein paar Mark kosten.

Bildschirmmemory

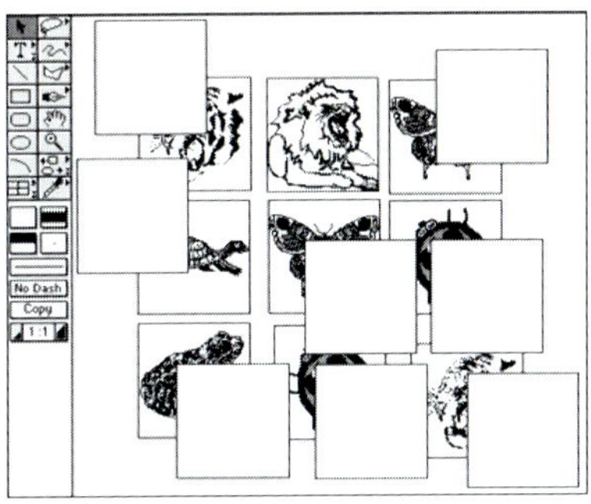

Memory läßt sich auch prima am Bildschirm spielen. Das hat den Vorteil, daß nie ein Bildkärtchen verloren gehen kann und keine zusätzliche Schachtel Ihre Regale versperrt.

So funktioniert es:

Malen Sie mit dem Rechteck-Hilfsmittel Ihres Zeichenprogramms mit Vektorgrafik für jedes Motivpaar zwei Quadrate von je vier Zentimeter Länge. Importieren Sie in beide ein identisches Bildmotiv aus Ihrer ClipArt-Sammlung oder Selbstgemaltes. Erzeugen Sie noch einmal für jedes Bild ein Quadrat von gleicher Größe zum Abdecken. Schieben Sie die leeren Quadrate über die Bildmotive, so daß diese vollständig verdeckt werden.

Jeder Mitspieler darf wie beim Originalspiel zwei Motive pro Runde durch Verschieben aufdecken und durch Löschen aus dem Spiel nehmen, wenn es sich um ein Bildpaar handelt. Sonst werden die Abdeckquadrate wieder an Ort und Stelle zurückgeschoben. Gewinner ist, wer am Ende die meisten Paare gefunden hat.

Memory mit Klängen

Diese Memoryvariante ist nur mit einem Computer möglich. Anstatt Bildmotive müssen Klänge, Geräusche und Melodien paarweise gefunden werden – ein Spiel, das Kinder für Stunden begeistert.

So funktioniert es:

Im Kreativprogramm für Kinder Fine Artist lassen sich einer Grafik aus einer Soundbibliothek verschiedene Laute oder Tierstimmen zuordnen. Klicken Sie dazu auf das Symbol Gemälde in der oberen Menüleiste und wählen aus den Rollleisten ein Motiv aus. Wechseln Sie im Menü auf das Hupen-Symbol und laden aus dem Auswahlfenster einen beliebigen Sound. Wiederholen Sie diesen Vorgang stets paarweise, es muß also stets ein und dieselbe Grafik mit unterschiedlichen Sounds belegt werden, wobei jeder Klang ein zweites Mal vorhanden sein muß. Mischen Sie anschließend die mit Klängen belegten Symbole gut durcheinander, so daß die Paare nicht beieinanderliegen. Wie beim Vorbild darf pro Runde jeder Mitspieler zwei Symbole durch Anklicken »aufdecken« und abspielen. Wer in einer Runde ein Paar abspielt, darf sie sich gutschreiben und löscht die beiden Symbole aus der Datei. Um ihr Soundmemory nicht immer wieder neu erstellen zu müssen, sollten Sie Ihre Datei vor dem Mischen der Symbole als Vorlage abspeichern.

Blitzermemory

Die Gruppe der Mitspieler wartet mit gezücktem Bleistift und einem Blatt Papier darauf, daß sich der Bildschirm erhellt und sekundenlang mehrere Motive zeigt, die es anschließend aufzuschreiben gilt.

So funktioniert es:

Bereiten Sie verschiedene Dateien in einem Dokument Ihres Mal- und Zeichenprogramms oder Ihrer Textverarbeitung wie folgt vor. Importieren Sie je nach Alter der Spieler zwischen drei und acht digitalisierte Motive bzw. ClipArts in verschiedenen Größen in ein neues Dokument.

Alle Mitspieler versammeln sich vor dem Monitor, ein Spielleiter lädt für drei oder vier Sekunden eine der vorbereiteten Dateien und schließt sie auf Mausklick wieder. Die Mitspieler haben nun ein bis zwei Minuten Zeit, um alle gezeigten Objekte aufzuschreiben. Für richtig notierte Motive gibt es einen Punkt, für falsche einen Abzug. Wer in einer oder mehreren Runden die meisten Punkte vorweisen kann, gewinnt. Vorschulkinder, die noch nicht schreiben können, dürfen trotzdem mitspielen, indem sie die Motive, die sie erkannt haben, einfach malen oder sich merken.

Domino

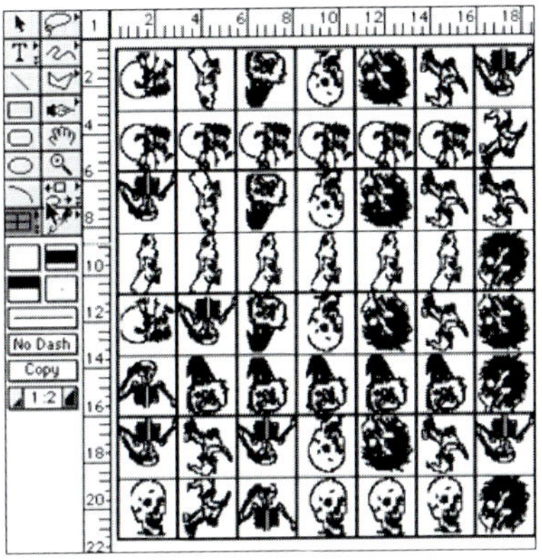

Beim Legespiel Domino dürfen nur Bildmotive an eines der beiden Enden angelegt werden, die mit den jeweils letzten einer Reihe übereinstimmen. Mit der beschriebenen Methode können Sie sich eine unendliche Anzahl an Dominos und anderen Legespielen basteln.

So funktioniert es:

Erstellen Sie in einem neuen Dokument Ihres Mal- oder Zeichenprogramms ein Raster wie im Bild: entweder aus mehreren über Kreuz gelegten Geraden oder aber durch aneinandergelegte Rechtecke. Laden Sie unterschiedliche Motive Ihrer ClipArt-Sammlung und duplizieren sie mehrfach. Alle Motive müssen dabei in ein Quadrat des Rasters passen oder aber entsprechend verkleinert werden. Ausdrucken, aufschneiden, fertig.

Als Partnerspiel wird abwechselnd gelegt, und wenn ein Mitspieler keine passende Karte besitzt, muß er aussetzen. Gewonnen hat, wer als erstes alle Karten ablegen konnte.

Suchspiele

Kinder lieben Suchbilder. Bekannt sind vor allem jene, bei denen Details entfernt wurden und die Kids durch Vergleichen mit dem Original herausfinden müssen, was genau nun fehlt.

So funktioniert es:

Besorgen Sie sich im Handel eine ClipArt-Sammlung mit bereits digitalisierten Bildern oder Illustrationen. Starten Sie Ihr Malprogramm und stempeln oder importieren Sie eine ClipArt-Grafik zweimal, z. B. einen Clown. Entfernen Sie mit dem Lasso-Hilfsmittel einzelne Details aus dem zweiten Bild, etwa die runde Clownsnase, die Blume oder einen Knopf. Das Kind muß nun durch Vergleichen herausfinden, welche Details gelöscht wurden. Bei Bedarf kann noch unter den Bildern angegeben werden, wie viele Details fehlen.

Tortenschlacht

Das bekannte und beliebte Gesellschaftsspiel »Schwanzpecken« für Kinderpartys feiert am PC eine fröhliche Wiedergeburt. Anstatt jedoch dem Esel an der Wand einen Wollschwanz mit einer Stecknadel anzuheften, erledigen dies moderne Kids am Bildschirm und mit der Maus. Hinterher können sie sogar noch einen Ausdruck ihrer Treffer mit nach Hause nehmen.

So funktioniert es:

Malen oder importieren Sie in einem Malprogramm mit der Stempelfunktion z. B. einen Clown, aus dem mit der Lasso-Funktion bis auf das Gesicht alles gelöscht wird. Speichern Sie die Datei mit dem Clownsgesicht je einmal unter dem Namen eines jeden Partygastes ab. In einem Malprogramm für Kinder haben Sie bereits eine Geburtstagstorte als Stempel oder Sticker zur Verfügung, während in herkömmlicher Software eine entsprechende Clip-Art-Grafik erst noch geladen werden muß.

Unterbrechen Sie Ihre Feier mit dem Aufruf für ein allgemeines Partyspiel. Alle Kinder setzen sich um den PC herum und das Geburtstagskind als erstes davor. Nun wird seine persönliche Clownsdatei geladen und der Torten-Stempel ausgewählt. Dem Spieler werden die Augen verbunden und die Hand auf die Maus gelegt. Er hat nun drei Versuche, um per Mausklick die Torte möglichst auf das Gesicht zu stempeln. Wenn Sie jedoch über keine Stempelfunktion verfügen, tippt der Spielleiter die Tastenkombination zum Einfügen der Illustration ein, es erscheint anstelle des Mauszeigers das Motiv, der Spieler bewegt es mit verbundenen Augen mit der Maus über den Bildschirm und klickt, um es endgültig zu positionieren. Nach den drei Versuchen wird ein Ausdruck gemacht, um hinterher den Sieger mit der besten Treffsicherheit zu ermitteln. Einfacher geht es in Malprogrammen für Kinder, wo eine Stempelfunktion das Plazieren von Bildern wie der Torte auf Mausklick bewerkstelligt. Wird also im Malprogramm ein Stempel mit einer Torte ausgewählt, dem Kind wie im Original die Augen verbunden, kann es am Bildschirm per Mausklick ein-, zwei- oder dreimal ein Motiv auf der Zeichenfläche plazieren. Über das Ursprungsspiel hinaus kann man vom gestempelten Ergebnis einen Ausdruck machen und dem Mitspieler mit nach Hause geben.

Es muß nicht immer ein Clown sein, das Spiel funktioniert zu Ostern ebenso mit einem Hasen und einem Puschelschwanz.

Schattenraten

Ein weiteres Kinderspiel aus der Jahrhundertwende, das am PC zu neuen Ehren gelangt, ist das Schattenraten. Mußte man früher die Hände vor einer Kerze verrenken, um die Schatten von Tieren oder Gegenständen an die Wand zu zaubern, so läßt sich dies heute mit ClipArts einfacher bewerkstelligen. Schattenraten läßt sich in zwei Schwierigkeitsstufen spielen, für kleinere Kinder mit einer Hilfsdatei.

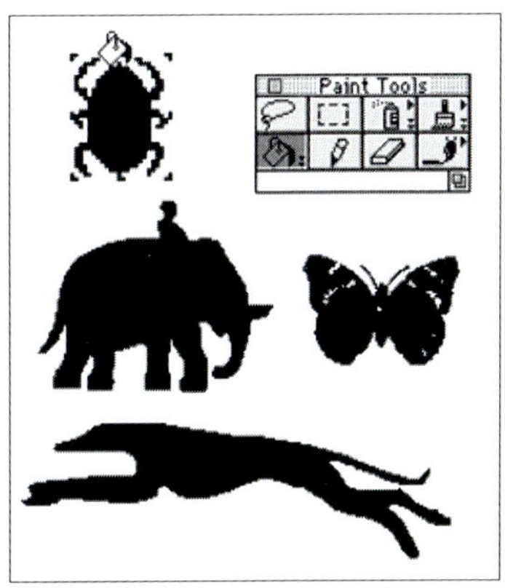

So funktioniert es:
Laden Sie mehrere ClipArts in Ihr Malprogramm und färben jedes Motiv mit dem Fülleimer-Hilfsmittel schwarz ein. Ihr Kind soll nun raten, welches Tier oder welchen Gegenstand das »Schattenbild« darstellt. Für Schulkinder kann bei schwierigen Motiven noch zusätzlich als Hilfestellung eine Liste aller dargestellten Motive beigefügt werden.

Schattensuchen

Schattensuchen ist die einfachere Version des vorangegangenen Spiels für Klein- und Vorschulkinder. Dabei soll jeweils ein Schattenbild und sein Originalmotiv durch eine Linie verbun-

den werden. Schattensuchen läßt sich auch ausdrucken und auf Papier spielen, wenn sich Ihr Kind noch mit dem Strich-Hilfsmittel Ihres Malprogramms schwertut.

So funktioniert es:

Laden Sie ClipArts in Ihr Malprogramm, und duplizieren Sie jedes Motiv mit den beiden Funktionen Kopieren und Einfügen. Färben Sie jedes Duplikat mit der Fülleimer-Funktion schwarz ein und verteilen Originale und ihre Kopien wild durcheinander. Verwenden Sie am besten Tiermotive, die Ihr Kind bereits kennt. Ihr Kind soll nun mit dem Strich-Hilfsmittel am Bildschirm eine Verbindungslinie zwischen jedem Motiv und seinem Schattenbild ziehen.

Schattentheater

Generationen von Kindern haben mit selbstgebastelten Scherenschnitt-Figuren Theater gespielt. Neu ist jedoch, daß der Computer die Herstellung von Scherenschnitten erleichtert und somit die Bandbreite der Charaktere erweitert. Mit einer Lampe angestrahlt erwachen die Schatten der Scherenschnitte an der Zimmerdecke oder auf der Leinwand zum Leben.

So funktioniert es:

Vergrößern Sie ClipArts auf DIN-A4-Format, färben sie wie Schattenbilder schwarz ein, drucken sie, schneiden sie an den Umrissen aus und kleben sie auf Schaschlikstäbchen oder Zahnstocher. Achten Sie jedoch darauf, am besten nur Motive zu füllen, die von der Seite abgebildet sind, da Frontal- oder Rückansichten in der Regel als Scherenschnitt untauglich sind.

Spannen Sie einen weißen Vorhang oder ein Leintuch auf und strahlen das Tuch mit der Puppe dazwischen mit einer starken Lampe an. Damit die Puppenspieler nicht zu sehen sind, sollte jedoch die untere Hälfte mit einem Tisch oder einer Wolldecke verhängt werden.

Anstatt dem zuvor beschriebenen großen Bühnenaufbau für ein Schattentheater reicht es oft auch aus, die Figur auf eine Glasplatte zu legen und mit einer Taschenlampe darunter gegen die Decke zu strahlen. Bewegen Sie die Figur, wird es an der Zimmerdecke lebendig.

Fingertheater

Wie die Puppen für ein Schattentheater, so lassen sich ebenso einfach Spielfiguren für ein Fingertheater erstellen und ausdrucken. Zwei bis vier Finger durch die runden Öffnungen gesteckt, und es kann losgehen. Lassen Sie doch einfach das Frühstücksfernsehen am nächsten Sonntag ausfallen und gestalten für Ihre Kinder ein Theaterstück aus dem Computer.

So funktioniert es:

Importieren Sie Clip-Art-Grafiken mit Menschen- oder Tiermotiven in Ihr Malprogramm.

Malen Sie anstelle der Beine Kreise von rund zwei Zentimeter Durchmesser und in einem Abstand von einem halben Zentimeter. Nach dem Ausdruck werden für die Finger Kreise mit einem Papiermesser ausgeschnitten. Als Stücke eignen sich

Märchen, Fabeln oder selbsterlebte Anekdoten. Als Theaterbühne eignet sich beispielsweise ein ausgedienter Computerbildschirm.

König Drosselbarts Krone

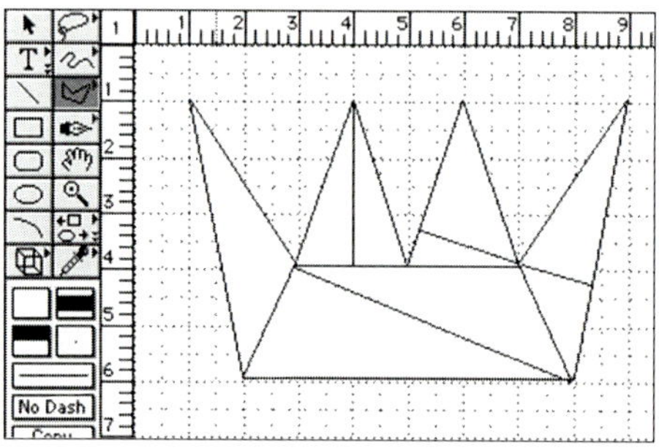

König Drosselbarts Krone ist aufgrund eines Mißgeschicks zersprungen, kann Ihr Kind sie wieder zusammensetzen?

So funktioniert es:

Gestalten Sie in einem Mal- oder Zeichenprogramm eine Krone, die Sie mit zusätzlichen Linien in geometrische Objekte aufteilen, wie ein Trapez, Quadrat oder Dreieck. Drucken Sie das Blatt auf gelbem, möglichst dickem Papier aus. Schneiden Sie die Krone an den Außenkanten und Trennlinien aus.

Mischen Sie die Stücke, und lassen Sie Ihr Kind die Teile wieder zur Krone zusammensetzen. Fortgeschrittene können zudem wie beim Vorbild Tangram ausprobieren, welche Figuren sich noch aus den vorhandenen Stücken legen lassen.

Puzzle

Alle Vorschulkinder legen gerne Puzzlespiele, die allerdings schnell ins Geld gehen können. Dabei sind einfache Legespiele wie Puzzles mit dem Computer ruckzuck selbstgemacht.

So funktioniert es:

Erstellen Sie in Ihrem Mal- oder Zeichenprogramm ein Quadrat, das Sie kopieren und immer wieder einsetzen, bis die gesamte Zeichenfläche des Dokuments mit aneinanderliegenden Quadraten gefüllt ist. Alternativ können Sie auch die Zeichenfläche mit mehreren geraden Linien aufteilen und so ein Rastergitter erstellen. Legen Sie anstelle des üblichen Druckerpapiers eine Zeitschriftenseite ein, und drucken Sie das zuvor erstellte Gitter auf. Schneiden Sie die Trennlinien des Ausdrucks auf. So erhalten Sie quadratische Puzzlestücke. Wird das quadratische

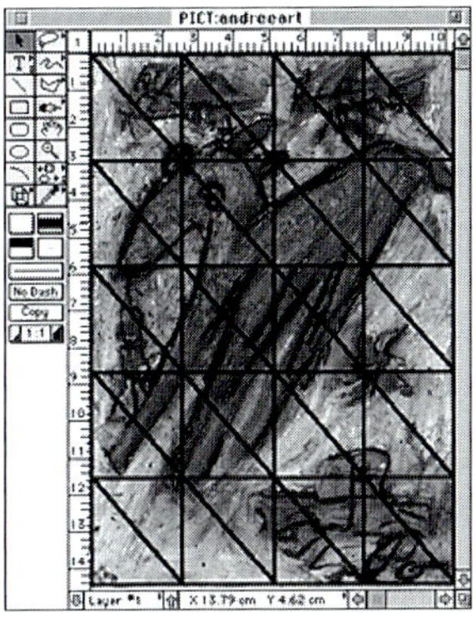

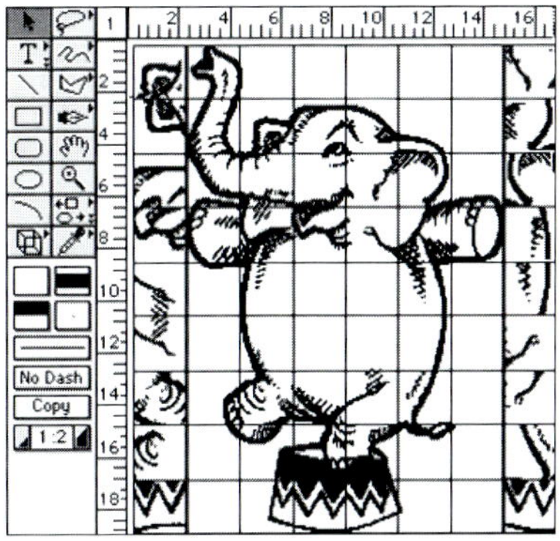

Gitter durch diagonale Linien weiter aufgeteilt, steigt der Schwierigkeitsgrad des Puzzles durch dreieckige Puzzlestücke. Kann Ihr Drucker keine stärkeren Papiersorten als Tonpapier verarbeiten, so können Sie nach dem Ausdruck das Blatt auch mit einem Klebestift oder einem Layoutkleber auf glatten Karton aufziehen.

Quartett

Wie Puzzles lassen sich auch nahezu alle Kartenspiele am PC nachstellen oder den eigenen Wünschen anpassen. Wie würde Ihrem Nachwuchs ein Quartettspiel mit der gesamten Familie von Opa bis Tante Sophie gefallen? Oder Zoo-Poker mit lauter Tiermotiven?

So funktioniert es:

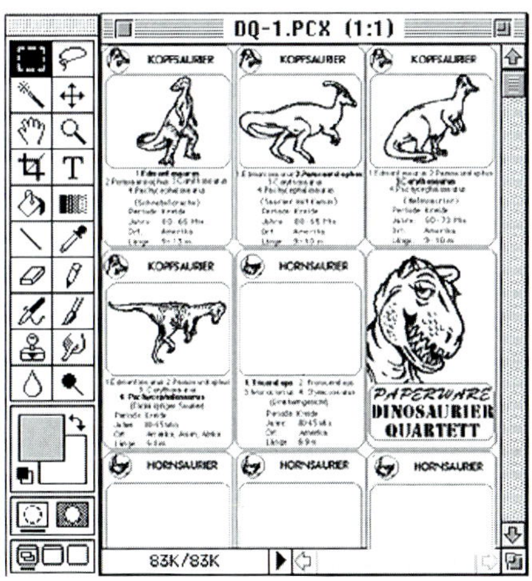

Wählen Sie in Ihrem Mal- oder Zeichenprogramm das Hilfsmittel Rechteck mit gerundeten Ecken. Sobald sie mit dem Mauszeiger ein Rechteck aufziehen, werden die Ecken von der Software wie bei Spielkarten automatisch gerundet. Wählen Sie die Größe der Spielkarten maximal 6,5 mal 10 Zentimeter. Je kleiner die Kinder, die damit spielen werden, desto kleiner können Sie auch die Spielkartenformate festlegen. Kopieren Sie die erste Spielkarte, und duplizieren sie mehrfach durch den Befehl Einfügen.

Abhängig vom Kartenspiel, das Sie umsetzen möchten, werden die Karten anschließend mit importierten ClipArt-Motiven oder Selbstgezeichnetem verziert, mit der Text-Funktion beschriftet und auf möglichst dickem Papier ausgedruckt. Reicht die Papierstärke nicht aus, so können Sie Ihre Ausdrucke wie die Puzzles auf Fotokarton aufziehen.

Brettspiele erfinden

Brettspiele bestehen im Grunde aus wenigen geometrischen Figuren wie Rechtecke, Kreise und Linien. Der Rest ist schmückendes Beiwerk – denn das Auge spielt mit. Wenn Sie sich einfache Brettspiele als Beigabe in Comic-Heften, den Kinderseiten von Illustrierten oder der Werbung ansehen, werden Sie bemerken, daß die meisten nur einigen wenigen Spielmustern folgen. In der Regel handelt es sich um einfache Ketten von Spielfeldern, die durch Ereignisfelder aufgelockert werden. Bei Ereignisfeldern erhält der Mitspieler Vor- und Nachteile durch Aussetzen oder andere Aufgaben. Solche Brettspiele können Sie zur Abwechslung auch mit Ihrem Kind selbst entwerfen und am Computer gestalten. Mit dem PC lassen sich auch hervorragend Brettspielklassiker wie Monopoly oder Mensch-ärgere-dich-nicht um neue Aufgabenkarten oder zusätzliche Spielfiguren ergänzen. Anregung für neue Brettspiele erhalten Sie auch in Spielzeugbüchern Ihrer Bibliothek.

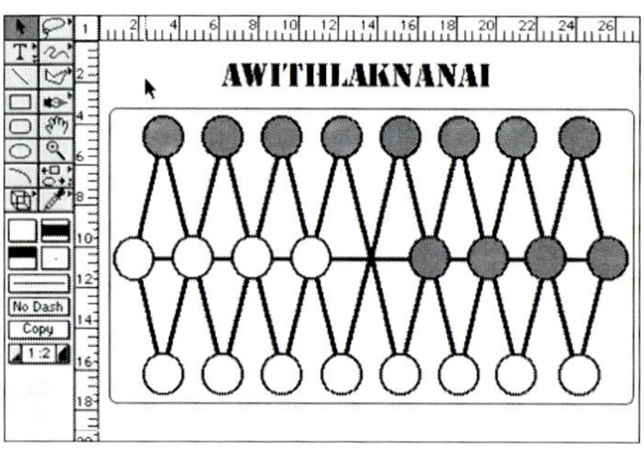

So funktioniert es:

Beginnen Sie mit der Gestaltung eines einfachen Brettspiels, indem Sie in einem Mal- oder Zeichenprogramm ein Standardspielfeld in Form eines Kreises ziehen. Dieses Spielfeld wird mit den Funktionen Kopieren und Einfügen dupliziert und auf der Fläche Ihrer Datei verteilt. Heben Sie Ereignisfelder durch Einfärben mit dem Hilfsmittel Fülleimer oder mit einem Muster hervor. Ereignisfelder können entweder direkt auf dem Spielplan beschriftet werden oder lassen sich durch eigene Ereigniskarten abwechslungsreicher belegen. Je nach dem Motto Ihres Brettspiels können Sie noch andere ClipArts importieren und so zusätzliche optische Anreize schaffen.

Wenn Sie zusammen mit Ihrem Kind ein eigenes Brettspiel entwerfen, wird sich je nach Kenntnisstand und Alter Ihre Betätigung überwiegend auf die Ausführung und sanfte Anleitung beschränken, während Ihr Kind sich auf Aufgaben, Regeln und Szenario des Spiels konzentriert. Scheuen Sie sich nicht, auch scheinbar unsinnige Vorschläge Ihres Kindes auszuprobieren, schließlich lassen sich Zwischenschritte der Spielentwicklung problemlos und schnell abspeichern sowie jederzeit wieder hervorholen. Nur so kann Ihr Kind den Aufbau von Brettspielen erlernen und gleichzeitig seine Kreativität ausleben.

In der Praxis hat es sich bewährt, so wenig wie möglich schwarze oder vollständig gefüllte Flächen zu verwenden, da Ihr Drucker dabei nur unnötig Farbe verbraucht, was bei zahllosen experimentellen Ausdrucken schnell ins Geld gehen kann. Es genügt in der Regel durchaus ein Muster oder eine Graustufenfüllung, um beispielsweise ein Ereignisfeld hervorzuheben.

Dalli Klick

Dieser alte Spielklassiker ist erst in den letzten Jahren durch eine Neuauflage im Hause Ravensburger als »Klappe auf« wieder bekannt geworden. Ein durch mehrere Streifen verdecktes Bild muß erraten werden, und wer als erster das richtige Motiv nennt, hat diese Runde des Gesellschaftsspiels gewonnen.

So funktioniert es:

Scannen Sie ein schönes Bild oder verwenden Sie bereits digitalisierte ClipArts als Hintergrundmotiv, das im Spiel erraten werden muß. Importieren Sie es in ein Zeichenprogramm mit Vektorgrafik, z. B. in das Grafikmodul von Microsoft Word oder in Fine Artist, das Malprogramm für Kinder. Erzeugen Sie entweder mehrere rechteckige Streifen mit der jeweiligen Rechteck-Funktion, die jedoch nachträglich per Mausklick einzeln wieder entfernt werden müssen, weshalb reine Malprogramme für dieses Spiel nicht geeignet sind. Die Rechtecke müssen deckend formatiert sein, also das Hintergrundmotiv verdecken. Die ab-

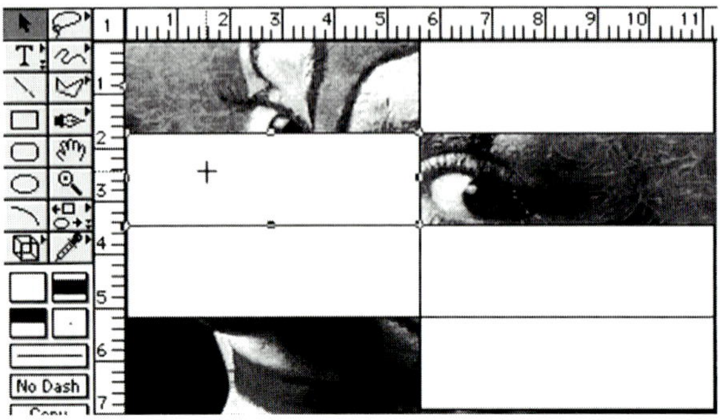

deckenden Rechtecke können identisch oder unterschiedlich groß sein, wobei ersteres gerechter, letzteres aber spannender ist, da man sich die »beste« Deckfläche auswählen muß.

Jede Runde beginnt ein anderer Mitspieler, indem er ein Rechteck durch Anklicken markiert und dann löscht. Alle Mitspieler dürfen jederzeit das Spiel unterbrechen, indem sie das Motiv benennen. Dazu werden alle Deckflächen entfernt und kontrolliert, ob die Lösung richtig war. Wer einen Treffer gelandet hat, bekommt einen Bonuspunkt, andernfalls gibt es Minuspunkte.

Es empfiehlt sich, für einen Spielenachmittag mit mehreren Mitspielern mindestens 20 bis 30 Motive vorzubereiten und abgedeckt in eigene Dateien zu spreichern.

Diskettenfangsti

Fangen gehört zu den schönsten und lebhaftesten Kindheitserinnerungen, an Regentagen kann man es jedoch auch zu Hause am PC auf Disketten spielen. Diskettenfangsti ist eine der vielen Möglichkeiten, wie Eltern ihren Kindern den Computer als Spielzeug nahebringen können. Wenn Ihnen diese Vorstellung im ersten Moment als etwas leichtsinnig und ehrgeizig erscheint, möchten wir nochmals daran erinnern, daß ein Kind am Computer möglichst nicht allein gelassen werden sollte. Einerseits natürlich, weil Kleinkinder leicht etwas kaputtmachen können, andererseits aber auch, weil die Beschädigung des Computers für Kinder die Gefahr von Verletzungen birgt. Durch die Gegenwart eines Erwachsenen ist es möglich, die aggressiven und potentiell zerstörerischen Triebe der Kinder in geordnete Bahnen zu lenken, und – was noch wichtiger ist – Eltern und Kinder haben die Möglichkeit, die Freuden und Herausforderungen des Computers gemeinsam zu erleben.

So funktioniert es:
Diskettenfangsti spielt man am besten zu zweit. Für jeden Mitspieler wird eine persönliche Spieldatei mit einem schönen, leicht wiederzuerkennenden Symbol-Icon erstellt. Die Diskette sollte mindestens zehn, besser zwanzig Ordner auf der obersten Ebene besitzen, damit das Spiel nicht zu schnell an Spannung verliert. Dafür darf sich niemand in einem Unterordner verstecken. Zum Spielen eignet sich auch eine Festplatte, die aber zuvor einer Sicherheitskopie (Backup) unterzogen wurde.

Abwechselnd verstecken nun die Mitspieler ihr Icon in einem beliebigen Ordner der Diskette. Jeder Mitspieler darf pro Runde einen Ordner öffnen, um das gegnerische Icon zu finden oder um sein eigenes in einem neuen zu verstecken (einfach bei gedrückter Maustaste das Icon auf einen anderen Ordner ziehen und loslassen). Gewonnen hat, wer als erstes das Icon des Mitspielers findet. Natürlich darf beim Verstecken nicht gespickt werden (wer seinen Mitspieler erwischt, hat diese Runde automatisch gewonnen).

Treibjagd

Treibjagd ist ein Gesellschaftsspiel wie Verstecken spielen oder das bekannte Brettspiel Scotland Yard. Wie beim vorangegangenen Diskettenfangsti findet die Jagd jedoch nur auf einer Diskette oder besser noch auf einer wild-chaotischen Festplatte statt. Die Meute jagt ihr Opfer, den Fuchs.

So funktioniert es:
Bei der Treibjagd wird ein Fuchs gewählt, und alle anderen Mitspieler sind die Meute. Der Fuchs darf nun sein Icon in einem Ordner der Diskette oder Festplatte verstecken, die mindestens doppelt so viele Ordner wie Mitspieler haben muß. Nun darf jeder sein Glück versuchen und einen Ordner öffnen. Wer das Icon findet, hat gewonnen und wird der nächste Fuchs. Ist die Runde an Meister Reineke, so müssen alle wegschauen, und er darf er sein Icon wieder hervorholen und woanders verstecken, muß aber nicht. Wer beim Spicken erwischt wird, scheidet für zwei Runden aus. Als weiteren Schwierigkeitsgrad kann man noch Verstecke in zusätzlichen Unterordnern erlauben. In der Praxis hat es sich von Vorteil erwiesen, daß nur der Mitspieler vor dem Monitor sitzen und schauen darf, der gerade am Zug ist.

Abenteuer für Kinder

Detektiv- und Kriminalgeschichten gehören zur Lieblingslektüre vieler Jungen und Mädchen im Grundschulalter. Warum machen Sie ihnen nicht die Freude und erstellen ein Krimiabenteuer am Computer, in dem Ihr Kind der Held ist. Abenteuerspiele oder auch Adventures lassen am Ende eines jeden Abschnitts die Qual der Wahl aus mindestens zwei Alternativen, wie die Geschichte weitergehen wird. Solche Abenteuerspiele lassen sich mit jedem Textverabeitungs- oder Malprogramm erstellen.

So funktioniert es:
Schreiben Sie in ein neues Dokument den ersten Absatz Ihrer Geschichte, und stellen Sie am Ende den Leser vor die Wahl, ob er beispielsweise lieber die Lupe oder den Detektivausweis einstecken würde. Hinter jeder Option steht ein Dateiname, den der Leser als nächstes laden soll. Je nachdem, welche Entscheidung der Leser getroffen hat, entwickelt sich die Geschichte unterschiedlich, die Erzählstränge können sich dennoch immer wieder kreuzen, zeitweilig zusammengefaßt werden oder an den Anfang zurückkehren. Eine Anfangsdatei 1.DOC verzweigt etwa in 2A.DOC und 2B.DOC, während nun 2A.DOC zu 3A.DOC und 3B.DOC verzweigt, führt 2B.DOC in die Sackgasse der Datei 16.DOC, und der Spieler muß neu beginnen.

Natürlich kommen Abenteuerspiele mit Bildern bei Kindern bedeutend besser an, aber Sie müssen selbst entscheiden, welchen zusätzlichen Nutzen der Aufwand bringt, zu jedem Abschnitt ein Bild zu zeichnen oder in Ihrer ClipArt-Sammlung nach passenden Motiven zu suchen. Wenn Sie die Mühen eines selbstgebastelten Abenteuerspiels für Ihr Kind scheuen, sei Ihnen die folgende CD-ROM vom Tivola für Windows- oder Macintosh-PCs und Kinder ab 8 Jahren ans Herz gelegt. »Ein Fall für Mütze und Co« lehnt sich an Kriminalgeschichten für Kinder an, von Blyton bis Kästner. In diesem Spiel sucht eine klassisch gemischte Kinderclique einen entführten Hund. Der Spieler übernimmt wahlweise die Rolle eines der vier Helden.

Lesen

Schnell wie eine Maus

Bei dieser Leseübung soll sich ihr Kind vorstellen, daß die Maus Ihres Computers plötzlich lebendig wird und der Reihe nach alle waag- und senkrechten Linien seines Blickfeldes abläuft. Diese Übung bewirkt, daß Leseanfänger die waag- und senkrechten Linien unserer Buchstaben besser erkennen können.

So funktioniert es:

Setzen Sie Ihr Kind direkt vor den Monitor, davor die Tastatur und seitlich davon die Maus. Wenn die imaginäre Maus lebendig wird, soll das Kind ihr mit den Augen folgen, ohne dabei den Kopf zu bewegen. Zuerst geht der Blick von der Maus zur Tastatur, geht entlang der Außenkanten nach innen, folgt den Tastenreihen und so weiter. Über Computergehäuse, den Bildschirm, die zusätzliche Peripherie wie Disketten- und CD-ROM-Schacht oder Lüftungsschlitze läuft die Maus dann vom PC weg und erkundet jede waag- oder senkrechte Linie des Schreibtisches bzw. Zimmers. Zum Schluß geht der Blick Ihres Kindes wieder neben die Tastatur zurück, und das Phantasienagetier verwandelt sich wieder in eine Computermaus.

Symbole begreifen

In den Jahren vor der Einschulung erwerben Kinder die Voraussetzungen zum Lesenlernen. Die Fähigkeit, einzelne Symbole zu erkennen, kann man zwar noch nicht als Lesen im engeren Sinne bezeichnen, stellt aber eine unverzichtbare Voraussetzung für das Lesen dar. Man muß sich die Bedeutung bestimmter Symbole vergegenwärtigen und zwar unabhängig von ihrer Position in der realen Welt oder auf dem Bildschirm. Das heißt, daß Erfahrungen, die mit einer Software gesammelt werden, nun auch eher auf andere Software übertragen werden kann. Wenn ein Symbol mit einem Wort verknüpft ist und dann durch das Wort ersetzt wird, setzt sich beim Kind die Erkenntnis durch, daß ein Wort dieselbe Bedeutung hat wie ein Symbol.

So funktioniert es:
Zeigen Sie Ihrem Kind das Symbol für Ihren Drucker, benennen Sie gleichzeitig den Vorgang mit »Drucken« und machen einen Ausdruck. Nach einer oder mehreren Wiederholungen hat Ihr Kind gelernt, daß »Drucken« eine Wiedergabe des Bildschirms zu Papier bringt und mit dem von Ihnen gezeigten Symbol ausgelöst wird.

Je größer das Spektrum an Software ist, mit der Ihr Kind zu tun hat, umso größer sind auch seine Möglichkeiten, die Bedeutung der darin vorkommenden Symbole zu entdecken – damit sammelt es Erfahrungen, die ihm später beim Lesenlernen zugute kommen werden.

Kennt Ihr Kind bereits mehrere Symbole, so können Sie alle bekannten als Aufwärmübung vor jeder Sitzung gemeinsam durchgehen und ein Bestimmungsspiel daraus machen. »Was passiert, wenn man dieses Symbol anklickt? Und was macht jenes? Und welches Bildchen muß ich anklicken, um das Malprogramm zu starten?«

Bilderbriefe

In Malprogrammen für Kinder können selbst die Kleinsten mit deren Stempelfunktion ganze Sätze oder gar Briefe schreiben, auch ohne ein einziges Wort zu beherrschen.
So funktioniert es:
Die reinen Bilderbriefe kommen nur mit Bildern und Symbolen aus; Hund, Auto und Meer bedeuten entweder »Der Hund fährt mit dem Auto ans Meer« oder aber »Der Hund kläfft ein Auto an, das gerade vom Meer kommt«.

Größere Kinder können dagegen auch Text und Bilder mischen, z. B. Ein »Maus-Bild« geht aus dem »Haus-Bild«.

Buchstabenbingo

Bei diesem Gesellschaftsspiel mit Buchstabenkärtchen geht es darum, vor den anderen Mitspielern Buchstabenpaare zu finden. Hier wird das Erkennen der Buchstaben in ein spannendes Spiel gepackt, so daß die Kinder gar nicht erst auf die Idee kommen, es könnte sich um eine lehrreiche Übung handeln.

So funktioniert es:
Erstellen Sie in Ihrem Mal- oder Zeichenprogramm ein Raster aus Quadraten mit 4 cm Kantenlänge, in die jeweils ein Buchstabe gesetzt wird, der in einer gut lesbaren Schrift geschrieben und einer möglichst kärtchenfüllenden Schriftgröße formatiert wurde. Drucken Sie Ihr Vorlagenschema zweimal aus, um von jedem Buchstaben zwei Kärtchen zu erhalten. Nach dem Ausdrucken werden die Buchstabenkärtchen entlang ihrer Trennlinien aufgeschnitten.

Für das Spiel werden alle Kärtchen gemischt und auf dem Tisch oder Fußboden so gedreht, daß kein Buchstabe mehr zu sehen ist. Der Spielleiter dreht bei jeder Runde zwei neue Kärtchen um. Die Mitspieler suchen nun geschwind unter den aufgedeckten Kärtchen nach Buchstabenpaaren; wer eines entdeckt, ruft geschwind »Bingo« und bekommt das Paar. Um Streitfälle zu vermeiden, kann man auch vereinbaren, daß dazu auch die Hand gehoben werden muß. Sieger ist, wer am Ende des Spiels die meisten Paare gefunden hat (siehe auch *Memory*, Seite 150).

Verwirrende Schrifttypen

Buchautor Ronald G. Davis hat die interessante Theorie aufgestellt, daß die Computerisierung des Schriftsatzes mit seiner beinahe grenzenlosen Anzahl an Schrifttypen zwar einerseits gedruckte Texte abwechslungsreicher und ästhetisch ansprechender macht, andererseits jedoch Leseanfängern und ganz besonders Legasthenikern das Lesen und sein Erlernen erschwert.

Um dies zu verdeutlichen, hat er eine einfache Übung entwickelt, die Sie mit Ihrem PC problemlos nachstellen und ausprobieren können. Dabei werden auch Sie feststellen, daß die ausgefallensten und dekorativsten Schriftschnitte am schwersten zu lesen und entziffern sind, gerade für Kinder und Legastheniker. Für beide ist es deshalb von Vorteil, Lesen und Schreiben, die ja bekanntlich gemeinsam einhergehen, am Computer mit einfachen und geradlinigen Schrifttypen zu erlernen, da sie sich hier nicht noch zusätzlich um die Form kümmern müssen, sondern erst einmal nur um die inhaltlichen Aspekte.

So funktioniert es:

Schreiben Sie in ein neues Dokument Ihrer Textverarbeitung alle Groß- und Kleinbuchstaben sowie die Ziffern in einen Absatz. Kopieren Sie diesen Absatz entsprechend der Anzahl der auf Ihrem PC verfügbaren Schriften untereinander, getrennt durch eine zusätzliche Leerzeile. Formatieren Sie nun jeweils einen Absatz mit einem anderen Schriftschnitt in einer Größe von circa 12 bis 14 Punkt, so daß alle Schrifttypen ungefähr die gleiche Höhe haben. Drucken Sie Ihr Dokument aus und halten das Blatt entweder um Armeslänge vor einen Spiegel oder drehen es auf den Kopf. Welche Schriften können Sie problemlos entziffern und welche nur mit Schwierigkeiten?

Sternenbotschaft

M-A-U-S, Maus. Die meisten Kinder lernen das Lesen, indem sie Wörter Buchstabe für Buchstabe zusammensetzen. Manche Kombinationen sind schwer zu erfassen, vor allem, wenn sie selten vorkommen. Erste Lesewörter sollten deshalb stets positiv besetzt sein. Etwa durch Assoziationen, Erinnerungen oder neues Wissen. Sternenbotschaft greift genau diese Lesetechnik auf und macht ein spannendes Spiel daraus. Lassen Sie Ihr Kind wissen, was die Sterne ihm zu sagen haben!

So funktioniert es:

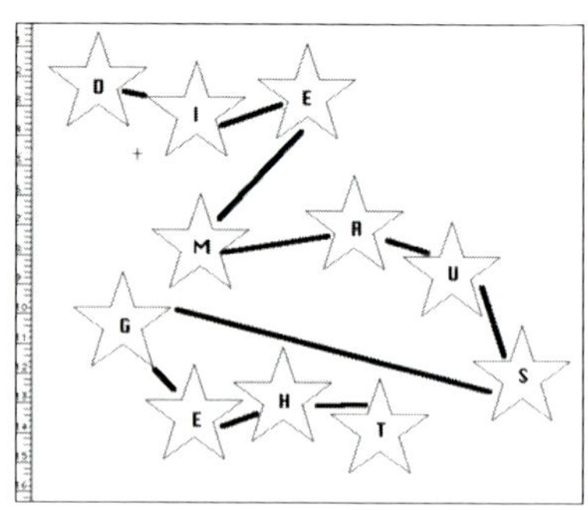

Überlegen Sie sich zuerst eine Nachricht von maximal einem Hauptsatz, die nicht zu lang sein darf. Importieren Sie eine ClipArt mit Sternmotiv, oder benutzen Sie die Stempelfunktion in einem Malprogramm für Kinder. Setzen Sie für jeden Buchstaben und jedes Leerzeichen einen Stern. Verbinden Sie die Sterne mit der Strich-Funktion in Folge. Bei Leerzeichen bleiben die Sterne natürlich leer, können jedoch als zusätzliche Erschwernis mit anderen Leerzeichen mehrfach verbunden werden. So muß Ihr Kind nicht nur die einzelnen Worte der Sternenbotschaft entziffern, sondern auch noch die gefundenen Worte zu einem Satz zusammenstellen.

Lesen mit Suchbildern

Suchbilder sind eine beliebte Beschäftigung, die für Grundschüler auch zum Lesenlernen benutzt werden können. Unter einem Suchbild werden dabei alle Gegenstände, Tiere und Objekte aufgelistet und benannt, die darin vorkommen.

So funktioniert es:

Starten Sie Ihr Malprogramm, stellen Sie das Papierformat eines neuen Dokuments auf Querformat, und lassen Sie das untere Viertel frei. Zur besseren Erinnerung können Sie auch einen Strich über das unterste Viertel ziehen. Importieren Sie in die obere Fläche Grafiken oder ClipArts, die mit einem oder zwei aufeinanderfolgenden Buchstaben beginnen oder aber thematisch zusammenpassen. Beispielsweise haben Sie beim Buchstaben K mit einem Kraken, der Krone, dem Krebs, der Kiste, mehreren Knochen und vielleicht noch einem Krug ausreichend Motive für eine Unterwasserszene mit zusätzlichen Meerestieren und versunkenen Dingen am Meeresgrund.

Skalieren Sie eventuell die Grafiken vor dem Einbinden in Ihre Szenerie in der Größe. Um etwas Perspektive ins Bild zu bekommen, sollten große Motive stets vorne und unten plaziert werden, während sie nach oben und hinten immer kleiner werden. Man beginnt beim Importieren am besten mit den kleinsten Motiven. Schreiben Sie die Namen aller im Bild erkennbaren Objekte mit dem jeweiligen Anfangsbuchstaben in das untere Viertel, am besten alphabetisch geordnet. Ihr Kind liest nun ein Wort und sucht das Motiv im Bild – oder umgekehrt.

Nachrichten von Papa

Leseanfänger brauchen viele Anreize, um einen »Draht« zum Lesen zu finden. Am wichtigsten ist für Kinder das Lesen eige-

ner Post und Nachrichten. Gerade Väter oder Mütter, die erst am Abend spät nach Hause kommen, können mit ihren Kindern in einen regen »Briefkontakt« durch Ablegen von Geheimnachrichten auf dem PC treten. Am nächsten Tag »dechiffriert« das Kind am Bildschirm oder anhand eines Ausdrucks eine Nachricht von den Eltern, um sie zu lesen.

Schreiben hat auf Kinder eine magische Anziehungskraft. Zum einen können es die »Großen«, und außerdem ist es eine faszinierende Möglichkeit, seine Gedanken und Botschaften nachdrücklich mitzuteilen. Die »Lesen durch Schreiben«-Methode, gerade an den Schulen wieder im Kommen, kennt man jedoch bereits seit dem Altertum.

So funktioniert es:

Schreiben Sie die Nachricht an Ihr Kind in einen zuvor abgesprochenen Ordner. Die Datei wird unter einem stets gleichen Namen wie GEHEIM.DOC abgespeichert. Mit kleineren Kindern, die noch nicht richtig lesen können, kann man die Bedeutung von Bildern zuvor absprechen, etwa ein Herz für »lieben« und ein Haus für »Haus« (siehe auch *Bilderbriefe,* Seite 166).

Fehlerfinden in Briefen

Machen Sie in einem Brief absichtlich Fehler, die anschließend Ihr Kind beim Lesen finden soll. Diese Übung ist besonders geeignet, wenn Abc-Schützen reguläre Hausaufgaben »zu langweilig« finden oder aus welchen Gründen auch immer Konzentrationsschwierigkeiten haben.

So funktioniert es:

Bestens eignet sich dafür ein Brief an den Opa oder andere Verwandte, die das Kind mag. Sie können sich auch einen Brief Ihres Kindes diktieren lassen und dabei Fehler einbauen, die es hinterher finden muß. Kinder sehen es gerne, wenn sie in ihren

Bemühungen ernstgenommen werden. Aus diesem Grund sollten Sie entweder bei Ihrem Hilfeersuchen (dem Fehlerfinden) möglichst überzeugend sein oder aber gleich von vorne herein das Fehlerfinden im Brief als Spiel gestalten. Natürlich darf auch ein Hinweis im Brief selbst nicht fehlen, daß er von Ihrem Kind höchstpersönlich geprüft wurde. So erntet es, wenn auch verspätet, doch bei der nächsten Rückantwort ein entsprechendes Lob, das sich motivierend auswirkt.

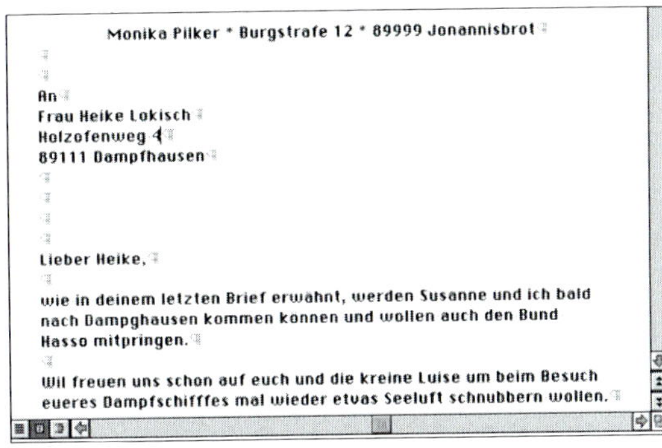
Monika Pilker * Burgstrafe 12 * 89999 Jonannisbrot

An
Frau Heike Lokisch
Holzofenweg 4
89111 Dampfhausen

Lieber Heike,

wie in deinem letzten Brief erwahnt, werden Susanne und ich bald nach Dampghausen kommen konnen und wollen auch den Bund Hasso mitpringen.

Wil freuen uns schon auf euch und die kreine Luise um beim Besuch eueres Dampfschifffes mal wieder etvas Seeluft schnubbern wollen.

Das Fehlerfinden kann auch mit einer ersten Heranführung an die Rechtschreibprüfung oder den Thesaurus einer Textverarbeitung verknüpft werden. Entgegen dem Einsatz eines Taschenrechners vor der Beherrschung der Grundrechenarten können Rechtschreibprüfung und Co durchaus von Anfang an sinnvoll sein, etwa zur Kontrolle der Fehlerprüfung Ihres Kindes.

Fehlerfinden unter Freunden

Haben Sie zwei oder mehr gleichaltrige Kinder oder Freunde Ihres Kindes zu Besuch, so können sich diese ihre Aufgaben zum vorangegangenen Fehlerfinden selbst stellen und ein Gesellschaftsspiel daraus machen.

So funktioniert es:

Drucken Sie einen vorbereiteten Text für jedes Kind einmal aus. Unbeobachtet von seinen Mitspielern dürfen alle nun fünf oder zehn Fehler in den Text notieren und anschließend in identische Dateikopien eintippen. Zur Unterscheidung benennen Sie die Dateien mit den Namen der Kinder, etwa DOMINIC.DOC und SARA.DOC. Drucken Sie die Datei eines jeden Mitspielers aus und verteilen das Blatt an jemanden anderen. Ein Startschuß, und jedes Kind muß nun nach den Fehlern seines Mitspielers suchen. Es gibt kleine Preise, z. B. ein Gummibärchen, für jeden Fehler, der gefunden wird.

Fehlerfinden in Geschichten

Haben Sie Zugriff auf einen Scanner und eine Texterkennungssoftware? Wenn ja, dann sollten Sie die Lieblingsmärchen oder -geschichten Ihres Kindes als Motivation für das Lesenlernen nutzen. Machen Sie in diesen Lieblingstext absichtlich Fehler, die Ihr Kind anschließend beim Lesen finden soll.

So funktioniert es:

Nutzen Sie Ihre Möglichkeit zum Digitalisieren und Erkennen von Texten mittels eines Scanners und der Texterkennungssoftware Ihres PC. Wenn Sie die Peripherie Ihres Arbeitgebers oder von Freunden nutzen, können Sie sich die Resultate auf eine mitgebrachte Diskette überspielen, da digitaler Text kaum Speicherplatz benötigt. Für das Fehlerfinden in Geschichten eignen sich Kurzfassungen von Märchen oder Kurzgeschichten für Kinder. Auch Gedichte lassen sich wunderbar mit Fehlern versehen. Denken Sie daran, nur Wörter zu verändern, die Ihr Kind bereits kennt. Kaum ein Siebenjähriger wird das Wort Quantenphysik kennen und beurteilen können, ob es richtig geschrieben wurde. Handelt es sich bei den gefundenen Fehlern um Buchstaben, können diese auch ein Lösungswort ergeben.

Hieroglyphen erfinden

Die ägyptische Hieroglyphenschrift zeigt, daß man auch mit einfachen Bildsymbolen eine Menge ausdrücken und vermitteln kann. Erfinden Sie doch zusammen mit Ihrem Kind eine eigene Symbolschrift, und schreiben Sie ihm damit kleine Geschichten oder Briefe. Ein Freund kann dann mit der extra gedruckten Bedeutungsliste den Inhalt lesen.

So funktioniert es:

Überlegen Sie sich eine Reihe von Begriffen, die Sie bildhaft umsetzen wollen, und malen Sie diese in einem Malprogramm mit der Stift-Funktion. Mit den Befehlen Kopieren und Einsetzen werden diese im Anschluß in ein neues Dokument der Textverarbeitung übernommen. Steht in jeder Zeile nur ein Begriff mit seinem Symbol, kann die Liste mit der Sortierfunktion zu einem Bedeutungslexikon in die gewünschte Reihenfolge gebracht werden.

Wenn Sie ein Malprogramm für Kinder besitzen, können Sie Ihre Bildsymbole in deren Stempelfunktion integrieren und so das Schreiben vereinfachen. Anderenfalls markieren Sie jedes Symbol einzeln und duplizieren es mit den Befehlen Kopieren und Einfügen innerhalb Ihres Dokuments. Schön anzusehen sind »Schreibtafeln« nach altägyptischem Vorbild, die von oben nach unten »beschrieben« werden. Eigene Schreibtafeln erstellen Sie mit den Hilfsmitteln Oval oder Gerundetes Rechteck Ihres Malprogramms.

Alltagslesen

Ab der dritten Klasse sollten Sie Ihre Kinder an normale Alltagstexte heranlassen, beispielsweise Lexika oder Abenteuerromane, zu denen sie einen eigenen Bezug finden können. Auf den PC bezogen, kann es sich dabei um Briefe an die Oma oder die am Bildschirm eingetippte Einkaufsliste handeln.

So funktioniert es:

Verwenden Sie für gemeiname Leseübungen am Heimcomputer alle Ihre eigenen Texte, die Sie im Laufe der Zeit niedergeschrieben haben und die thematisch Ihr Kind nicht überfordern. Ob es sich dabei um Briefe, Antwortschreiben oder Aushänge handelt – lesen Sie die Texte zusammen mit Ihrem Kind. Das wird natürlich eine Menge Fragen haben, aber nur so kann es seinen Wortschatz wirklich erweitern. Besonders abwechslungsreich ist das Surfen im weltweiten Computernetzwerk Internet, wo Millionen von Texten und Informationen nur darauf warten, von Ihnen und Ihrem Kind wachgeküßt zu werden. Das Alltagslesen wird hier zu einem aufregenden Abenteuer – und das nicht nur für Ihr Kind.

Schreiben

Sekretariat

Um die Lust am Schreiben zu steigern, können Sie Ihr Kind bereits frühzeitig daran gewöhnen, daß es etwas mitzuteilen hat. Bieten Sie Ihrem Kind an, als Sekretär oder Sekretärin zu fungieren und per Diktat etwas aufzuschreiben, z. B. einen Brief an die Oma.

So funktioniert es:

Setzen Sie sich an den PC und Ihr Kind daneben. Sorgen Sie für eine optimale Schreibumgebung wie Sitzhaltung, Position der Tastatur etc., da Kinder ungeduldige und schnelle Diktierer sind. Während Ihr Kind diktiert, tippen Sie so schnell wie möglich das gesprochene Wort ein. Achten Sie nicht auf Tipp- oder Rechtschreibfehler, wichtiger ist es, den Redefluß am Laufen zu erhalten. Unterbrechen Sie Ihr Kind nur, wenn Sie überhaupt nicht mehr mithalten können.

Ihr Kind lernt damit als erstes, daß Schreiben Zeit braucht und langsamer ist als das Sprechen selbst. Ist der Brief fertig eingetippt, zeigen Sie Ihrem Kind, wie es die Rechtschreibprüfung startet und bedient. Niemand und schon gar nicht Kinder, die gerade das Lesen und Schreiben lernen, möchten sich mit allzu vielen Fehlern beschämen lassen. Weisen Sie Ihr Kind auf Wortwiederholungen hin, und erklären Sie ihm, wie sie mit dem Thesaurus Ihrer Textverarbeitung umgangen werden können. Generell wird Ihr Kind fasziniert sein, wie der Text im nachhinein bearbeitet werden kann. Sei es, daß jeder informelle Block in einer anderen Schrift formatiert wird oder um weitere Kommentare ergänzt wird. Lassen Sie Ihr Kind an jedem Schritt der Nachbearbeitung teilhaben, so daß der diktierte Text wirklich zu seinem Brief wird, lassen Sie ihn ausdrucken und verschicken ihn mit einer schönen Sondermarke.

Buchstabenposter

Abc-Schützen lieben es, Buchstaben, die sie gerade in der Schule durchnehmen oder lernen, ganz groß auszudrucken und

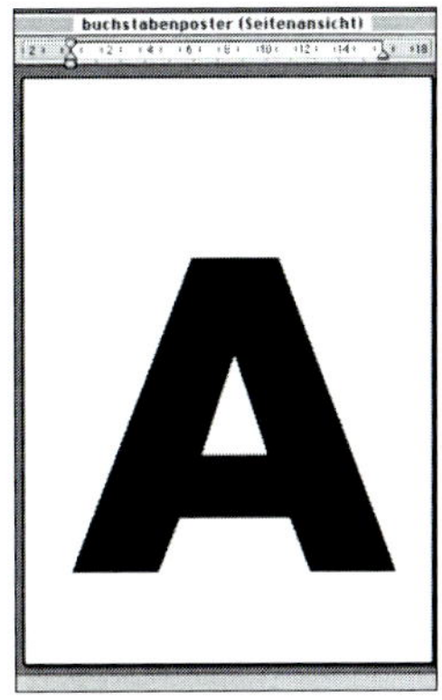

im Kinderzimmer aufzuhängen. Gestalten Sie daraus mit Ihrem Kind eine ganze Buchstabenparade, indem die Blätter nacheinander an einer Leine befestigt und quer durchs Zimmer oder an einer Wand aufgehängt werden.

So funktioniert es:

Öffnen Sie in Ihrer Textverarbeitung ein neues Dokument und schreiben einen Buchstaben hinein. Markieren Sie ihn und formatieren seine Schriftgröße auf einen Wert von 144 Punkt aufwärts. Bevor Sie das Blatt ausdrucken, sollten Sie zuvor die optimale Größe und Position auf dem Blatt in der Seiten- oder Druckansicht überprüfen und gegebenenfalls korrigieren. Falls möglich, sollten Sie den oberen Blatt- oder Druckrand auf einen Wert von fünf Zentimeter einstellen, um einen ausreichenden Kleberand zu erhalten.

Nach dem Ausdruck falzen Sie den oberen Blattrand um 2,5 cm nach hinten, bestreichen die Innenseiten mit Klebstoff und drücken die Falzstelle auf einer Leine oder Wollfaden fest.

Einem alten Schulmärchen zufolge soll man seine Buchstaben im Schlaf lernen, wenn man ein Buchstabenposter zuvor unter das Kopfkissen legt. Allerdings nicht frisch aus dem Drucker, sondern erst nach einer gewissen Trockenzeit von mehreren Minuten. Probieren Sie es doch einmal aus.

Alphabet ordnen

Ein solides Verständnis von der Reihenfolge der Buchstaben ist Grundvoraussetzung für viele alltägliche Dinge, etwa das Telefonbuch. Kinder, die das Alphabet beherrschen, tun sich leichter und lassen sich in der Schule nicht so leicht beirren wie Mitschüler, die erst das ganze Abc aufsagen müssen, bis sie den richtigen Buchstaben finden. Mit der Sortierfunktion bekommt das Erlernen des Abc etwas Abwechslung.

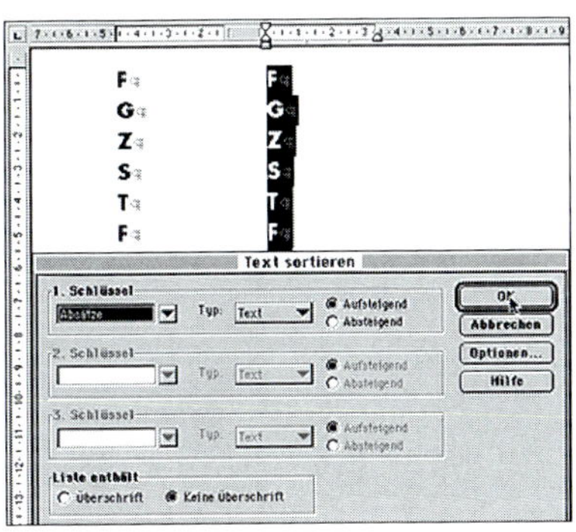

So funktioniert es:
Starten Sie Ihre Textverarbeitung, und formatieren Sie den Text zweispaltig. Lassen Sie Ihr Kind in die erste Spalte eine Reihe von Buchstaben eintippen, jeder in einer eigenen Zeile. Kopieren Sie den Text in die zweite Spalte. Bitten Sie Ihr Kind, die eingegebenen Buchstaben mit den Befehlen Ausschneiden und Einfügen in die richtige Reihenfolge zu bringen. Zur Kontrolle darf es anschließend den Text der zweiten Spalte markieren und mit der Sortierfunktion in Folge bringen.

Buchstabensuppe

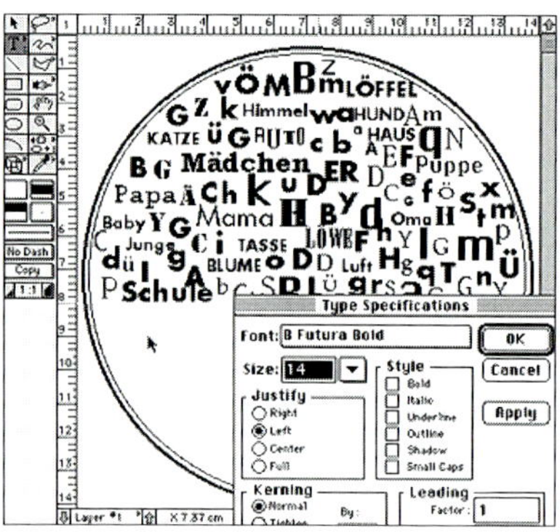

Dieses einfache Schreibspiel ist eine Vorübung zum richtigen Schreiben und vermittelt erste Ansätze zur Blattgestaltung (im Neudeutschen: Computergestütztes Publizieren oder Desktop-Publishing).

So funktioniert es:
Öffnen Sie in Ihrem Malprogramm ein neues Dokument im Querformat. Ziehen Sie einen Kreis, der den Bildschirm als Suppenteller füllt. Ihr Kind soll nun Buchstaben oder Wörter in verschieden großen Schriftgrößen und in Groß- oder Kleinschreibung schreiben. Lassen Sie einfach Ihr Kind selbst herumspielen und experimentieren. Ganz wichtig, immer wieder ausdrucken und aufhängen.

Buchstabenmannschaften

Ein reizvolles Solitärspiel, bei dem Ihr Kind die Buchstaben des Alphabets anhand der Schreibweise unterscheiden lernt.

So funktioniert es:
Der Bildschirm wird in einem Mal- oder Zeichenprogramm mit einem senkrechten Strich geteilt. Jede Hälfte bildet das Spielfeld für eine Buchstabenmannschaft.

Das Kind soll nun Buchstaben in ihre jeweilige Spielhälfte eintippen, um so eine Mannschaft zu bilden. Dabei kommen alle

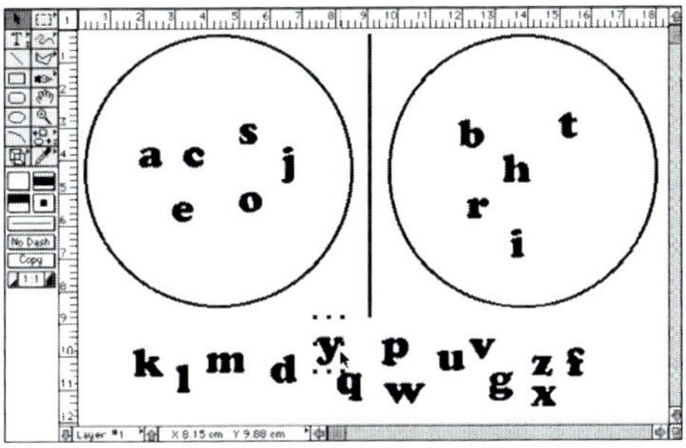

Buchstaben, die kleingeschrieben einen Bogen nach links haben (z. B. a, c, e, o, oder s) in die linke Spielhälfte und umgekehrt alle mit einem rechten Bogen (z. B. b, h, m oder r) in die andere. Zur rechten Hälfte gehören auch alle Buchstaben, die zwar keinen Bogen haben, aber dennoch nach rechts weitergeschrieben werden (z. B. i, k, l oder t). Das hört sich auf den ersten Blick recht leicht an, ist jedoch für viele Grundschüler eine echte Herausforderung. Noch schwerer wird es, wenn Sie Ihrem Kind die Buchstaben wie im Diktat vorgeben.

Für Abc-Schützen, die mit dem Alphabet noch nicht so vertraut sind, kann man die Übung leicht vereinfachen, indem Sie in einem Zeichenprogramm mit Vektorgrafik jeden einzelnen Buchstaben gesondert eintippen und Ihr Kind die Buchstaben anschließend mit der Maus bei gedrückter Maustaste in das richtige Spielfeld verschieben muß.

Tierparkausflug

Bei einem Besuch im Tierpark gibt es viele Tiere zu bewundern, ob groß oder klein, sie alle haben einen speziellen Namen. Kann Ihr Kind jedem Tier den richtigen Namen zuordnen?

So funktioniert es:

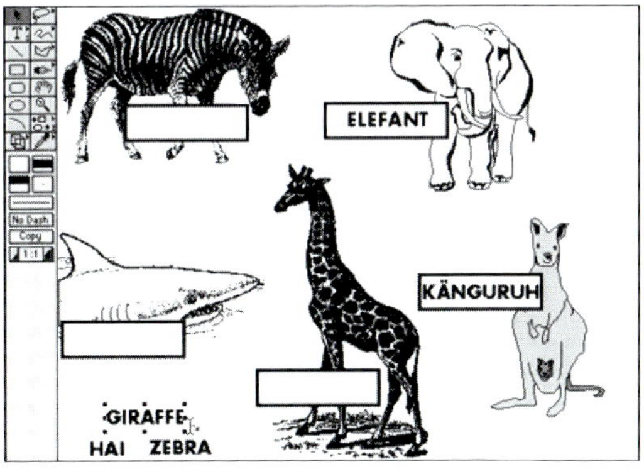

Importieren Sie in Ihr Mal- oder Zeichenprogramm einige ClipArts mit Tierbildern, oder stempeln Sie in einem Malprogramm für Kinder entsprechende Motive auf den Bildschirm. Jedes Tier wird mit einem Rechteck versehen, in das der jeweilige

Tiername geschrieben oder geschoben werden muß. Bei einem Zeichenprogramm mit Vektorgrafik können die Tiernamen bereits vorbereitet am Bildschirmrand stehen und bei gedrückter Maustaste in das entsprechende Rechteck verschoben werden. In Malprogrammen müssen die Tiernamen direkt mit der Text-Funktion in die Rechtecke geschrieben werden.

Bildwörterbuch

Abc-Schützen entdecken die Welt ein zweites Mal neu, weshalb sie gerne die gerade gelernten Worte in ein eigenes Wörterbuch schreiben. Legen Sie deshalb zusammen mit Ihrem Kind ein virtuelles Bildwörterbuch am Computer an.

So funktioniert es:

Legen Sie in Ihrer Textverarbeitung mit der Möglichkeit zum Einbinden von Grafiken ein eigenes Dokument an und benennen es so, daß Ihr Kind es selbst auf einfache Weise wiederfinden kann, etwa WÖRTER. In diese Datei schreibt Ihr Kind alle Wörter, die es im Laufe der Zeit dazulernt, in jeweils eine eigene Zeile. Zu diesen Wörtern werden nun in einem Malprogramm Illustrationen gezeichnet oder entsprechende ClipArts koloriert und in die Textdatei importiert. Das kann über spezielle Importfunktionen geschehen oder aber über die Zwischenablage des Arbeitsspeichers mit den Befehlen Ausschneiden und Einfügen. Achten Sie darauf, daß das Bildmotiv mit der Lasso- oder Rechteckauswahlmarkierung möglichst ohne großen Rand markiert und gespeichert wird, um den benötigten Speicher klein zu halten.

Je nach Größe des Bildes wird es entweder vor oder nach dem jeweiligen Wort in die gleiche Zeile gesetzt beziehungsweise in eine eigene Zeile darüber. Von Zeit zu Zeit kann die Datei auch ausgedruckt werden und Verwandten oder Freunden als Geschenk und Beweis für die Tüchtigkeit präsentiert werden.

Lieblingswörterlexikon

Größeren Kindern macht es vielleicht mehr Freude, ab dem zweiten Schuljahr ein Lexikon ihrer Lieblingswörter in einer Datei anzulegen, das am Ende einer Sitzung mit der Sortierfunktion Ihrer Textverarbeitung in seine korrekte Reihenfolge gebracht wird. Oma, Papa, Hund oder Katze gehören da sicherlich genauso hinein, wie Haus, Maus und Enzephalogramm.

So funktioniert es:

Öffnen Sie ein neues Dokument Ihrer Textverarbeitung und formatieren die Standardschriftart auf eine geradlinige Proportionalschrift ein, in einer gut leserlichen Größe von mindestens 12 Punkt. Lassen Sie Ihr Kind selbständig sein Wort eintippen und zeigen ihm anschließend die Eingabetaste (ENTER), um das folgende Wort in eine neue Zeile zu schreiben.

In das Lieblingswörterlexikon gehören natürlich nur Wörter, die Ihr Kind bereits in der Schule oder gemeinsam mit Ihnen kennengelernt oder erfaßt hat und somit korrekt schreiben kann. Markieren Sie den gesamten Text, rufen den Befehl Text sortieren im Menü Tabelle auf und klicken im entsprechenden Dialogfenster auf die Schaltfläche OK, um den Sortiervorgang einzuleiten. Im Dialogfenster sollten die Standardoptionen Absätze, Text und Aufsteigend eingestellt bleiben, dann wird das Lexikon Ihres Kindes wie beim Vorbild alphabetisch sortiert. Gewinnt das Lexikon mit der Zeit immer mehr an Umfang, lohnt es sich unter Umständen, den Text zwei- oder dreispaltig zu formatieren, das erspart Ihnen unnötige Druckkosten und sieht zudem richtig professionell aus.

Geheimschrift

Gerade weil Kinder so abhängig von Erwachsenen sind, haben sie auch gerne Geheimnisse, die sie in Geheimschriften niedergeschrieben nur sich selbst oder einigen wenigen auserwählten

Freunden zukommen lassen. Zu den wichtigsten Aufgaben der ersten Computer gehörten auch die Ver- und Entschlüsselung von geheimen Nachrichten, weshalb Ihr Kind diese Möglichkeit nicht ungenutzt lassen sollte. Zumal Geheimsprachen für manche Rollenspiele (Detektive & Geheimagenten) oder Lausbubenstreiche von enormer Bedeutung sind. Auch kann manche von lästigen Geschwistern geplagte Tagebuchschreiberin ihre innersten Gefühle vor den ungebetenen Mitwissern schützen.

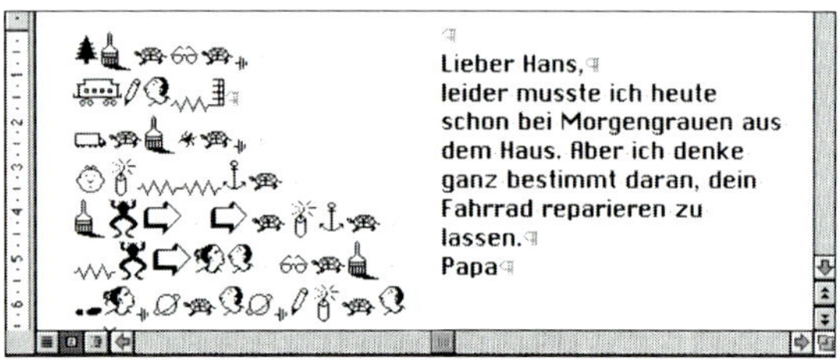

So funktioniert es:

Es gibt verschiedene Methoden, mit dem Computer einen Text zu verschlüsseln. Die einfachste ist die Verwendung einer Symbolschrift. Die Schrift Symbol wird sowohl bei Windows von Microsoft als auch von Apple Macintosh beim Betriebssystem mitgeliefert. Obwohl nicht besonders aufregend oder gar schön, ist sie durchaus tauglich. Lassen Sie Ihr Kind eine Geheimnachricht in einer Standardschrift wie Times oder Helvetica schreiben. Formatieren Sie diese anschließend in die Schrift Symbol um, und der Text erscheint in kryptischen Zeichen. Ihr Kind kann nun den kodierten Text ausdrucken oder als gesichertes Tagebuch auf Diskette speichern. Damit ein Empfänger seine Geheimnachricht auch wieder entschlüsseln kann, benötigt er oder sie noch eine Kodetabelle. Für diese wird ein gesondertes Textverarbeitungsdokument zweispaltig formatiert. In die erste Spalte schreibt man die Buchstaben des Alphabets und die Zahlen in jeweils eine Zeile, kopiert den gesamten Text und setzt ihn in der zweiten Spalte wieder ein. Formatieren Sie die zweite Spalte mit der Schrift Symbol. Nun müßte jedem Buchstaben sein entsprechendes Symbol in der zweiten Spalte gegenüberstehen. Achten Sie darauf, daß zwischen den Wörtern ausreichend, am besten zwei oder drei Leerzeichen Abstand gelassen wird.

Bilderbücher

Bis weit in die Grundschule hinein haben Bilderbücher eine immense Bedeutung für alle Kinder. Doch noch mehr Spaß als sie zu lesen oder vorgelesen zu bekommen, macht es, eigene Bilderbücher zu gestalten. Gerade der Computer mit seinen vielfältigen Möglichkeiten erleichtert die Gestaltung und Produktion persönlicher Bilderbücher. Ob hierbei selbstausgedachte Geschichten oder eine Reihe von Bildern den Anfang machen, ist ohne Belang. Selbst Vorschulkinder, die noch nicht selbst schreiben können, werden dabei nicht ausgeschlossen. Als Geschenk finden sie sicherlich dankbare Abnehmer, und auch in der Büchersammlung Ihres Kindes sind solche Eigenproduktionen der ganze Stolz der Familie, die auch noch nach Jahren zu den schönsten Kindheitserinnerungen zählen werden.

So funktioniert es:

Ihr Kind oder Sie gemeinsam haben sich eine Geschichte ausgedacht, die es wert ist, als Bilderbuch umgesetzt zu werden. Schreiben Sie diese in ein neues Dokument Ihrer Textverarbeitung mit Grafikeinbindung wie Microsoft Word und speichern ihn auf Diskette oder Festplatte. Für Vorschulkinder können Sie als Eltern Sekretär spielen und die Geschichte im Diktat erfassen. Teilen Sie den Text anschließend durch Einfügen von Seitenumbrüchen in mehrere Blöcke auf, wobei Sie darauf achten müssen, daß jede Seiteneinheit oder Teile davon sich auch später inhaltlich bebildern lassen. Machen Sie einen ersten Probeausdruck der Textseiten. Wechseln Sie in Ihr Mal- oder Zeichenprogramm und legen Sie eine Standardbildgröße fest, etwa 15 x 15 cm, 14 x 10 cm oder 16 x 8 cm. Die Definition eines Standardformats geschieht von Programm zu Programm unterschiedlich, meist jedoch über das Dateiformat mit der Eingabe Breite und Höhe einer Malfläche oder durch Zeichnen eines Rechtecks, das stets neu gefüllt, markiert und über die Zwischenablage des Arbeitsspeichers kopiert wird. Beim professionellen Mal- und Retuscheprogramm Photoshop von Adobe wird die Größe der Zeichenfläche definiert, nachdem Sie

den Befehl zu einem neuen Dokument gegeben haben. In entsprechende Felder des Dialogfensters geben Sie die gewünschten Werte ein, und erst dann erscheint die Arbeitsfläche. Einfache Malprogramme besitzen nur eine festgelegte Arbeitsfläche, die nicht oder nur schwer geändert werden kann. In diesem Fall klicken Sie auf das Rechteck-Hilfsmittel und ziehen im Arbeitsfenster gemäß den Linealangaben einen Bildrahmen in der gewünschten Größe auf. Speichern Sie Ihr Standardformat als Vorlage ab, um sich künftig diese Vorbereitung zu ersparen.

Benennen Sie Ihre Vorlage beispielsweise in SEITE1 um und beginnen Sie damit, das Bildfenster oder den Bildrahmen nach Belieben zu bemalen oder mit ClipArts durch Importieren zu füllen. Ist das Bild zufriedenstellend, wird es erneut gesichert. Achten Sie darauf, daß Sie die Bilder in einem gängigen Grafikformat speichern, die Ihre Textverarbeitung auch einladen kann, etwa BMP oder WMF unter Windows oder PICT bei Apple Macintosh. Es ist von Vorteil, sich vor und während der Arbeit an einem Bild immer wieder den zu bebildernden Text vor Augen zu halten, so daß man nicht vom Thema abschweift.

Sind alle gewünschten Textstellen illustriert, wechseln Sie wieder in Ihre Textverarbeitung und importieren die jeweiligen Bilder an den Anfang eines Textblockes und noch vor dem Zeichen für den Seitenwechsel. In Microsoft Word werden Bilder entweder über den Befehl Grafik... im Menü Einfügen importiert oder aber mittels den Befehlen Kopieren im Malprogramm und Einfügen in Word. Die beiden Befehle sind im Menü Bearbeiten zu finden. Ein Blick in die Seiten- oder Druckansicht ermöglicht eine letzte Kontrolle vor dem Ausdruck und kann leicht eine Menge Papier und Druckfarbe sparen helfen.

Stehen bereits erstellte oder digitalisierte Bilder am Anfang eines Bilderbuchs, so werden sie wie oben beschrieben in ein neues Dokument Ihrer Textverarbeitung importiert, durch manuelle Seitenumbrüche getrennt und z. B. in Microsoft Word in der Druckansicht Layout betextet. Schreiben Sie auch Texte zu Bilderbüchern, die ohne welche gedruckt wurden.

Rechtschreibprüfung

Manche Eltern werden dies vielleicht nicht gern lesen, aber bei normalen Kindern mit durchschnittlichen Noten ist es durchaus akzeptabel, wenn sie ab der dritten Klasse ihre eigenen Nachschriften zu Hause an ihrem PC in einer Textverarbeitung erledigen und sich ihre Fehler mit einer Rechtschreibprüfung korrigieren lassen. Sofern gewisse Grundfertigkeiten vorhanden sind, ist es wichtiger, daß sie ihre meist langweiligen Nachschriften möglichst schnell erledigen können, um zum Spielen ins Freie zu kommen.

Unsere Erfahrungen mit Schulkindern dieser Altersgruppe haben gezeigt, daß bereits die Korrektur durch die Rechtschreibprüfungsfunktion den gewünschten Lerneffekt bewirkt, da fehlerhafte oder unbekannte Schreibweisen stets in einem eigenen Dialogfenster angezeigt werden. Die Situation hat sich sogar in bezug auf die neue Rechtschreibung gebessert, so daß entsprechende Programme die alte wie auch die neue Fassung bedienen.

So funktioniert es:

Ihr Kind tippt seine Nachschrift in ein neues Dokument Ihrer Textverarbeitung (z. B. Microsoft Word) ein und ruft anschließend die Rechtschreibprüfung auf. Beim ersten unbekannten Wort öffnet sich ein Dialogfenster mit den drei Feldern Nicht im Wörterbuch, Ändern in und Vorschläge. Das für die Rechtschreibprüfung unbekannte Wort steht im ersten Feld und kann nicht geändert werden. Im Feld Vorschläge werden mögliche Korrekturen aufgelistet, deren erster Punkt mit der höchsten Wahrscheinlichkeit bereits in das Feld Ändern in übernommen wurde.

Sie können nun entweder einen anderen Vorschlag der Liste anklicken und damit in das Feld Ändern in übernehmen oder aber dieses Feld durch Eintippen eines eigenen Wortes überschreiben. Durch Anklicken der Schaltfläche Ändern in wird das im Fließtext markierte Wort korrigiert. Ist jedoch das beanstandete Wort in der Liste der Vorschläge nicht zu finden, so sollte der Griff zum Wörterbuch zur Routine werden. Gibt dieses Ihnen recht, so wird der bisher unbekannte Begriff durch Anklicken der Schaltfläche Hinzufügen in das unter dem Aufklappmenü Wörter hinzufügen zu: festgelegtes Wörterbuch der Rechtschreibprüfung übernommen. Künftig steht es dann wie die übrigen Begriffe der Datenbank auf Abruf bereit. Um den größtmöglichen Lerneffekt zu erreichen, sollten Sie für jedes Ihrer Kinder ein eigenes Wörterbuch der Rechtschreibprüfung erstellen.

Rechtschreibungsjagd

Die Rechtschreibreform mit ihrer Hinwendung zur mündlichen Schreibweise war längst überfällig, da sie gerade den Lese- und Schreibanfängern entgegenkommt. Das geschriebene Wort ist schließlich nichts anderes als ein Symbol aus mehreren Buchstaben, das zeigen soll, wie es gesprochen klingt. Man sollte die Schreibweisen des Kindes und die der Wörterbücher miteinander vergleichen und Unterschiede herausarbeiten. Sie als Eltern kommen nicht darum herum, sich mit den Orthographieregeln zu beschäftigen. Ihr Kind wird eher davon profitieren, wenn es Wort für Wort mehr über die Systematik der deutschen Sprache erfährt, als durch stures Einpauken der in manchen Fällen durchaus fragwürdigen Normierungsentscheidungen der Dudenredaktion. Eine Möglichkeit der spielerischen Auseinandersetzung mit der neuen Rechtschreibung ist die Veranstaltung einer Art Schatzsuche in alten Texten.

So funktioniert es:

Auch wenn Schulkinder bereits mit der neuen Rechtschreibung aufwachsen, werden bis zur endgültigen Umstellung noch sehr viele Texte publiziert werden, die den alten Regeln folgen. Gute Programme für Kinder haben unter Umständen eine lange Lebensdauer. Kein noch so großes Unternehmen wird jedoch aus Kostengründen seine alte Software auf den neuesten Stand der deutschen Sprache bringen. Suchen Sie deshalb zusammen mit Ihrem Kind in Ihren alten Textdokumenten, Computerspielen oder interaktiven Bilderbüchern nach alten Schreibweisen und erörtern Sie gemeinsam anhand eines neuen Wörterbuchs, warum die gefundenen Begriffe künftig anders geschrieben werden. Schreiben Sie die gefundenen Wörter und ihre neuen Schreibweisen in ein eigenes Dokument Ihrer Textverarbeitung und gestalten Sie so ein eigenes Lexikon der neuen deutschen Rechtschreibung. Mehr zum Anlegen einer Wörterliste finden Sie in der vorangegangenen Übung »Lieblingswörterlexikon«.

Brieffreunde rund um die Welt

Freunde zu finden und deren Interessen und Hobbys kennenzulernen, ist etwas, das wir alle gerne haben. Inzwischen sind im

Internet ganze Schulen vertreten, und es trompeten über eigene Leitseiten (Homepages) ganze Heerscharen von Kindern ihre Sicht der Dinge oder Lieblingshelden in die weite Welt hinaus. Für Kinder ist es eine aufregende Angelegenheit, diese Leitseiten von Schulklassen oder Altersgenossen zu studieren und schnell eine E-Mail an deren Eigentümer zu verschicken. Leider ist das World Wide Web, wie der komfortable Teil des Internet eigentlich heißt, weitgehend in englischer Sprache, so daß Grundschüler kaum an diesem Wunder der Neuzeit mitmischen können. Doch einige wenige Angebote sind auch in Deutsch, und es werden täglich mehr. Suchen Sie entsprechende Verbindungen, treffen Sie eine Vorauswahl und begeben sich zusammen mit Ihrem Kind auf Entdeckungstour durch die übrigen.

So funktioniert es:

Starten Sie Ihren Webbrowser und rufen im Internet die einschlägigen, deutschsprachigen Suchmaschinen auf, wie Yahoo (http://www.yahoo.de), Focus Netguide (http://netguide.de) oder Dino (http://www.dino-online.de). Geben Sie als Stichworte »Brieffreund«, »Schule« oder das Hobby Ihres Kindes ein. Wir könnten Ihnen hier gezielt einige Adressen nennen, aber das Angebot im Internet ist teilweise derart schnellebig, daß oft in sechs Monaten die Hälfte aller aufgeführten Adressen sich bereits wieder geändert haben kann.

Klicken Sie auf die aufgelisteten Internet-Adressen der Suchergebnisse (Unterstrichen oder erkennbar am vorangestellten »http://«) und sichten Sie die angebotenen Inhalte bzw. die Kontaktangebote. Sobald Sie im Text auf das Wort E-Mail stoßen und es unterstrichen ist, handelt es sich meist um einen Linkbefehl und damit um eine Aufforderung doch bitte einen Kommentar, eine Frage oder auch nur Lob und Tadel an den Betreiber zu schicken. Erschrecken Sie nicht, wenn mit dem Anklicken plötzlich ein neues Fenster aufgeht, es handelt sich dabei um das Mailfenster Ihres Webbrowsers, in dem die Empfängeradresse gleich voreingestellt ist.

Zur schier unglaublichen Vielfalt der Informations- und Kontaktangebote des Internet gehört auch die leidige Tatsache, daß man bestenfalls für jede brauchbare Seite auch zehn ungeeignete überfliegen muß. Schon aus Zeitgründen sollten Sie also für Ihr Kind eine Vorauswahl an Webseiten treffen und diese als Bookmarks notieren. Bookmarks sind die Internet-Adressen, die sich Ihr Webbrowser in Form einer Liste merkt. Wollen

Sie ein bestimmtes Angebot im Internet später einmal wiederfinden, so brauchen Sie nur noch Ihre Bookmark-Liste durchgehen.

Eine weitere Möglichkeit, Brieffreunde über das Internet zu finden, besteht auch in englischsprachigen E-Mail-Clubs. Setzen Sie gemeinsam mit Ihrem Kind auch ein Kontaktgesuch auf Deutsch in internationale Dienste, da doch auch einige deutschstämmige Kinder in Übersee dorthin gelangen können. Ein stattliche Reihe von E-Mail-Clubs finden Sie im amerikanischen Yahoo (http://www.yahoo.com) unter dem Stichwort »pen-pal«.

E-Mail an den Weihnachtsmann

Auch der Weihnachtsmann geht mit der Zeit und empfängt die Wunschlisten der Kinder nicht nur per Post oder Fax, sondern inzwischen auch als E-Mail. Auch wenn es sich durchweg um amerikanische Angebote handelt, erreicht die E-Mailliste Ihres Kindes auf jeden Fall den Weihnachtsmann am Nordpol.

So funktioniert es:

Verbinden Sie den PC mit Ihrem Internet-Provider und starten Sie Ihren Webbrowser wie Netscape Navigator oder Microsoft Internet Explorer. Öffnen Sie das Mailfenster und starten ein neues Formularfenster. Geben Sie

die E-Mailadresse santa@polarnet.com ein und lassen Ihr Kind seinen Wunschzettel an den Weihnachtsmann formulieren. Zum Glück bleibt ein E-Mailbrief auch nach dem Versenden im Mailfenster erhalten, so daß Sie den Brief nachträglich ausdrucken können. Der amerikanische Santa Claus antwortet unter der Internetadresse (URL) http://www.polarnet.com/santa/ für fünf Dollar sogar und schickt mit normaler Post einen Brief vom Nordpol, allerdings in Englisch.

Reime erfinden

Die Zeitschrift *Bussi Bär für 3- bis 8-Jährige* hat mit seiner Reihe »Heitere Reime« beinahe eine eigenständige Reimform geschaffen, die besonders Kindern leicht fällt. »Links ein Rad, rechts ein Rad, in der Mitte rauscht das Bad.« oder »Links ein Tiger, rechts ein Tiger, in der Mitte schreit der Sieger.« sind nur zwei Beispiele dafür.

So funktioniert es:

Das Reimschema ist denkbar einfach. Suchen Sie sich mit Ihrem Kind ein Subjekt, also Haus, Auto oder Schwein. Setzen Sie es in den festgelegten ersten Satz »Links ein XYZ, rechts ein XYZ,« ein. Suchen Sie nun ein Wort, das exakt oder lautmalerisch gleich endet, und ein passendes Verb dazu. Beispielsweise reimt sich auf Schwein Wein, und der muß einfach fließen. Über die Rechtschreibprüfung der Textverarbeitung Word von Microsoft, aber auch durch viele andere, lassen sich auf einfache Weise Reimwörter finden. Der Trick besteht darin, daß in ein neues Dokument kein korrektes Wort geschrieben wird. Tippen Sie einfach mal »?ahn« ein, rufen Sie Rechtschreibprüfung im Menü Extras auf. Da die Funktion das Eingetippte nicht kennt, listet es in einem Dialogfenster eine Reihe von Begriffen auf, die alle mit »ahn« enden, da das Fragezeichen als Platzhalter oder Joker fungiert und praktisch für jedes andere Zeichen steht. Beachten

Sie jedoch bitte, daß mit »??hwein« zwar das »Schwein« gefunden wird, aber nicht mit »?hwein«, da für jeden fehlenden Buchstaben ein Fragezeichen stehen muß. Starten Sie in der Rechtschreibprüfung mehrere Suchabfragen mit einer sich steigernden Anzahl von Fragezeichen vor einer gesuchten Endung, und Sie werden schnell Reimwörter finden.

Scrabble-Geschichten

Eine wunderschöne Methode, um Ihr Kind für das Schreiben eigener Geschichten zu motivieren und Anregungen zu geben, ist die Scrabblemethode. Als eine Mischung aus Lese- und Schreibtraining sowie Spiel hat sie alle Eigenschaften, um Ihnen und Ihrem Kind eine Menge vergnüglicher Stunden zu bereiten.

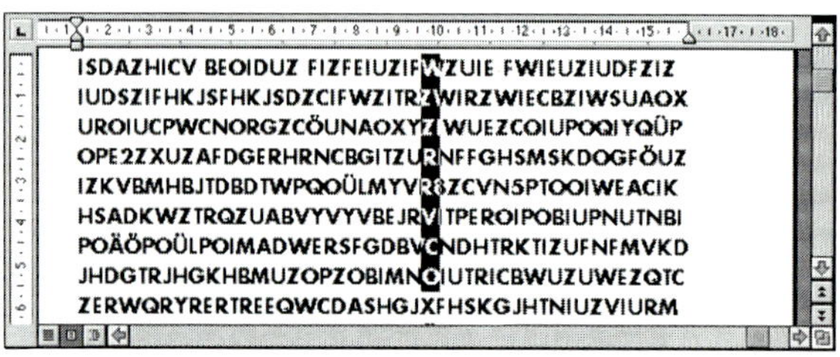

So funktioniert es: Tippen Sie wahllos in Ihrer Textverarbeitung Buchstaben ein. Als Basistext benötigen Sie ungefähr eine DIN-A4-Seite, bei minimalen Seitenrändern. Ihrem Kind wird es sicherlich Spaß machen, wie wild auf der Tastatur einzuhacken. Greifen Sie selbst ab und zu ein, um gezielt für weniger oft getippte Buchstaben wie Q, W, Y oder O, P, Ü, Ö und Ä zu sorgen. Es dürfen im Basistext keine Leerzeichen vorkommen, löschen Sie deshalb am Ende alle. Die meisten besseren Textverarbeitungen machen heute einen automatischen Seitenumbruch und zeigen Ihnen damit, daß Sie die erste Seite überschritten haben. Formatieren Sie den Text in einer geradlinigen Proportionalschrift wie Helvetica, Futura oder Arial. Feingliedrige Schriften wie Times sind wegen ihrer schlechteren Lesbarkeit im Block weniger geeignet.

Für jedes neue Spiel verändern Sie nun die Absatzbreite für den gesamten Text, also einmal den Maximalwert von 18 cm, dann wieder nur 9 cm und darauf 13,5 cm. Je nach Absatzbreite erhalten Sie eine komplett andere Zusammenstellung von Buchstabenkombinationen, die Sie anschließend ausdrucken.

In den Ausdrucken suchen Sie nun gemeinsam mit Ihrem Kind nach Wörtern oder Wortteilen, die diagonal, unter- oder nebeneinander stehen können.

Ihr Kind soll nun eine Geschichte erfinden und niederschreiben, in der alle Suchergebnisse vorkommen. Sie können diese Scrabblegeschichten auch in einer eigenen Datei sammeln, indem Sie stets auf einer neuen Seite die gesuchten Wörter auflisten und anschließend die Geschichte Ihres Kindes einsetzen. Nach einigen Jahren wird es zu einer schönen Erinnerung an die Kindheit.

Wenn Sie Ihre Scrabbleseite in allen nur erdenklichen Absatzbreiten bereits benutzt haben, können Sie auch die Seitenorientierung vom Hoch- auf das Querformat umschalten und so die Zusammensetzung Ihres Scrabbletextes wieder völlig neu ausdrucken.

Kreatives Schreiben

Kreatives Schreiben geht weit über die Wiedergabe persönlicher Erfahrungen hinaus, die Phantasie vermischt sich mit Wünschen und Ängsten, sprengt die reale Welt eines Kindes. Als Schreibanregung werden dazu kreativitätsauslösende Reizwörter, Gegenstände oder Bilder arrangiert, die der kindlichen Phantasie Anstöße geben sollen und gleichzeitig einen geeigneten Spielraum eröffnen. Die geschriebenen Texte sollen jedoch nicht Selbstzweck sein, sondern durchaus ihre Leser finden. Aushänge in der Wohnung oder dem Klassenzimmer bzw. Geschenkausdrucke an wohlwollende Verwandte oder Paten ermuntern Ihr Kind zur nächsten Geschichte.

So funktioniert es:

Starten Sie Ihre Textverarbeitung mit eigenem Thesaurus (Synonymlexikon) wie Microsoft Word, und fragen Sie Ihr Kind

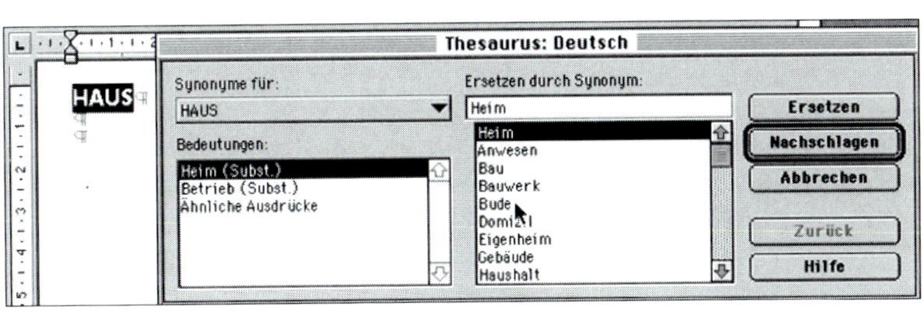

nach einem Anfangswort, das Sie in ein neues Dokument eintippen. Markieren Sie dieses Wort, und rufen Sie die Thesaurusfunktion auf. Suchen Sie sich mit Ihrem Kind in den Auflistungen der Bedeutungen und ihrer Synonyme drei Reizwörter aus, die in das Dokument übernommen werden. Um die drei Reizwörter und/oder das Anfangswort soll nun eine kleine Geschichte gesponnen werden, die erst erzählt und dann niedergeschrieben oder gleich eingetippt wird.

Schreiben in Ich-Form

Die Identifikation mit einem Objekt – sei es Gegenstand, Tier oder Person – ist eine gern verwendete Methode des Kreativen Schreibens, um Kindern Anregungen zu geben. Es fällt Ihnen leichter, in der Ich-Form zu schreiben, als abstrakt oder objektiv über ein bestimmtes Thema zu referieren. In einem gemeinsamen Vorbereitungsgespräch können bereits Stichpunkte gesammelt werden, die in der Geschichte vorkommen sollen.

So funktioniert es:

Das Kind soll sich vorstellen, es wäre ein zuvor ausgewählter Gegenstand. Beispielsweise »Stell dir vor, du bist ein Fußball bei einem Fußballspiel. Was erlebst du?« oder »Die Sachen in deinem Zimmer können nachts sprechen, wenn du schläfst. Was erzählen sie?«. Phantasievolle Kinder werden sich auch gerne Geschichten zu einem weniger realitätsbezogenen Gegenstand ausdenken, etwa zu einem Zauberstab. Hat Ihr Kind mit dem Thema Schwierigkeiten, so können Sie sich zuerst in einem Vorbereitungsgespräch mit ihm darüber unterhalten und wichtige Stichpunkte herausarbeiten. Lassen Sie Ihr Kind diese gleich in eine neue Datei Ihrer Textverarbeitung notieren, jedes in eine eigene Zeile. Nach dem Brainstorming schreibt dann Ihr Kind seinen Text stets nach einem Stichpunkt. Wenn es nicht mehr weiter weiß, nimmt es sich den nächsten Stichpunkt vor und beginnt anschließend einen neuen Absatz.

Schreiben zu Bildern

Lassen Sie Ihr Kind eine Geschichte zu Bildern aus Ihrer Clip-Art-Sammlung schreiben. Eine hervorragende Anregung für

Kinder, die bildhaft denken und denen die Umsetzung in Worte schwerfällt.

So funktioniert es:

Gut eignen sich Bilder, die Gefühle wie Freude oder Angst ausdrücken, deren Personen in Beziehung zueinanderstehen (z. B. Mutter teilt mit Kind einen Apfel, Arzt gibt Patient eine Spritze), Momentaufnahmen (auch Vorher-Nachher) oder Kunstgemälde mit Menschen. Aber auch drei ausgesuchte ClipArts wie Arzt-Kind-Spritze ergeben eine brauchbare Schreibanregung.

Bild über die Einfügen/Import-Funktion Ihrer Textverarbeitung in Ihr Textdokument einbinden und das Kind darunter schreiben lassen. Das Bild stets vor Augen (Fenstersplitting), kann ein richtiger Erzählfluß entstehen.

Wählen Sie für diese Übung keine zu einfachen Bilder oder gar Strichmännchen aus, da gerade Details wichtig sind für den ergiebigen Inhalt einer Geschichte. Komplexe Bilder bieten in diesem Fall eine bessere Hilfe oder »Eselsbrücke«.

Anstatt drei Bilder können auch drei Gegenstände aus einer Vorauswahl ausgesucht und als Aufgabe eine Geschichte zu diesen Gegenständen entworfen werden. So eine Geschichte kann auch recht kurz sein, sofern nur die drei Gegenstände darin vorkommen und miteinander in Bezug gebracht werden. Es gilt aber nicht, wenn bei Apfel, Bleistift und Zahnbürste einfach geschrieben wird, daß sie auf einem Tisch liegen. Es muß schon eine richtige Geschichte sein, etwa vom Paul im Glück, der sich vom Bleistift über eine Zahnbürste zu einem Apfel tauscht.

Schreiben zu Erzähltexten

Kinder bekommen in der Schule häufig Erzähltexte. Besonders begabte Kinder langweilen sich jedoch schnell damit, weil sie warten müssen, bis der Rest ihrer Mitschüler sich durch den Text hindurchgearbeitet hat. Für sie kann man zusätzlich und auf freiwilliger Basis Schreibaufgaben stellen. Gleiches gilt auch zu Hause am Heimcomputer für Hausaufgaben, die mehrere Kinder gemeinsam erledigen.

So funktioniert es:

Als Anregung kann für sie die Aufgabe gestellt werden, daß zur Geschichte ein Schluß oder Anfang gefunden werden muß. Was geschah vor Beginn der Geschichte, oder was wird geschehen, wenn die Helden nicht gestorben sind. Für fortgeschrittene »Schriftsteller« eignet sich auch die Aufgabe, die Geschichte aus einer anderen Perspektive neu zu erzählen und aufzuschreiben. Etwa Hänsel und Gretel einmal aus der Sicht der Hexe zu betrachten oder sich vorzustellen, man wäre der Küchenjunge im Schloß von Dornröschen. Eine weitere Erzählaufgabe kann auch die Einbindung des Helden einer Geschichte in den Alltag sein. Beispielsweise, wenn Pumuckl zu Omas Geburtstag eingeladen wird und auf einen Kuchen mit Kakao vorbeikommt.

Phantasiereisen

Von allen Methoden des Kreativen Schreibens verschreiben sich die Phantasiereisen am meisten der kindlichen Vorstellungskraft und überwinden die Barrieren jeglicher Regeln.

So funktioniert es:

Im Anschluß an ein spannendes interaktives Bilderbuch, Computerspiel oder Edutainmentprogramm, laden Sie und Ihr Kind die Textverarbeitung, öffnen ein neues Dokument, lehnen sich zurück, schließen die Augen und atmen mehrmals tief durch. Lassen Sie die vorangegangenen Eindrücke Revue passieren und sprechen Sie besonders schöne oder beeindruckende Punkte an. Kam beispielsweise ein Indianerhäuptling vor, bitten Sie Ihr Kind, sich vorzustellen, es wäre selbst ein großer Häuptling und würde vor seinem Stamm eine Rede halten. Was würde es seinen Stammesgenossen sagen? Oder in einem Abenteuerspiel konnte eine Truhe nicht geöffnet werden, weil der passende Schlüssel noch nicht gefunden wurde. Welche Geheimnisse oder Schätze werden wohl darin zu finden sein. Ein Vampir hat seinen Flugumhang vergessen, wo würde Ihr Kind wohl hinfliegen?

Phantasiereisen zu Musik und Geräuschen

Musikalische Phantasiereisen haben oft etwas Esoterisches an sich. Umgesetzt am Computer kommen Sie jedoch auch bei Kindern gut an.

So funktioniert es:

Wie beim Schreiben zu Gegenständen werden drei Klänge ausgesucht, die in einer Geschichte eine wichtige Rolle spielen sollen, oder aber eine Passage aus einem größeren Stück vorgespielt, das beschrieben und mit Assoziationen verknüpft werden soll.

Heimcomputer mit Soundkarte und CD-ROM können genauso Audio-CDs abspielen wie Ihre Hi-Fi-Anlage, sogar im Hintergrund, während Sie in einer Textverarbeitung schreiben. Stecken Sie dazu einfach einen Kopfhörer in die dafür vorgesehene Buchse (sehen Sie auch auf der Rückseite Ihres PC nach) und legen Sie eine Audio-CD in den CD-Schacht Ihres Computers. Setzen Sie Ihrem Kind den Kopfhörer auf, lassen es die Musik einmal anhören und anschließend seine Geschichte direkt in ein eigenes Dokument schreiben.

Über entsprechende Abspielsoftware können Sie z. B. die CD auch in eine Endlosschleife legen und so für eine kontinuierliche »Inspiration« sorgen. Wie in den Phantasiereisen beschrieben, lehnen Sie sich in Ihren Stühlen zurück, schließen die Augen und atmen dreimal tief durch. Während Ihr Kind die Augen geschlossen hält, starten Sie entweder die Audio-CD oder rufen mehrmals hintereinander die ausgewählten Klänge auf. Wenn Ihr Kind Ihnen versichert, daß es soweit wäre, kann es die Augen wieder öffnen und sich an das Niederschreiben seiner Eindrücke machen. Solche Reisegeschichten können ausgedruckt entweder in einer Art Tagebuch gesammelt werden oder aber auf noblem Papier als Geschenk verschickt werden.

Familienbriefe

Briefe und Postkarten an die Lieben zu schreiben, ist meistens eine ziemlich einsame Angelegenheit und bleibt deshalb in vielen Familien lange unerledigt. Als Ihre Kinder in die Schule kamen, haben deshalb clevere Zeitgenossen ein System entwickelt, wie die private Korrespondenz zur wahren Familienangelegenheit wird. Beim Familienbrief setzt sich an einem Tag der Woche die ganze Familie zusammen und überlegt, welche Briefe geschrieben werden müssen. Und dann übernimmt jeder eine andere Aufgabe. Der erste malt ein Bild für die Oma, der zweite diktiert den Brief, der dritte spielt Sekretär und der vierte prüft Grammatik und Rechtschreibung etc.

So funktioniert es:

Nachdem Sie sich geeinigt haben, welches Familienmitglied welche Aufgabe übernehmen wird, setzen sich alle vor den PC und der Sekretär an die Tastatur. Der Diktierer/die Diktiererin bestimmt zwar den Textfluß, aber alle anderen dürfen zusätzlich

Vorschläge oder Ergänzungen machen. Der Oberkontrolleur/die Oberkontrolleurin achtet auf Tippfehler oder grammatikalische Stolpersteine, die im Streitfalle die Rechtschreibprüfung oder der elektronische Duden entscheidet. Ist der Brief fertig und ausgedruckt, tritt der Chefzeichner/die Chefzeichnerin an und gestaltet im Malprogramm ein Bild passend zum Brief. Wieder mit Anregungen oder Vorschlägen der übrigen Familie.

Am Schluß wird der Brief in einen Umschlag gesteckt und beschriftet. Das Gemeinschaftsgefühl einer Familie wird mit einem solchen Briefeabend genauso gestärkt wie die Bedeutung des Schreibens für alle Anfänger.

Zeitungswerkstatt

Sie lesen täglich die Zeitung? Sie erfüllen damit bereits eine wichtige Vorbildfunktion. Noch wichtiger ist jedoch, daß Ihr Kind jegliche Scheu vor dem Medium Zeitung verliert, und das erreichen Sie gemeinsam durch die Gestaltung einer eigenen Wochen- oder Monatszeitschrift.

So funktioniert es:

Zirkus in der Stadt

Hurra! Heute kommt der Zirkus Trau Dich auf die Froschwiese

Gängige Textverarbeitungs- oder Malsoftware erfüllt alle Voraussetzungen, um einfache Layouts verwirklichen zu können. Beginnen Sie mit einer »Redaktionskonferenz«, in der Sie mit Ihrem Kind festlegen, was in der kommenden Woche in seiner Zeitung erscheinen soll. Für den Anfang genügt es vollauf, wenn die Zeitung nur aus einem Titelblatt besteht. Überschrift, Bild und Text bilden die Grundlage für eine Seite. Wobei die Überschrift in einer Schriftgröße von mindestens 36 Punkt formatiert sein sollte sowie das Bild entweder im Malprogramm selbstgemalt oder mit einem Scanner digitalisiert wurde bzw. aus einer ClipArt-Sammlung stammt. Der Text erscheint richtig professionell, wenn er unter Bild und Überschrift zwei- oder dreispaltig erscheint. Die Themen einer jeden Kinderzeitung entsprechen dem kindlichen Alltag, etwa Oma Bergers neue Katze oder der Spielplatztest des Wohnorts.

Rechnen

Zahlenpyramide

Kindergartenkinder bekommen die Zahlen viel besser in den Griff, wenn sie sich diese anhand bildhafter Umsetzungen vor Augen halten können. Gestalten Sie doch gemeinsam mit Ihrem Kind eine Zahlenpyramide, die ausgedruckt und über dem Kinderbett aufgehängt für eine dauerhafte Visualisierung sorgt.

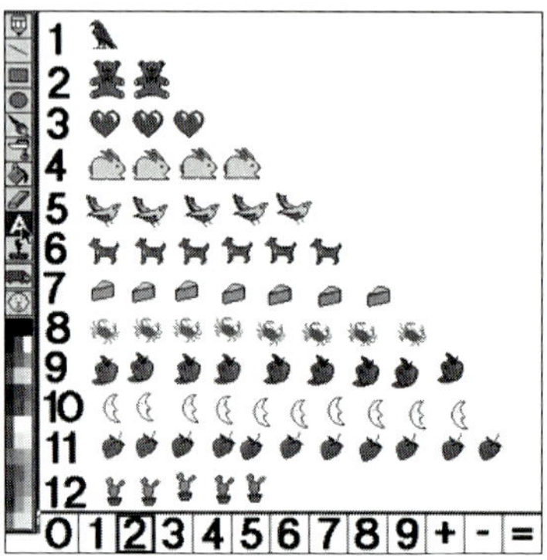

So funktioniert es:

Öffnen Sie ein neues Dokument in Ihrem Malprogramm für Kinder und stempeln am oberen Rand mittig das erste Motiv, z. B. einen Apfel. In die nächste Zeile kommen zwei Motive wie etwa Elefanten, in die dritte drei Blumen etc. Je kleiner die Motive, desto mehr bekommen Sie auf eine DIN-A4-Seite. Aus diesem Grund lohnt es sich beispielsweise, die Sticker in Fine Artist bzw. ClipArts in herkömmlichen Malprogrammen möglichst zu verkleinern.

An den rechten oder linken Rand können Sie Ihr Kind zusätzlich mit der Text-Funktion den Zahlenwert der jeweiligen Zeile eintragen lassen.

Eine Abwandlung zur Pyramide wäre die grafische Umsetzung des bekannten Kinderbuchs »Die kleine Raupe Nimmersatt«, wo rechts oben die Raupe plaziert wird und ein Trampelpfad nacheinander einen Apfel, zwei Birnen, drei Kuchen etc. verbindet. Beliebt sind auch Bilder, wo zehn Kinder immer einen Luftballon mehr in der Hand behalten. Diskutieren Sie mit Ihrem Kind weitere Abwandlungen, die Sie anschließend gleich umsetzen sollten.

Probieren Sie immer wieder neue Kombinationen aus, und erstellen Sie für jede Woche eine andere Pyramide.

Als Ergänzungen können Sie auch folgende Varianten ausprobieren. Bilden Sie zu jeder Zeile einen Satz, z. B. 1 Erdbeere ist ganz rot, 2 Ameisen arbeiten fleißig, 3 Hasen essen Salat etc.

Oder lassen Sie Ihr Kind aus der ganzen Zahlenaufstellung eine Geschichte erfinden, etwa 1 Erdbeere steht allein im Feld, da kommen 2 Ameisen daher, um sie in ihren Bau zu transportieren. Aber 3 Hasen sind schneller und schnappen sie ihnen einfach weg, beim Aufteilen jedoch...

Zahlen visualisieren

Aller Anfang ist schwer, und das gilt auch für das Erlernen der Zahlen. In Form von Zählspielen kann Ihr Kind langsam und in angemessenem Tempo an die Materie herangeführt werden.

So funktioniert es:

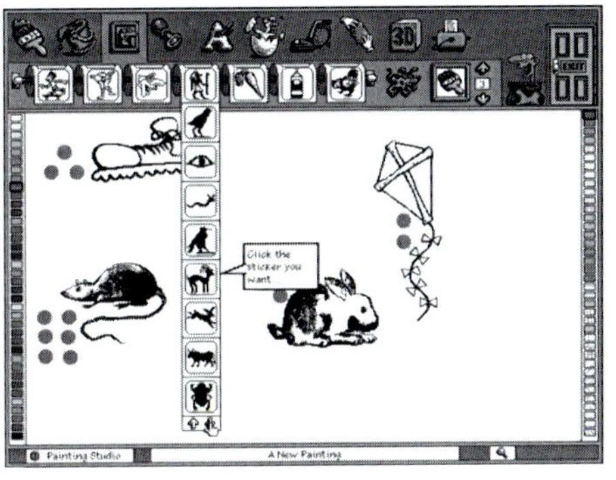

Geben Sie Ihrem Kind in einem neuen Dokument eines Malprogramms für Kinder eine Zahl, als Wert ausgeschrieben oder in Form von Punkten vor. Als Aufgabe soll anschließend eine entsprechende Anzahl an Motiven auf den Bildschirm gestempelt werden. Zum Beispiel 6 Punkte und ein Schiff bedeuten, daß es das Bild um 5 weitere Schiffe mit der Stempelfunktion ergänzen soll.

Als Erweiterung für frischgebackene Schulkinder lassen sich auch mehrere solcher Zahlenmuster in einem Bild zusammenstellen und durch Einkreisen mit der Stift- oder Pinselfunktion zur Mengenlehre verwenden.

Zahlen fischen

Mit diesem Zahlenspiel können Kinder ein Verständnis von numerischen Zahlen entwickeln, z. B. was die Ziffer 4 aussagt. Meistens wird das Erlernen von Zahlen nur vom entgegengesetzten Ansatz her praktiziert.

So funktioniert es:

In ein leeres Dokument Ihres jeweiligen Malprogrammes werden 15 Fische importiert oder gestempelt. Speichern Sie diese

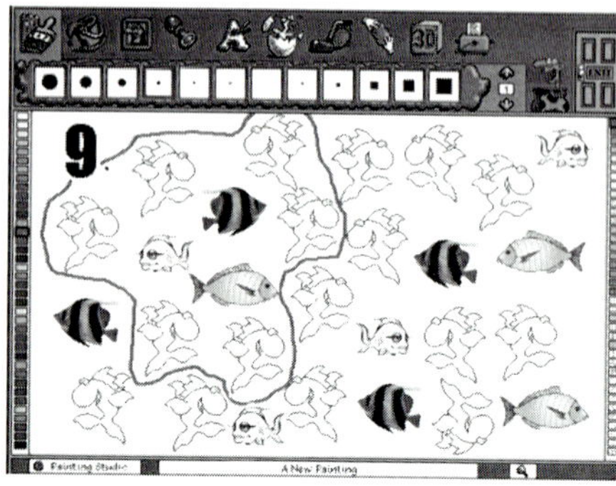

Datei ab, um stets eine unverbrauchte Vorlage zur Verfügung zu haben. Stellen Sie Ihrem Kind eine Aufgabe, indem Sie mit der Text-Funktion eine beliebige Zahl zwischen 1 und 15 in die Datei schreiben. Gemäß Ihrer Vorgabe muß nun diese Zahl an Fischen mit der Stift- oder Pinselfunktion eingerahmt werden, also im Beispiel 9 gefischt und 19 außen vor.

Unterschiede finden

Einfache Zählaufgaben werden in Vorher/Nachher-Bildern verpackt. Gezählt werden alle Unterschiede oder Fehler.

So funktioniert es:

Laden Sie ein digitalisiertes Bild zweimal in das Dokument eines Mal- oder Zeichenprogramms. Bei dem Bild kann es sich um eine ClipArt oder ein mit einem Scanner selbstdigitalisiertes Zeitschriftenbild handeln. Wichtig sind viele Details, so daß Veränderungen nicht sofort ins Auge fallen.

Plazieren Sie beide Bilder neben oder übereinander, so daß sie unmittelbar miteinander verglichen werden können. Unter Umständen müssen beide Bilder etwas verkleinert werden, damit sie gleichzeitig auf den Bildschirm passen. Löschen Sie aus dem zweiten Elemente mit der Radiergummi- oder Lasso-Funktion heraus.

Ihr Kind soll nun die Änderungen finden und zählen, oder Sie stellen ihm eine Aufgabe, etwa »10 Unterschiede gibt es, findest du mehr als 6?«

Malen nach Zahlen

Schwarzweiße Strichzeichnungen sollen anhand einer numerierten Farbpalette am Bildschirm ausgemalt werden.

So funktioniert es:

Laden Sie eine oder mehrere einfarbige Strichzeichnungen in Ihr Malprogramm und versehen die einzelnen Flächen der Illustration mit Farbnummern. Die Farbe einer Zahl ist in einer separaten Farbtafel aufgeführt. Ihr Kind soll nun einzelnen Flächen des Bildes entsprechend den Farbnummern mit dem Pinsel oder der Fülleimer-Funktion kolorieren. Also alle Flächen mit einer 1 in grün, alle Zweier in hellblau etc. Als Erweiterung für Grundschüler können anstatt Zahlen auch einfache Rechenaufgaben in das Bild eingefügt werden. Beispielsweise 2+7=..., wo mit der Farbe 9 gefüllt werden soll.

Geburtstagskalender

Wenn Sie es leid sind, mehrmals täglich die Frage »Wie lange ist es noch bis zu meinem Geburtstag?« zu hören, dann ist es Zeit für den Geburtstagskalender.

So funktiert es:

Etwa 7 bis 10 Tage vor dem großen Ereignis bereiten Eltern zusammen mit ihrem Kind eine Gedurtstagsdatei vor. Das Kind stempelt für jeden Tag bis zum Geburtstag zum Beispiel einen Apfel für ein Frühstück, ein Spiegelei für das Mittagessen und einen Mond für Schlafengehen. Je nachdem, wann das werdende Geburtstagskind die Datei öffnet, kann es mit dem Radierer des Malprogramms ein Motiv löschen und somit bildhaft erfassen, wie lange es noch bis zu seinem Geburtstag dauert. Eine einzige Geburtstagstorte bleibt am Ende übrig und zeigt definitiv an, daß es heute endlich soweit ist.

Hexenhäuschen

Ihr Kind soll sich vorstellen, es wäre Hänsel oder Gretel im Märchenwald und würde vor einem Hexenhaus stehen, das über und über mit Süßigkeiten bedeckt ist. Wie viele Lebkuchen, Lollis und Bonbons kann es abmachen, bevor die Hexe zurückkommt?

So funktioniert es:

Konstruieren Sie in Ihrem Mal- oder Zeichenprogramm ein Haus, das mit ClipArts oder Stempeln von Süßigkeiten bedeckt wird. ClipArt-Grafiken importieren Sie von der Diskette, Festplatte oder CD-ROM, und Stempel finden Sie in Malprogrammen für Kinder. In unserem Bildbeispiel handelt es sich um Lollis, Lebkuchen und Bonbons.

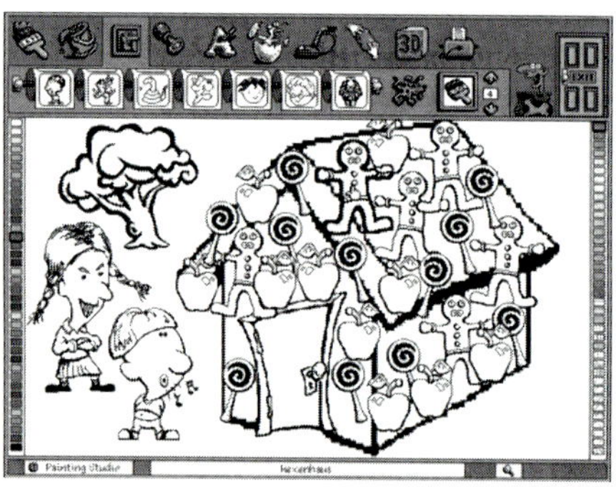

Speichern Sie das Haus unter verschiedenen Namen ab, so können Sie mehrere Zahlenspiele in einem Schwung vorbereiten. Zum Abwandeln können Sie das leere Haus unterschiedlich füllen oder aus dem fertigen Haus immer wieder eine andere Anzahl an Süßigkeiten herauslöschen.

Kindergartenkinder und Erstkläßler dürfen sich mit dem einfachen Abzählen begnügen, bei mehreren Kindern kann man ein Wettspiel daraus gestalten, indem alle das gleiche Blatt ausgedruckt bekommen und der erste gewinnt.

Für Schulkinder wird dieses Zählspiel mit einfachen Rechenaufgaben verknüpft. Beispielsweise braucht man für jedes Bonbon 10 Sekunden, um es vom Haus abzumachen. Für jeden Lebkuchen 30 Sekunden und da Lollis besonders hartnäckig kleben, dauert es 40 Sekunden, um sie vom Hexenhaus abzulösen. Die Hexe wird jedoch in 12 Minuten wieder zurückkehren. Wird Ihr Kind das Haus abräumen können, bevor sie zurückkommt?

Zahlen raten

Kennt Ihr Kind die Zahlen von 1 bis 10? Das Kind in dieser Datei konnte die Zahlen nicht zu Ende schreiben. Ihr Kind sollte ihm nun dabei helfen.

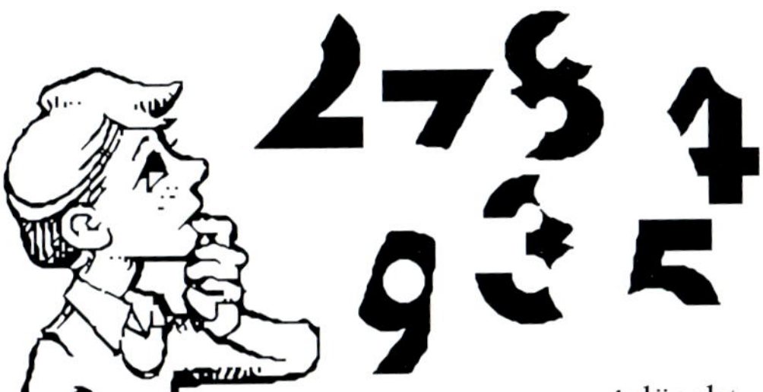

So funktioniert es:
In einem Malprogramm werden in großen Schriften Zahlen geschrieben und Teile davon anschließend mit dem Radiergummi gelöscht. Die Kinder müssen raten, welche Zahlen es zuvor waren. Dazu paßt eventuell eine Geschichte vom Zahlenmonster, das alle Zahlen anknabbert.

Farbreihen

Zahlen erkennen und Malen ist ein bewährtes Lernmittel. Beim Farbmalen steht vor jeder Reihe mit identischen Schwarzweißgrafiken eine Zahl, die angibt, wie viele Exemplare der Reihe eingefärbt werden sollen.

So funktioniert es:
Importieren Sie in Ihr Malprogramm jeweils 5 bis 10 Exemplare einer ClipArt in eine Reihe, bilden Sie weitere Reihen mit anderen Schwarz-Weiß-Grafiken. Speichern Sie die Datei als Blankodokument ab. Schreiben Sie vor jede Reihe eine beliebige Zahl, die jedoch nicht größer sein darf als die maximale Anzahl der Illustrationen einer Reihe. Ihr Kind soll nun mit der Fülleimer-Funktion die korrekte Anzahl an Bildern einer Reihe einfärben, die durch die Reihenzahl festgelegt wird.

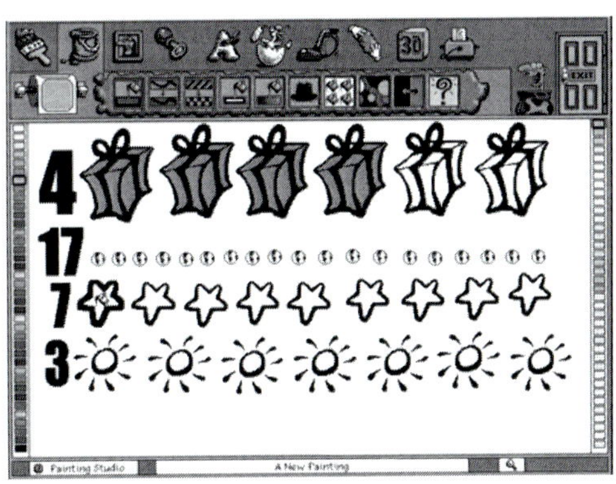

Zahlenzug

Bei einem Zug mit sehr vielen Wagen sind einige fortlaufend numeriert. Ihr Kind soll nun die leeren Wagen dazwischen mit den richtigen Zahlen füllen.

So funktioniert es:

Stempeln Sie in einem Malprogramm für Kinder zu Anfang eine Lokomotive und anschließend so viele Waggons wie möglich.

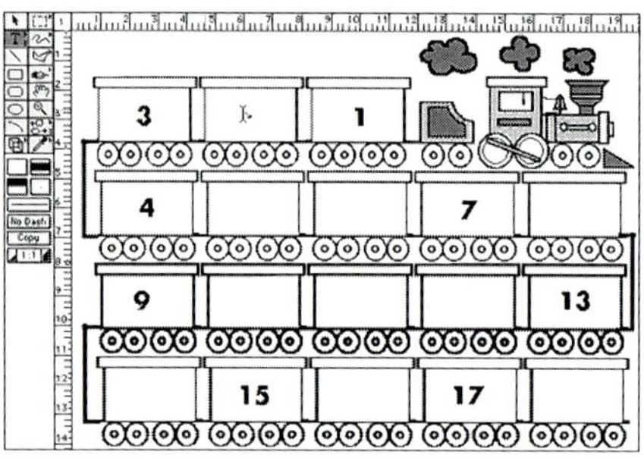

Beschriften Sie nach Belieben und Wissensstand Ihres Kindes einige Wagen mit dem Wert der Reihenfolge, also den fünften Wagen mit einer 5 und den siebten mit einer 7. Die Aufgabe für Ihr Kind lautet nun, die Wagen der Reihe nach durchzuzählen und die fehlenden Zahlen mit der Text-Funktion einzutragen.

Zahlenbilder

Rechnen oder Mathematik ist meist eine zu abstrakte Angelegenheit, als daß sie Kindern großen Spaß bereiten würde. Setzt man jedoch Rechenaufgaben in Bilder um, kommt schnell Schwung in die Angelegenheit.

So funktioniert es:

Öffnen Sie ein neues Dokument Ihres Malprogramms für Kinder und färben den Hintergrund passend zum Thema ein. Für die Addition 3+5=? können Sie beispielsweise ein blaues Meer mit einer kreisrunden weißen Eisscholle in der Mitte wählen. Klicken Sie dazu auf einen Blauton, anschließend auf die Fülleimer-Funktion sowie den Dokumenthintergrund. Wählen Sie dann die Farbe Weiß und ziehen mit der entsprechenden Funktion einen Kreis in der Mitte. Speichern Sie die noch

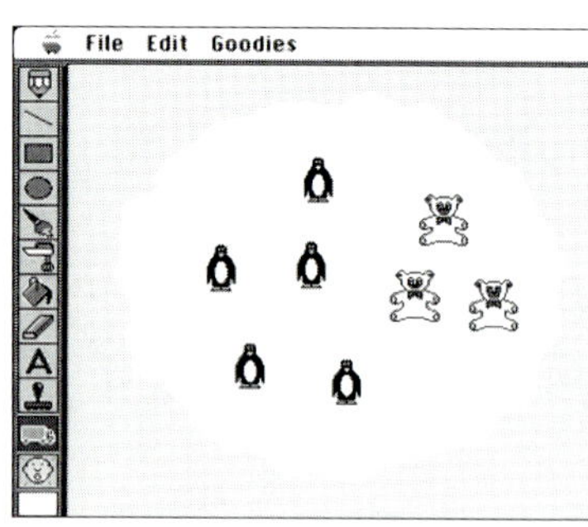

nicht ausgefüllte Szenerie für spätere Aufgaben ab. Speichern Sie zudem die Datei unter dem neuen Namen »AUFGABE1« ab.

Lassen Sie Ihr Kind fünf Pinguine sowie drei Eisbären auf die Scholle stempeln und alle ihre Bewohner zusammenzählen. Variationen: Baum mit Äpfeln, Birnen und Vögeln oder Meer mit Krebsen, Fischen und anderen Wassertieren.

Zahlengeschichten erfinden

Kinder, die gerade die Zahlen kennenlernen, haben Spaß daran, ihr neues Wissen in kleine Geschichten zu verpacken. Zuerst wird die Geschichte in einer Textverarbeitung entwickelt, anschließend in einem Malprogramm zu einem Bild umgesetzt.

So funktioniert es:

Suchen Sie sich mit Ihrem Kind ein Motto, das umgesetzt werden soll, etwa der Bau eines Märchenschlosses oder ein Fußballspiel. Die Anzahl der Elemente soll sich dabei von 1 bis 10 steigern. Beispielsweise »Zu 1 Schloß mit 2 Burggraben führen 3 Brücken. Auf 4 Mauern thronen 5 Zinnen mit 6 Fahnen. 7 Burgwächter halten Ausschau nach 8 Drachen, die hinter den 9 Bergen bei den 10 Gartenzwergen hausen.«

Die Textverarbeitung macht es einfach, wenn die Geschichte im Verlauf wieder etwas geändert werden muß, weil sie in sich nicht mehr logisch ist. Ist die Geschichte fertig, so wird sie ausgedruckt. Anschließend wird sie in einem Malprogramm umgesetzt. Größeren Kindern kann die Aufgabe gestellt werden, sich von Mal zu Mal mit der Anzahl der Elemente zu steigern.

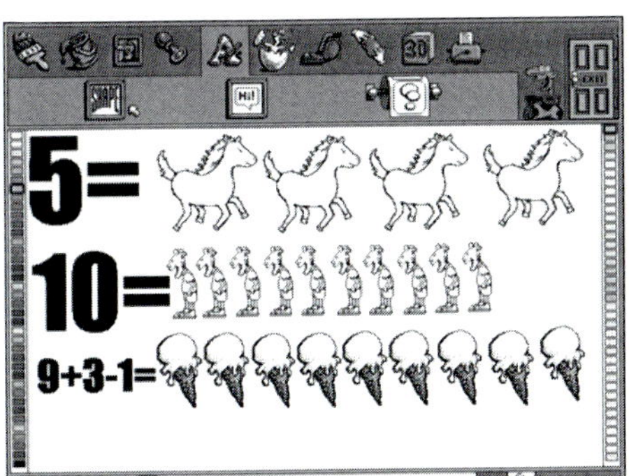

Wahr oder gelogen

Nicht ganz so phantasievoll wie Käptn Blaubär, aber nicht weniger reizvoll. Vor einer Reihe von sechs Elefanten steht eine 5, vor zehn Pferden eine 10. Was ist wahr, was ist gelogen.

So funktioniert es:

In einem neuen Dokument Ihres Malprogramms für Kinder schreiben Sie eine Zahl oder Rechenaufgabe vor eine Reihe von identischen Motiven, die mit der Stempelfunktion plaziert wurden. Mal stimmt die Anzahl der Bilder einer Reihe mit der jeweiligen Zahl oder Aufgabe überein und manchmal nicht.

Ihr Kind muß nun herausfinden, welche wahr und welche Reihen gelogen sind. Ob es seine Antwort mit der Text-Funktion in das Dokument schreibt oder Ihnen nur mündlich mitteilt, bleibt Ihnen überlassen.

Dreieckszahlen

Mit den Stempeln in einem Malprogramm für Kinder lassen sich hervorragend komplexere mathematische Sachverhalte spielerisch darstellen.

So funktioniert es:

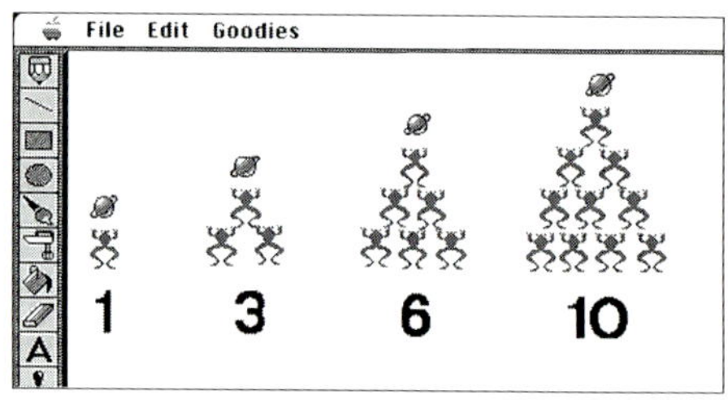

Stempeln Sie in einem Malprogramm für Kinder blockweise nebeneinander 1, 3, 6 und 10 Frösche. Stellen Sie Ihrem Kind dazu einfach Regelaufgaben, wie »Wie würde die nächste Froschgruppe aussehen, wie viele Frösche werden übereinanderstehen? Wie viele Frösche kommen von Gruppe zu Gruppe dazu? Gibt es eine Regel dafür?«. Abwandlungen erhalten Sie durch weidende Dinosaurier oder Häuser in verschiedenen Straßenzügen.

Zahlenstern

Einen gleichmäßigen Stern zu malen, gehört zu den schwierigsten Kunststücken. Dabei ist es ganz einfach, wenn man eine Uhr und etwas Addition zu Hilfe nimmt.

So funktioniert es:

Bereiten Sie in einem Malprogramm einen Kreis mit zwölf gleichmäßig verteilten Maßstrichen vor oder löschen aus einem Uhren-ClipArt-Bild die Zeiger und Ziffern.

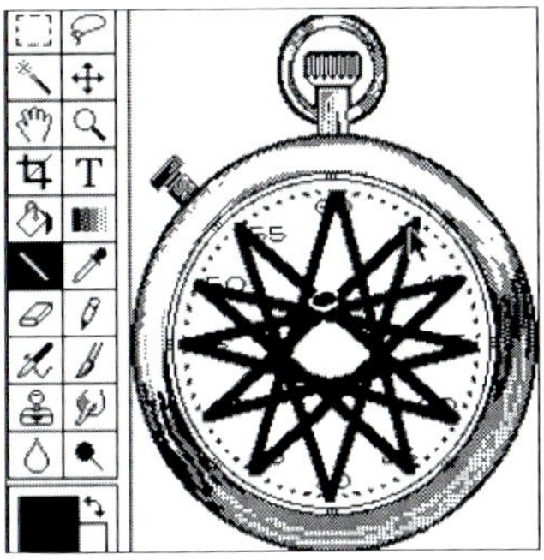

Ihr Kind kann an einem beliebigen Maßstrich beginnen und mit der Geraden-Funktion eine Linie zum fünften Strich im Uhrzeigersinn zieht. Dies wird wiederholt, bis man schließlich wieder am Ausgangspunkt ankommt.

Ein wunderschöner Stern ist entstanden, der noch mit der Fülleimer-Funktion eingefärbt oder gemustert werden kann, sofern man die Linien akurat aufeinandergesetzt hat. Je breiter die Linienstärke, desto einfacher fällt es, Linien angrenzend zu zeichnen.

Hexentrank

Trotz Spielcharakter lernen Ihre Kinder beim Hexentrank zählen, sortieren und vergleichen. Drei Hexen experimentieren an neuen Kochrezepten für einen Zaubertrank und bringen mit Fröschen, Spinnen, Fledermäusen, Schnecken, Würmern Ihrem Kind Teil- oder Schnittmengen bei.

So funktioniert es:

In einem Mal- oder Zeichenprogramm werden drei Kreise gezogen, die Hexenkessel darstellen. Darin werden allerlei passende ClipArts oder Stempelmotive wie Frösche, Spinnen oder Würmer in beliebiger Zahl plaziert. Stellen Sie Ihrem Kind dazu Fragen und Aufgaben. In welchem Kessel kochen die meisten Tiere, wo sind die meisten oder die wenigsten Tiere einer Art, und wer hat mehr Spinnen als Würmer?

Fine Artist und Vektorgrafikprogramme erleichtern die Vorbereitungsarbeit, da die Motive nachträglich verschoben und neu konfiguriert werden können. So können Sie aus einer bereits ausgiebig behandelten Situation neue Aufgaben zaubern, wenn z. B. die erste Hexe alle ihre Spinnen gegen jeweils zwei Würmer der beiden anderen tauscht etc.

Schatzsuche

Wenn sich Schulkinder mit den ersten Rechenaufgaben beschäftigen, sind auch Piraten ein fester Bestandteil ihrer Welt. Und was wären Piraten ohne ihre Schatzkarten. Daß sich Schatzkarten jedoch auch wunderbar für unterhaltsame Rechenaufgaben eignen, dürfte den meisten Eltern weniger bekannt sein. Verwandeln Sie einfach die Hausaufgaben Ihres Grundschülers in eine spannende Schatzsuche.

So funktioniert es:

Diese Übung benötigt etwas Vorarbeit und Recherche, die jedoch immer wieder für neue Aufgaben eingesetzt und recycelt werden kann und somit eine sinnvolle Investition darstellt. Messen Sie genau die Schuhgröße, Ausfallschritte und Hüpfweite Ihres Kindes und seiner mitspielenden Freunde aus. Sie dienen als Grundlage für Ihre Berechnungen. Eine typische Schatzkarte soll Aufgaben stellen, die Orientierungsmerkmale und zu berechnende Bewegungsmaßstäbe angeben. Etwa

1) Tritt über die Schwelle und wende dich nach Osten
2) Mache 7 x 3 Schritte und zwei Schritte zurück
3) Dreh dich Richtung Süden
4) Hüpfe 2 x 13 mal auf einem Bein nach vorn
5) Wende dich nach Norden
6) Tripple 7 + 9 + 11 Füße geradeaus zu einer seltenen Blume
7) Halte Ausschau nach einem traurigen Baum
8) Mache 4 Ausfallschritte auf ihn zu
9) Lüfte den Stein mit einem X und entdecke sein Geheimnis.

Die Schwelle ist natürlich Ihre Haustür, der Eingang zum Spielplatz oder ein ähnlicher Startpunkt. Trippeln bezeichnet nichts anderes, als einen Fuß an den nächsten zu setzen. Beim Ausfallschritt werden seitlich die Beine so weit als möglich gespreizt, und der traurige Baum ist natürlich eine Trauerweide. Die seltene Blume ist der einzige Rosenstock weit und breit. Die letzte Etappe sollte bei kleineren Kindern stets mit einem nicht zu offensichtlichen, zusätzlichen Erkennungsmerkmal versehen sein (Rose), um zusammen mit der letzten Orientierungshilfe (Trauerweide) zu gewährleisten, daß das Versteck auch wirklich gefunden wird. Dort finden sich entweder zwei oder drei Schoko- oder Kaugummitaler und eventuell noch eine weitere Schatzkarte.

Sie können auch eine richtige Umgebungskarte Ihres Gartens, Parks oder sonstiger begehbarer Plätze Ihres Wohnorts erstellen, wo sich Kinder gefahrlos bewegen können. Machen Sie sich am besten mit Block und Bleistift bewaffnet auf den Weg, und zeichnen Sie alle auffälligen Details ein wie Bäume, Sträucher, Wegplatten, Gemüse- und Blumenbeete, Ampel- und Laternenmasten, Sandkästen oder Papierkörbe. Übertragen Sie Ihre Skizzen in ein neues Dokument Ihres Malprogramms für Kinder und speichern es ab. Stempeln Sie nun den Weg zum Schatz und schreiben die Rechenaufgaben in den Plan hinein.

Das ist natürlich sehr aufwendig, aber für einen Kindergeburtstag oder die Ostereiersuche eine schöne Abwechslung. Bei größeren Gesellschaften kann man auch Forscherteams auf die Reise schicken, wobei jedoch die Aufgaben dann etwas anspruchsvoller und länger sein sollten.

Für die Umrechnungen von ausgemessenen Metern in Ausfallschritte, Trippler oder Hüpfer erstellen Sie sich am besten eine kleine Tabelle in einem Tabellenkalkulationsprogramm, das erspart Ihnen auf Dauer eine Menge Zeit.

Das Vielfarbenproblem

Dieses erst vor über 20 Jahren mit Hilfe von Computern bewiesene Phänomen der Mathematik besagt, daß man zum Kolorieren von Landkarten nicht mehr als vier Farben benötigt und nie zwei aneinanderliegende Länder die gleiche Farbe besitzen.

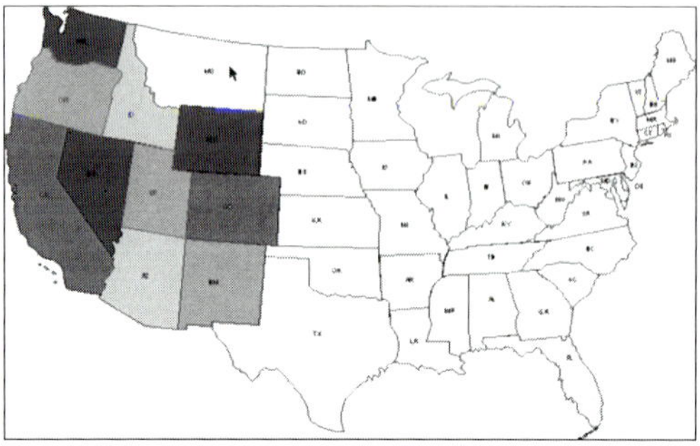

So funktioniert es:
Besorgen Sie sich Landkarten-ClipArts, oder malen Sie sich in Ihrem Malprogramm ein eigenes Schema, das dem der Illustration zu dieser Übung ähnelt. Ihr eigenes Schema sollte genauso zerstückelt sein, wie es die Ländergrenzen dieser Erde nun einmal sind. Speichern Sie das Schema in einer Datei, damit Sie stets in einem unbenutzten Dokument neu beginnen können.

Ihr Kind soll nun mit der Fülleimer-Funktion mit maximal vier Farben die Flächen füllen, ohne daß zwei aneinandergrenzende Flächen mit der gleichen Farbe gefüllt sind. Sind überhaupt vier Farben notwendig? Als Tip ist es einfacher, stets mit dem Einfärben in der Mitte eines Schemas zu beginnen.

Topologische Spiele

Im 18. Jahrhundert entwickelte der Schweizer Mathematiker Euler eine Formel, wie Punkte miteinander verbunden werden können, ohne den Stift abzusetzen oder eine Linie zweimal zu ziehen. Topologen können sich ein Punktbild ansehen und anhand der Anordnung berechnen, ob sich die Figur mit einer Linie zeichnen läßt.

So funktioniert es:

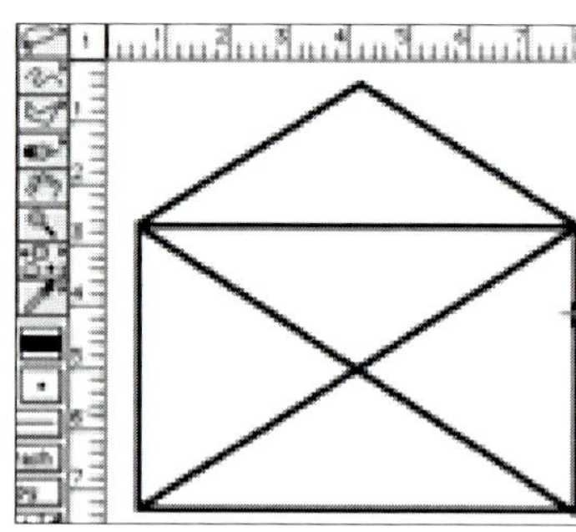

Die Topologie unterscheidet regelmäßige und unregelmäßige Ecken. Eine Ecke ist ein Punkt, in dem verbindende Linien enden. In eine regelmäßige Ecke führen stets eine gerade Anzahl von Linien, also 2, 4, 6 oder 8. Umgekehrt gehen von einer unregelmäßigen Ecke 3, 5 oder 7 Linien ab. Nur wenn eine Figur zwei oder gar keine unregelmäßige Ecken hat, läßt sie sich mit einer durchgängigen und keine zweimal gefahrenen Linie zeichnen. Vorausgesetzt, daß man die Zeichnung zudem an einer dieser beiden unregelmäßigen Ecken beginnt.

Bereiten Sie in einem Malprogramm die im Beispiel gezeigten Punktbilder mit roten Ecken vor. Speichern Sie die Datei als Blankodokument für spätere Wiederholungen ab. Lassen Sie Ihr Kind vor jeder Zeichnung selbst berechnen, ob es sich um eine topologische Figur handelt oder nicht. Anschließend soll es mit der Stift- oder Pinselfunktion in grün (zur besseren Unterscheidung) den Beweis antreten. Fortgeschrittene Topologen können sich als Spiel auch selbst eigene Figuren entwickeln.

Additionslabyrinth

Kinder lieben es, sich durch Labyrinthe ihren Weg zu suchen, das kann deshalb auch am Bildschirm mit dem Mauszeiger geschehen. Interessant wird es jedoch für Schulkinder, wenn einfache Rechenaufgaben den Weg weisen und so manchen »Holzweg« ersparen.

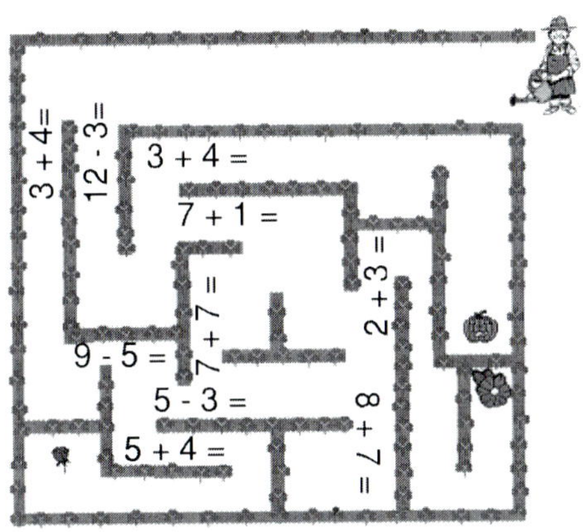

Das schwierigste an diesem Spiel ist die Erstellung eines Bildschirmlabyrinths durch die Eltern. Dafür eignet sich besonders Software zum Zeichnen mit Vektorgrafik, da sich damit einmal erstellte Labyrinthe schnell wieder verändern lassen, ohne sie komplett neu zeichnen zu müssen. Aber auch Malprogramme sind brauchbar.

An Verzweigungen des Labyrinths werden kleine Rechtecke mit simplen Rechenaufgaben eingesetzt, wobei nur die Aufgaben den rechten Weg zeigen, die beispielsweise die Zahl 12 als Ergebnis haben. Ihr Kind kann die Aufgaben lösen und anhand des weiteren Wegs des Labyrinths kontrollieren, ob es richtig gerechnet hat.

So funktioniert es:

In einem neuen Dokument Ihres Zeichnenprogramms ziehen Sie mit der Linienfunktion die Wände des Labyrinths, indem

Sie die Funktion in der Werkzeugpalette anwählen, auf den Startpunkt klicken und mit gedrückter Maustaste den Mauszeiger zum gewünschten Endpunkt ziehen. Loslassen und die Linie steht. In Zeichenprogrammen kann nun durch Anklicken die markierte Linie bei gedrückter Maustaste verschoben oder wieder gelöscht werden, während in Malprogrammen die bereits gezeichnete Linie mit dem Lasso oder dem rechteckigen Auswahlwerkzeug nur gelöscht werden kann. Eine Änderung muß also stets neu gezeichnet werden.

Praxistip: Das Labyrinth immer vom Ziel, also von innen her, aufbauen und als erstes den Lösungsweg zeichnen, erst dann werden Abzweigungen und Sackgassen eingebaut. So verhindern Sie bei der Entwicklung eines Labyrinths, selbst in die Irre zu gehen.

An den Abzweigungen setzen Sie mit dem Rechteck-Werkzeug Ihres Mal- oder Zeichenprogramms einen kleinen Rahmen für die jeweilige Rechenaufgabe und schreiben diese mit dem Text-Werkzeug hinein. Beim Spiel kann sich Ihr Kind mit Stempeln oder bunten Farbpunkten seinen Weg dokumentieren und am Ende ausdrucken. Haben Sie mehrere Labyrinthe auf Vorrat erstellt, können Sie auch schon einfache Änderungen durch Drehen in 90-Grad-Schritten oder Spiegeln in horizontaler oder vertikaler Richtung bewirken und anschließend mit neuen Aufgaben versehen.

Basteln

Mobile

Ein Mobile darf in keinem Kinderzimmer fehlen. Wenn Ihr Kind noch keines besitzt, machen Sie ihm doch eines. Mobiles sind gerade für Kindergartenkinder eine beliebte Bastelei.

So funktioniert es:

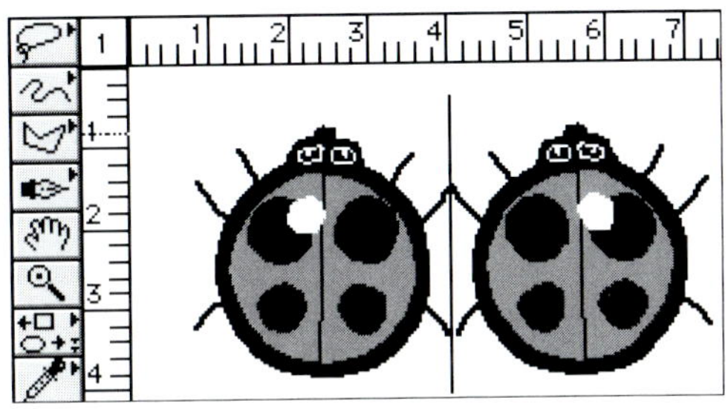

Importieren Sie ein Clip-Art-Motiv in ein neues Dokument Ihres Mal- oder Zeichenprogramms. Duplizieren Sie das Motiv mit den Befehlen Kopieren und Einfügen. Die Kopie wird noch im markierten Zustand horizontal gespiegelt, so daß beide Motive zusammen die Vorder- und Rückseite einer Mobilefigur ergeben. Sie können ein Mobile aus demselben Motiv erstellen oder aber verschiedene Figuren zusammenstellen und ausdrucken. Beispielsweise ein Mobile mit sechs identischen Winnie Puuh-Figuren oder aber zusammen mit seinen ganzen Freunden wie Tigger, Eule und Ferkel. Bevor die beiden Seiten einer Figur zusammengeklebt werden, legen Sie noch ein Stück Bind- oder Wollfaden dazwischen. Die Mobilefiguren werden an Holzstäbchen wie Schaschlikspießen befestigt. Austarieren und fertig.

Fensterbilder

Sobald die Tage wieder kürzer werden und man sich mehr drinnen als draußen aufhält, kommen sie in Familienhaushalten wieder zu Ehren – die Rede ist von Fensterbildern. Besitzer von folientauglichen Druckern kommen schnell und einfach an ihre Zierde für das Küchenfenster.

So funktioniert es:

Viele Tintenstrahl- und Laserdrucker können auch auf spezielle Overheadfolien drucken, die im Schreibwarenfachhandel erhältlich sind. Konsultieren Sie das Handbuch Ihres Druckers, ob er solche Folien bedrucken kann. Wenn ja, in welcher Papierstärke der Drucker noch Einzelblätter verarbeitet und wie.

Gehen Sie mit diesen Angaben zu Ihrem Schreibwarenhändler und fragen entweder nach Overheadfolien speziell für Ihren Drucker (fast doppelt so teuer, aber kräftigere Farben) oder aber Standardfolien, die jedoch vorsichtiger gehandhabt werden müssen und etwas längere Trockenzeiten haben.

Legen Sie die Folien stets einzeln ein, je nach Druckermodell evtl. auch in ein separates Einzeleinzugsfach.

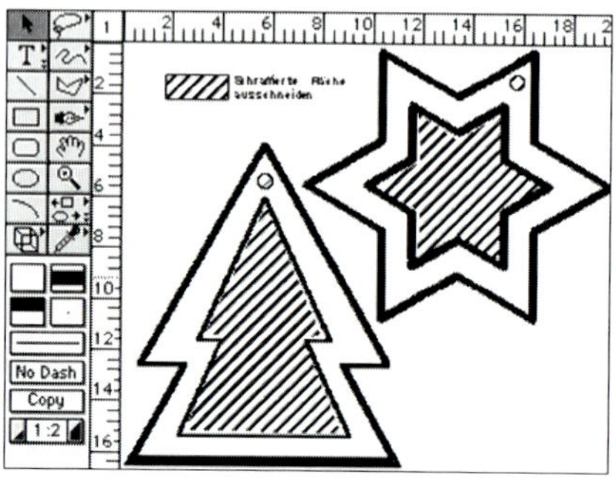

Hat der Drucker Ihr Blatt in die korrekte Ausgangslage gebracht, kann es mit dem Drucken losgehen. Die ausgedruckten Werke aus dem Malprogramm werden auf ausgesparte Rahmen geklebt.

Schon die Kritzeleien der ganz Kleinen können am Fenster witzig aussehen und im Fenster einen exklusiven Galerieplatz erhalten. Aber auch aus ClipArt läßt sich Beachtliches zaubern. Farbdrucker sind von Vorteil, aber auch Besitzer von einfarbigen Modellen müssen nicht verzweifeln, denn Sie können die Folien hinterher mit Stiften für Overheadfolien kolorieren. Noch einfacher ist es, wie im Bild zu sehen, ein Fensterbild zu entwickeln, die schraffierten Flächen mit einem Papiermesser auszuschneiden und bunte Folien dahinter zu kleben.

Tischkarten

Bei Erwachsenen sind Tischkärtchen leider aus der Mode gekommen, aber bei Kindern sind sie immer noch ein wichtiges Requisit bei Geburtstagen, auf das sie besonders stolz sind. Schließlich handelt es sich um den eigenen Namen in geschriebener Form. Welches Motto auch gilt, jede ordentliche ClipArt-Sammlung wird ausreichend Motive für eine Piraten-, Ritter- oder Western-Tischdekoration bereitstellen.

So funktioniert es:

Durchsuchen Sie Ihre ClipArt-Sammlung nach geeigneten Motiven zu dem Motto, das Sie benötigen. Erstellen Sie mit dem

Rechtecks-Hilfsmittel Ihres Mal- oder Zeichenprogramms ein Quadrat von 10 Zentimetern und teilen es mit einem Strich in der Waagrechten mittig. Importieren Sie das schönste Motiv, und plazieren Sie es zentriert auf der Mittellinie des Quadrats. Entweder verdeckt das Motiv einen Teil der Mittellinie, so daß Sie nur noch die Linien bis zur Außenkante des Motivs verlängern müssen, oder sie ist im Motiv weiter sichtbar, was etwas mehr Arbeit für Sie bedeutet. Im letzteren Fall müssen Sie mit dem Lasso-Hilfsmittel das Motiv mit der sichtbaren Mittellinie herausschneiden und anschließend das Motiv ein zweites Mal ohne einsetzen. Wie zuvor verlängern Sie die verbleibenden Linienreste mit den Außenkanten des Motivs. Nach dem Ausdruck auf stärkeren Papiersorten wie Tonpapier schneiden Sie nur die Außenkanten des Motivs in der oberen Hälfte des Quadrats mit einem Papiermesser auf. Wenn Sie nun das Quadrat entlang der Mittellinie nach hinten falten, stellt sich die obere Hälfte des Motivs auf und ragt über die Falzkante hinaus. Anmalen, mit einem Namen beschriften und aufstellen.

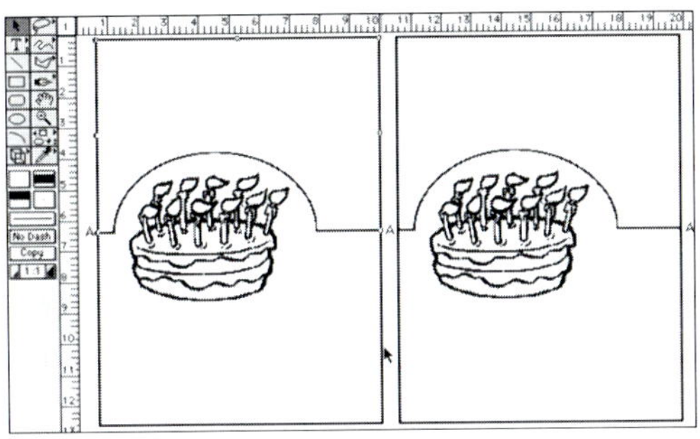

Klebesticker

In die meisten modernen Farbdrucker kann man geeignete Klebefolien einlegen und bedrucken. Ausschneiden, und schon hat man die wunderbarsten Klebesticker der Welt. Sie lassen sich zusammen mit gekauften Stickern in Alben kleben oder verzieren Schulhefte und Toilettenwände.

So funktioniert es:

Schauen Sie im Handbuch Ihres Druckers nach, ob er beispielsweise Overheadfolien bedrucken kann. Wenn ja, in welcher Papierstärke der Drucker noch Einzelblätter verarbeitet und wie. Gehen Sie mit diesen Angaben zu Ihrem Schreibwarenhändler und fragen nach Selbstklebefolien, die die Bedingungen Ihres Druckers erfüllen. Sind keine Klebefolien im Format DIN-A4 erhältlich (es gibt welche im Handel), dann schneiden Sie ein-

fach große Rollen mit einem Papiermesser und einem Lineal exakt zu.

Legen Sie die Folien stets einzeln ein, je nach Druckermodell evtl. auch in ein separates Einzeleinzugsfach.

Hat der Drucker Ihr Blatt in die korrekte Ausgangslage gebracht, kann es mit dem Drucken von ClipArt-Motiven oder Selbstgemaltem losgehen. Nehmen Sie den Ausdruck vorsichtig heraus, und achten Sie darauf, daß Sie nicht mit einem Finger die noch frische Druckfarbe verwischen. Nach einigen Minuten ist sie ausreichend angetrocknet.

Partyfähnchen

Ob Sie jemanden willkommen heißen oder mit lustigen Motiven die richtige Partystimmung schaffen wollen, mit Partyfähnchen aus dem Computer liegen Sie auf jeden Fall immer richtig.

So funktioniert es:

Zeichnen Sie am unteren Ende eines neuen Dokuments ein Dreieck, das die beiden Seitenränder spitz zulaufen läßt. Importieren Sie darüber eine ClipArt-Grafik. Wie im Bild können Sie das Dreieck für zulaufende Fähnchenspitzen auch weglassen. Allerdings benötigen Sie immer einen Kleberand von mindestens zwei Zentimeter an der oberen Kante (siehe auch *Buchstabenposter*, Seite 174).

Grußkarten

Grußpostkarten oder Einladungen für eine Party braucht wirklich jeder einmal. Besonders wenn Ihr Kind in das Schreibalter kommt, werden Sie eine Menge Briefmarken brauchen (auch wenn Sie über eine E-Mailadresse verfügen). Postkarten und Briefe in richtigen Umschlägen mit richtigen Briefmarken haben immer noch etwas Sinnliches, das der funktionellen E-Mail einfach noch abgeht. Wenn Ihr Kind einmal Geschmack am Briefe- oder Kartenschreiben gefunden hat (und natürlich auch an den Rückantworten, die sporadisch eintreffen), dann fördern Sie eine wichtige soziale Komponente, die ihm bis ins hohe Alter zugute kommen wird.

So funktioniert es:

Ziehen Sie in Ihrem Malprogramm ein Rechteck von 10 mal 15 Zentimeter Größe auf. Duplizieren Sie es viermal, und verteilen Sie diese Kopien im Querformat über das Blatt. Importieren Sie ClipArt-Grafiken in das Dokument, oder beschriften Sie die Rechtecke mit der Text-Funktion. Drucken Sie auf stärkerem Papier wie Tonpapier oder Fotokarton, bzw. kleben Sie Ihren Ausdruck auf Karton auf.

Geschenkpapier

Ihr persönliches Geschenkpapier am Computer zu entwerfen und auch auszudrucken, ist gar nicht so schwer, wie Sie vielleicht denken. Gravierendster Nachteil ist die Beschränkung der meisten Drucker auf das DIN-A4-Format oder kleiner. Wenn Sie schon einmal versucht haben, etwas in ein A4-Blatt einzuwickeln, dann wissen Sie, was ich meine. Zwar lassen sich auch

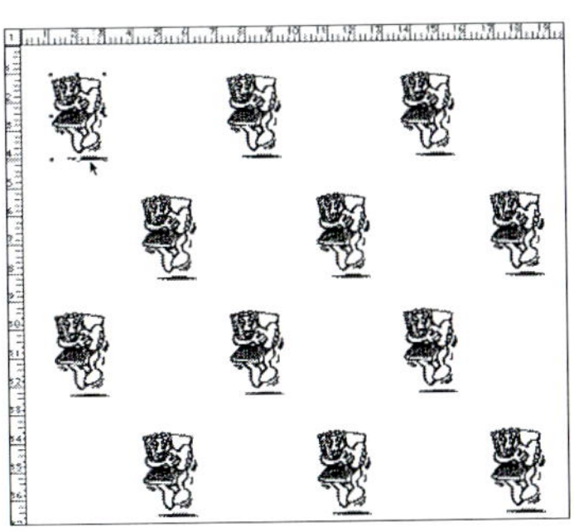

mehrere Blätter zusammenkleben, wirken aber nie völlig intakt. Jedoch für Notfälle oder als Bestandteil eines ganz besonderen Geschenks, z. B. eines Enkels an seine Omi, hat es sein ureigenes Flair.

So funktioniert es:

Definieren Sie im Dokument-Layout Ihrer tabellenfähigen

Textverarbeitung wie Microsoft Word einen Bundsteg von einem Zentimeter als Kleberand für weitere Blätter. Erstellen Sie mit dem Befehl Tabelle einfügen im Menü Tabelle ein zentriert formatiertes Raster in der Größe der Motive, die Sie verwenden wollen. Bei kleinen Motiven von circa einem Zentimeter im Quadrat können Sie bei einer verbliebenen Blattbreite von 15 bis 16 Zentimetern immerhin noch etwa 12 bis 13 Spalten anlegen. Füllen Sie eine Zeile mit Ihren Motiven, wobei entweder jedes oder auch nur jedes zweite Feld gefüllt sein sollte. Wollen Sie mehrere Blätter aneinanderkleben und verwenden Sie ein »Zweiermuster«, so muß Ihr Blatt über eine gerade Anzahl an Spalten verfügen, da Sie sonst mit der Regelmäßigkeit des Musters in Konflikt kommen.

Lesezeichen

Lesezeichen sind schöne und persönliche Geschenke, die sich im Handumdrehen erstellen lassen. Lesezeichen gehören zu den Dingen im Leben, die man nicht unbedingt braucht, die man aber, hat man sie einmal, nicht mehr missen möchte. Am besten für jedes Buch, das gerade gelesen wird, ein eigenes.

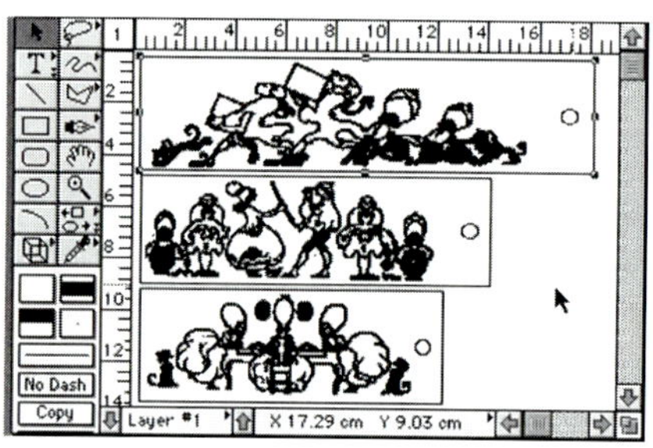

So funktioniert es:

Legen Sie in einem neuen Dokument Ihres Mal- oder Zeichenprogramms ein Recht- oder Dreieck als Grundform für Ihr Lesezeichen fest. Damit es sich auch für Taschenbücher eignet, sollte ein Lesezeichen nicht größer als 21 Zentimeter sein. Setzen Sie an das obere Ende des Lesezeichens eine zuvor importierte ClipArt-Grafik oder ein selbstgezeichnetes Motiv als »Krone«, die aus dem Buch herausragen soll. Schön ist auch eine Lochung, in die später ein Geschenkband oder Faden geknotet wird.

Drucken Sie Ihr Lesezeichen auf dickerem Papier wie Tonpapier oder Fotokarton, lesen Sie dazu Ihre Druckeranleitung. Ökonomischer ist es, wenn Sie gleich drei Lesezeichen auf einem Blatt zusammen ausdrucken. Auf die gleiche Weise erhalten Sie auch hübsche Geschenkanhänger.

Wandkalender

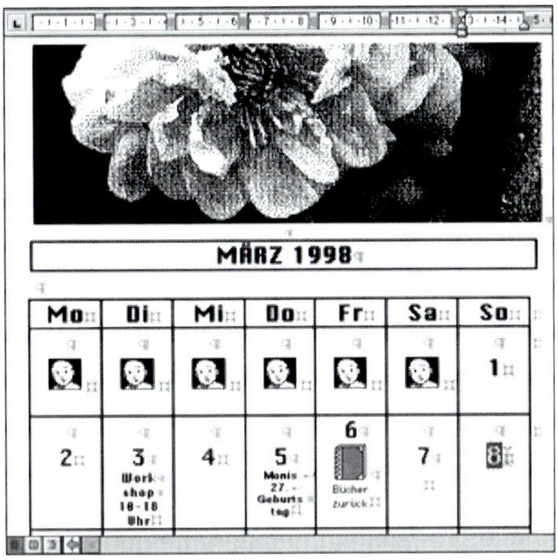

Ärgern Sie sich zum Jahresende auch über die verfügbaren Kalender? Die schönen sind meist unerschwinglich, und die anderen sind oft zu bieder oder unansehnlich. Mit einer tabellenfähigen Textverarbeitung lösen Sie dieses Problem, indem Sie sich einen eigenen Wandkalender aus Ihrem Drucker zaubern. Für Kinder gewinnt der erste eigene Kalender zudem eine besondere Bedeutung, weil sie sich bereits in das gedruckte Endergebnis Geburtstage oder andere wichtige Ereignisse eintragen können.

So funktioniert es:

Schreiben Sie Wochentage in Ihrer Textverarbeitung, z. B. Microsoft Word, in eine eigene Zeile, jeweils durch ein Tabulatorzeichen getrennt. Markieren Sie diese Zeile und wandeln Sie mit dem Befehl Text in Tabelle im Menü Tabelle in eine Tabelle mit 7 Spalten und 6 Zeilen um. Schreiben Sie in die jeweiligen Spalten der folgenden Zeilen die entsprechenden Wochentage ein. Weisen Sie der Tabelle eine besonders auffällige Schrift sowie Schriftattribute wie Fett oder Kursiv zu.

Über die Tabelle mit den Wochentagen läßt sich zusätzlich noch ein Schmuckbild importieren, etwa mit Kopieren und Einfügen aus einem Malprogramm oder aber als ClipArt-Motiv über den Befehl Grafik im Menü Einfügen.

Adventskalender

Wenn auch bei Ihnen die Lichtlein brennen, dann kommen Sie um diesen Adventskalender wohl nicht herum, denn er verkürzt die schrecklich düsteren Tage des Novembers mit der

Vorfreude auf den Advent und ist außerdem ein hübsches Puzzlespiel, das auch nach Weihnachten noch Beachtung findet. Wenn es nicht mehr gefällt, wandert es unbesorgt in den Altpapiercontainer.

So funktioniert es:

Erstellen Sie in einem neuen Dokument Ihres Mal- oder Zeichenprogrammes ein Raster mit Rechtecken im Format 3,5 mal 6 Zentimeter. Die Grundfläche eines jeden Rechtecks entspricht dem eines Streichholzschachteletiketts. Füllen Sie entweder jedes einzelne Feld mit einem Motiv, oder teilen Sie ein großes, seitenfüllendes Motiv durch das Raster auf.

Sie können dieses Raster mit Kopieren und Einfügen auf bereits vorhandene ClipArts plazieren, sofern es zuvor durchlässig (»OR«) formatiert wurde. Die Zahlen für die Tage können entweder in Reihenfolge auf der Rückseite der Schachteln mit eigenen Etiketten ausgedruckt oder so unauffällig wie möglich in das Raster oder die Motive integriert werden.

Schneiden Sie den Ausdruck an den horizontalen und vertikalen Linien auf. Kleben Sie die so entstandenen Rechtecke auf 24 Streichholzschachteln. Achten Sie darauf, daß bei einem Großmotiv die Anordnung des Originals erhalten bleibt. Füllen Sie nun die Streichholzschachteln mit Süßigkeiten oder anderen Dingen. Die geleerte Streichholzschachtel wird anschließend auf ihre Motivseite umgedreht und mit den anderen zusammen zu einem Puzzle gelegt. Alle Puzzlestücke liegen in Reihe aneinander, so daß man das Bild einfach vervollständigen kann.

Masken

Nicht nur im Karneval ist Maskenzeit, auch im übrigen Jahr erfreuen sich Masken für Kostümfeste oder Theaterstücke großer Beliebtheit.

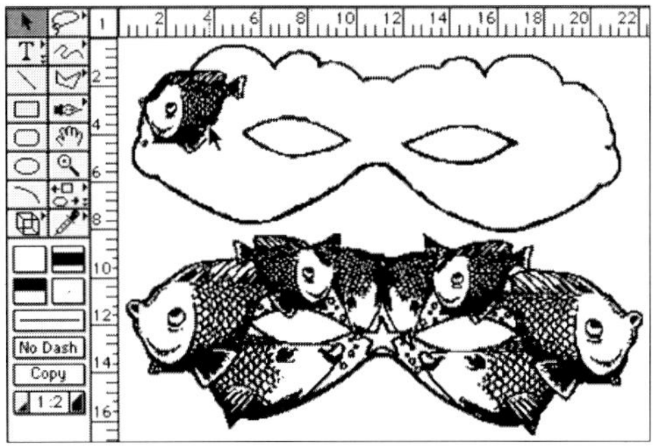

So funktioniert es:
Erstellen Sie ein Grundschema, indem Sie einen Papierstreifen über Ihre Augen legen und mit einem weichen Bleistift die Augenhöhlen vorsichtig nachzeichnen. Übertragen Sie das Augenschema in ein neues Dokument Ihres Mal- oder Zeichenprogramms, und konstruieren Sie ein Augenpaar als Vorlage. Speichern Sie diese Vorlage ab, und benennen Sie künftig alle Maskendateien neu. Experimentieren Sie mit Formen und Farben, oder verwenden Sie wie im Bild ClipArt-Motive als Muster. Drucken Sie die Masken vorsichtshalber auf etwas stärkeren Papiersorten wie Tonpapier, oder ziehen Sie Ihre Ausdrucke mit einem Klebestift auf Fotokarton auf. Weiches Gummiband für Ihre Masken bekommen Sie in Geschäften für Schneider- und Nähbedarf.

Weitere Titel der Reihe KidsWorld im Beust Verlag

Buch der Woche des Süddeutschen Rundfunks, Herbert Spaich:
„... der beste Erziehungs-Ratgeber seit langem. Ein wunderbares Buch für ‚Praktiker', dem es gelingt, mit ‚Aha'-Erlebnissen bei der Lektüre wirklich weiterzuhelfen ..."

Berliner Morgenpost:
„Eine Reise durch die Kinderseele ... informativ, wissenschaftlich fundiert, mutmachend, ideenreich, humorvoll erzählend ... Gespickt mit praktischen Handlungsanleitungen und gewürzt mit peppigen Illustrationen."

Saarländischer Rundfunk:
„Wenn Sie dieses Buch mit seinen gut strukturierten Kapiteln lesen, werden Sie buchstäblich die stützende Hand auf Ihrer Schulter spüren."

200 S., 77 farbige Ill., DM/SFr 24,80, ÖS 181, ISBN 3-89530-000-4

Norddeutscher Rundfunk, „Lesetip":
„Das Buch aus der Ratgeber-Reihe KidsWorld erhebt keinesfalls den Anspruch, Kinder vom Fernsehen auf immer und ewig wegzulocken, aber es möchte Eltern und Kindern helfen, sich von der alltäglichen Sucht Fernsehen zu befreien und Alternativen zu finden."

Westdeutsche Allgemeine Zeitung:
„Viele der 365 Spieletips lassen sich buchstäblich aus dem Stand heraus umsetzen ..., einfache Symbole schaffen sofort einen klaren Überblick."

Sächsische Zeitung:
„Das Buch ist eine Fundgrube für Eltern, die ihre TV-gebannten Sprößlinge von der Mattscheibe weglocken wollen."

216 S., 83 Ill., DM/SFr 24,80, ÖS 181, ISBN 3-89530-008-X

Bildzeitung:
„Mit diesem Elternratgeber sind Sie ganz schnell beim Thema und können bestimmen, welche Hard- und Software im Kinderzimmer künftig stehen soll."

Süddeutsche Zeitung:
„Hier erfahren Sie alles über den Computer, was Sie schon immer wissen wollten, aber Ihre Kinder nie zu fragen wagten ... mit Richtlinien, in welcher Dosierung und mit welchen Inhalten Eltern altersgerechtes Computerwissen vermitteln können."

224 S., 38 farbige Ill., DM/SFr 24,80, ÖS 181, ISBN 3-89530-010-1

Die aktuelle, Nürnberg
„Mit Witz und Charme bringt das Enkel-ABC Großeltern von heute auf neue überraschende Weise wieder das Buchstabieren bei."

Saarbrücker Zeitung
„Jeder Menge praktischer Tips bietet dieser Ratgeber quasi als Erinnerungshilfe."

Thüringer Allgemeine
„Das amüsante Enkel-ABC mischt sich ein in den Umgang der Generationen. Und es verrät, warum Großväter für jeden Unsinn zu haben sind."

208 S., 42 farbige Ill., DM/SFr 24,80, ÖS 181, ISBN 3-89530-009-8

Die Wochenzeitung, Basel

„witziger Stil, ... predigt keine Lehrmeinungen, sondern regt zu einem bewußten Umgang mit Essen an."

Nordwest-Zeitung

„Angenehm aus dem Rahmen fällt das Buch nicht nur durch seine witzigen Karikaturen, sondern auch durch pfiffige, halbwegs gesunde Kinderpartyrezepte."

192 S., 35 farbige Ill., DM/SFr 24,80, ÖS 181, ISBN 3-89530-002-0

Aschaffenburger Stadtmagazin

„Die ersten Worte des eigenen Kindes werden meist sehnsüchtig erwartet. Und danach? Dieses Buch ist ideal für Eltern, die auch noch nach diesem Moment wissen wollen, wie das Kind zur Sprache kommt, und die spielerisch und mit viel Spaß zu einer guten Sprachentwicklung beitragen wollen."

Besser leben

„... ein ebenso unterhaltsamer wie brauchbarer Ratgeber ... Er enthält eine Fülle von praktischen Tips ..."

184 S., 43 farbige Ill., DM/SFr 24,80, ÖS 181, ISBN 3-89530-005-5

Buchjournal:
„Ein versierter Ratgeber in dringenden Fällen."

Ratgeber aus der Apotheke
„Kurz und klar, humorvoll und anteilnehmend räumt der erfahrene Kinderarzt mit den Ammenmärchen und Ratschlägen auf, die von allen Seiten auf neue Eltern einprasseln."

232 S., 46 farbige Ill., DM/SFr 24,80, ÖS 181, ISBN 3-89530-004-7

ekz-Informationsdienst
„ansprechendes Layout, humorvoller Stil, gut verständlich, flott und informativ mit vielen Beispielen."

NDR Hamburg Welle
„... ohne besserwisserischen Tonfall, humorvoll, übersichtlich gestaltet ..."

Ostsee Zeitung
„... humorvoll, informativ, ideenreich und anekdotenhaft wird hier auf viele Situationen eingegangen, die im Familienalltag eine Rolle spielen."

200 S., 81 farbige Ill., DM/SFr 24,80, ÖS 181, ISBN 3-89530-001-2

Bild und Funk
„... mit vielen Beispielen, Anekdoten, Fragen und Antworten, Diskussionen und einem sachlichen Lexikonteil hilft der vorliegende Ratgeber, ohne große Umschreibungen die richtigen Worte und Verhaltensweisen – für jedes Alter – zu finden."

Kurier, Wien
„In durchaus humorvoller Form will das Buch Gesprächsanleitungen liefern, bietet aber auch dort sachliche Information, wo vielleicht selbst die Eltern nicht ganz sattelfest sind."

Grundschulunterricht
„Die vorliegende Publikation kann Ihnen ein Ratgeber sein für die altersgerechte Wissensvermittlung."

200 S., 40 farbige Ill., DM/SFr 24,80, ÖS 181, ISBN 3-89530-011-X

Nach „Sendepause – 365x fernsehfrei und Spaß dabei" folgt nun mit „Kinder, spielt doch draußen!" einer der ersten populären Ratgeber, der Eltern und Erzieher/innen dazu anregt, die heute verlorengegangene Tradition des Spielens im Freien wieder aufzunehmen.
Mit witzigen Illustrationen und theoretischem Hintergrundwissen, das mit erfrischenden Spielanleitungen gewürzt ist, verhilft „Kinder, spielt doch draußen!" Eltern und Erzieher/innen dazu, Kinder wieder zum praktischen Spielen im Freien anzuleiten. Das Buch will Kinder und Eltern ermuntern, die Straße als Spielraum zurückzuerobern, und ihnen damit einen wichtigen Aspekt der Lebenserfahrung vermitteln, der gerade in der heutigen Zeit nicht verlorengehen darf.

192 S., 39 farbige Ill., DM/SFr 24,80, ÖS 181, ISBN 3-89530-007-1